肇庆学院校本系列教材

微观经济学

雷洪 梁衍开 付华英 主编

中山大学出版社
·广州·

版权所有　翻印必究

图书在版编目（CIP）数据

微观经济学/雷洪，梁衍开，付华英主编．—广州：中山大学出版社，2019.7
（肇庆学院校本系列教材）
ISBN 978-7-306-06607-7

Ⅰ．①微…　Ⅱ．①雷…②梁…③付…　Ⅲ．①微观经济学—高等学校—教材　Ⅳ．①F016

中国版本图书馆 CIP 数据核字（2019）第 073450 号

出 版 人：王天琪
策划编辑：嵇春霞
责任编辑：粟　丹
封面设计：曾　斌
责任校对：李先萍
责任技编：何雅涛
出版发行：中山大学出版社
电　　话：编辑部 020-84110283，84111997，84110779，84113349
　　　　　发行部 020-84111998，84111981，84111160
地　　址：广州市新港西路 135 号
邮　　编：510275　传　真：020-84036565
网　　址：http://www.zsup.com.cn　E-mail：zdcbs@mail.sysu.edu.cn
印 刷 者：佛山市浩文彩色印刷有限公司
规　　格：787mm×1092mm　1/16　15.75 印张　345 千字
版次印次：2019 年 7 月第 1 版　2021 年 6 月第 3 次印刷
定　　价：42.00 元

如发现本书因印装质量影响阅读，请与出版社发行部联系调换

肇庆学院校本系列教材
编委会

主　任　曾桓松

副主任　王　忠

编　委　（以姓氏笔画为序）

　　　　丁孝智　刘玉勋　祁建平　李　妍　李佩环

　　　　吴　海　张旭东　胡海建　唐雪莹　曹顺霞

　　　　梁　善　梁晓颖

秘　书　梁晓颖　陈志强

前　言

《微观经济学》是肇庆学院经济与管理学院经济学课程教学团队在顺利编写出版《微观经济学实验教程》之后集体编写的又一本教材。微观经济学课程是经济类、管理类本科专业的基础课程和核心课程，主要研究在资源被充分利用的情况下资源的合理配置问题。本书内容包括微观经济学的一般理论，如供求理论、消费者理论、生产理论、市场理论、成本理论、要素市场理论、一般均衡分析与福利经济学原理等。全书旨在使学生掌握微观经济学的基本架构和基本概念，并学会阅读与使用基本经济图示来分析现实生活中的经济现象。学生通过该课程的学习，可以为进一步学习经济学、管理学及其他课程打下坚实的基础。本书在编写过程中，力求以精练的文字说明理论，并配有相应的课后练习；在教材深度上偏向于中级教程，并形成图和代数式相结合的模式。

本教材的编者均为肇庆学院经济与管理学院经济学课程的教师，他们长期在教学一线从事微观经济学和宏观经济学课程的讲授工作，具有丰富的执教经验，了解学生在学习过程中的诉求，教材的编写具有较强的针对性。本书可作为经济类和管理类专业本科生微观经济学课程的教材，也可以作为社会学、新闻学、法学等专业经济学课程的教材或教学参考书，对于经济学、管理学的爱好者，特别是相关领域的管理工作者和公务员也具有一定的参考价值。

本教材的大纲由经济学课程组成员商讨确定，各章初稿的编写分工如下：雷洪负责第一章、第五章、第七章、第八章和第九章，梁衍开负责第四章和第六章，付华英负责第二章和第三章，最后由雷洪负责统稿和定稿。

在本教材的编写过程中，我们参考了近年来国内和国际出版的同类教材，吸收了各家长处，参考的教材和书目在本书最后已经列出，在此对各位作者表示感谢。同时，本教材在编写过程中得到了肇庆学院教务处和肇庆学院经济与管理学院众多同事的大力支持，在此亦表示谢意。

肇庆学院经济学课程教学团队
2018 年 12 月

目　录

第一章　导论 ·· (1)
　　一、资源稀缺性 ··· (1)
　　二、机会成本与生产可能性曲线 ·· (3)
　　三、经济学的基本假设和研究的基本问题 ·· (5)
　　四、微观和宏观：经济学的两个研究领域 ·· (6)
　　五、微观经济学的研究方法 ·· (8)
　　六、微观经济学的发展历程及发展趋势 ··· (10)
　本章小结 ··· (12)
　课后练习 ··· (13)

第二章　需求、供给与均衡价格 ··· (15)
　第一节　需求 ·· (16)
　　一、需求、需求量和需求表 ·· (16)
　　二、需求曲线、需求定律及需求定律的例外 ···································· (18)
　　三、需求量的变动和需求的变动 ·· (20)
　　四、影响需求曲线移动的因素 ··· (21)
　　五、需求函数 ·· (25)
　第二节　供给 ·· (26)
　　一、供给、供给量和供给表 ·· (26)
　　二、供给曲线、供给定律及供给定律的例外 ···································· (27)
　　三、供给量的变动和供给的变动 ·· (28)
　　四、影响供给曲线移动的因素 ··· (29)
　　五、供给函数 ·· (30)
　第三节　供求均衡理论 ·· (31)
　　一、均衡价格的含义 ··· (31)
　　二、均衡价格的形成 ··· (32)
　　三、均衡价格的波动 ··· (33)
　　四、达到均衡的过程（蛛网理论） ··· (36)

五、均衡价格理论的应用 ································ (38)
　第四节　弹性及其应用 ····································· (41)
　　一、需求弹性 ·· (41)
　　二、供给弹性 ·· (49)
　本章小结 ··· (50)
　课后练习 ··· (51)

第三章　消费者行为理论 ··· (57)
　第一节　消费者偏好 ·· (57)
　　一、欲望和效用 ·· (57)
　　二、总效用和边际效用 ································ (61)
　　三、边际效用递减规律（戈森第一定律） ············ (63)
　第二节　无差异曲线 ·· (66)
　　一、关于偏好的假定 ··································· (66)
　　二、无差异曲线及其特点 ······························ (66)
　　三、商品的边际替代率 ································ (68)
　　四、无差异曲线的特例 ································ (70)
　第三节　预算约束线 ·· (72)
　　一、预算约束线的含义 ································ (72)
　　二、预算约束线的变动 ································ (72)
　第四节　消费者均衡 ·· (74)
　　一、消费者均衡的含义 ································ (74)
　　二、消费者均衡满足的条件 ··························· (75)
　第五节　价格效应与消费者选择 ··························· (76)
　　一、价格变化与消费者选择 ··························· (76)
　　二、收入变化与消费者选择 ··························· (78)
　第六节　价格效应、替代效应和收入效应 ··············· (81)
　　一、价格效应、替代效应和收入效应的含义 ········ (81)
　　二、三种商品的价格效应分解 ······················· (82)
　第七节　消费者剩余及生产者剩余 ······················· (85)
　　一、消费者剩余 ·· (85)
　　二、生产者剩余 ·· (87)
　本章小结 ··· (88)

课后练习 …………………………………………………………………… (88)

第四章　生产者行为理论 …………………………………………………………… (95)
第一节　生产者与生产要素 ……………………………………………………… (95)
　　一、企业与厂商 ………………………………………………………………… (95)
　　二、生产及生产要素 …………………………………………………………… (96)
第二节　生产函数 ………………………………………………………………… (97)
　　一、短期生产函数 ……………………………………………………………… (98)
　　二、长期生产函数 ……………………………………………………………… (103)
第三节　生产者均衡 ……………………………………………………………… (110)
　　一、等成本线 …………………………………………………………………… (110)
　　二、生产者均衡分析 …………………………………………………………… (112)
　　三、生产扩展线 ………………………………………………………………… (113)
　本章小结 …………………………………………………………………………… (114)
　课后练习 …………………………………………………………………………… (115)

第五章　生产成本理论 ……………………………………………………………… (117)
第一节　生产成本的相关概念 …………………………………………………… (117)
　　一、显性成本与隐性成本 ……………………………………………………… (117)
　　二、机会成本与经济成本 ……………………………………………………… (117)
　　三、私人成本与社会成本 ……………………………………………………… (118)
　　四、固定成本与变动成本 ……………………………………………………… (118)
　　五、会计利润与经济利润 ……………………………………………………… (118)
第二节　短期成本分析 …………………………………………………………… (119)
　　一、短期和长期的定义 ………………………………………………………… (119)
　　二、短期总成本、短期平均成本和短期边际成本 …………………………… (120)
　　三、各种短期成本之间的关系 ………………………………………………… (123)
第三节　长期成本分析 …………………………………………………………… (124)
　　一、长期总成本 ………………………………………………………………… (124)
　　二、长期平均成本和长期边际成本 …………………………………………… (126)
　　三、生产规模的选择 …………………………………………………………… (129)
第四节　生产者的收益及利润 …………………………………………………… (130)
　　一、收益的含义、分类及变动 ………………………………………………… (130)

二、厂商的利润最大化 ………………………………………… (132)
　本章小结 …………………………………………………………… (133)
　课后练习 …………………………………………………………… (134)

第六章　市场结构理论 ……………………………………………… (137)
　第一节　市场与市场结构 ………………………………………… (137)
　　一、市场 …………………………………………………………… (137)
　　二、市场结构 ……………………………………………………… (138)
　第二节　完全竞争市场 …………………………………………… (140)
　　一、完全竞争市场的特点 ………………………………………… (140)
　　二、完全竞争的短期均衡 ………………………………………… (141)
　　三、完全竞争的长期均衡 ………………………………………… (149)
　第三节　垄断市场 ………………………………………………… (155)
　　一、垄断市场的特点及成因 ……………………………………… (155)
　　二、垄断厂商的均衡 ……………………………………………… (157)
　　三、价格歧视 ……………………………………………………… (161)
　　四、垄断和政府管制 ……………………………………………… (163)
　第四节　垄断竞争市场 …………………………………………… (165)
　　一、垄断竞争市场及其特点 ……………………………………… (165)
　　二、垄断竞争厂商的需求曲线 …………………………………… (166)
　　三、垄断竞争厂商的短期均衡和长期均衡 ……………………… (167)
　　四、垄断竞争与完全竞争 ………………………………………… (170)
　第五节　寡头市场 ………………………………………………… (173)
　　一、寡头市场的特点 ……………………………………………… (173)
　　二、寡头市场的效率问题 ………………………………………… (174)
　　三、寡头厂商的均衡 ……………………………………………… (175)
　本章小结 …………………………………………………………… (183)
　课后练习 …………………………………………………………… (184)

第七章　要素市场 …………………………………………………… (187)
　第一节　生产要素需求 …………………………………………… (187)
　　一、生产要素的含义 ……………………………………………… (187)
　　二、边际收益产品和边际产品价值 ……………………………… (189)

三、厂商的要素需求曲线 …………………………………………………… (190)
　　　四、行业的要素需求曲线 …………………………………………………… (192)
　第二节　生产要素供给 ……………………………………………………………… (193)
　　　一、要素供给者 ……………………………………………………………… (193)
　　　二、要素市场的供给 ………………………………………………………… (193)
　　　三、劳动力的供给曲线 ……………………………………………………… (194)
　第三节　生产要素市场的均衡 ……………………………………………………… (195)
　　　一、完全竞争要素市场 ……………………………………………………… (196)
　　　二、不完全竞争要素市场 …………………………………………………… (197)
　　　三、双边垄断 ………………………………………………………………… (199)
　本章小结 …………………………………………………………………………… (200)
　课后练习 …………………………………………………………………………… (200)

第八章　外部性和公共产品 ………………………………………………………… (204)
　第一节　外部性 ……………………………………………………………………… (204)
　　　一、外部性的概念 …………………………………………………………… (204)
　　　二、外部性的分类及解决方案 ……………………………………………… (204)
　第二节　公共产品 …………………………………………………………………… (207)
　　　一、公共产品的概念和特征 ………………………………………………… (208)
　　　二、公共产品的分类 ………………………………………………………… (208)
　　　三、公共产品的有效供给 …………………………………………………… (209)
　　　四、不完全信息 ……………………………………………………………… (210)
　　　五、市场失灵 ………………………………………………………………… (211)
　本章小结 …………………………………………………………………………… (212)
　课后练习 …………………………………………………………………………… (213)

第九章　一般均衡分析与福利经济学 ……………………………………………… (216)
　第一节　一般均衡分析 ……………………………………………………………… (216)
　　　一、局部均衡与一般均衡 …………………………………………………… (216)
　　　二、两部门一般均衡模型 …………………………………………………… (219)
　第二节　福利经济学 ………………………………………………………………… (224)
　　　一、福利经济学概述 ………………………………………………………… (224)
　　　二、效率与公平 ……………………………………………………………… (226)

三、洛伦兹曲线与基尼系数 …………………………………………（231）
　本章小结 ………………………………………………………………（233）
　课后练习 ………………………………………………………………（234）

主要参考文献 ……………………………………………………………（236）

第一章 导 论

学习目标

通过本章学习，学生主要掌握经济学、资源稀缺性、机会成本、生产可能性边界等概念，微观经济学与宏观经济学的区别，实证经济学与规范经济学的区别；了解经济学基本假设、研究方法及微观经济学的发展历程、发展趋势。

"经济"一词，在西方源于希腊文，原意是家计管理。古希腊哲学家色诺芬在其著作《经济论》中论述了以家庭为单位的奴隶制经济的管理，这和当时的经济发展状况是相适应的。在中国古汉语中，"经济"一词是"经邦"和"济民"、"经国"和"济世"以及"经世济民"等词的综合和简化，含有"治国平天下"的意思。其内容不仅包括国家如何理财、如何管理各种经济活动，而且包括国家如何处理政治、法律、教育、军事等方面的问题。

经济学作为一门独立学科，它的产生和发展离不开人类社会实践活动的需要。经济活动是人们在一定的经济关系前提下，进行生产、交换、分配、消费以及与之有密切关联的活动。人们在经济活动中都会遇到这样和那样的问题，在对这些问题进行解释和回答的过程中就产生了经济学。经济学就是研究人类社会在各个发展阶段上的各种经济活动和各种相应的经济关系及其运行、发展规律的科学。其逻辑起点是资源的稀缺性，重点是欲望的最大满足，即人的福利最大化。

西方经济学是目前流行于西欧、北美资本主义发达国家的经济理论和政策主张。它萌芽于15世纪，18世纪初步建立了西方经济学范式。按照学术界公认的说法，经济学真正成为一门学科是以200多年前英国经济学家亚当·斯密发表《国富论》为标志的。到目前为止，《国富论》仍被认为是能够说明当代市场经济运行和国家调节的重要理论、概念、政策主张和分析方法的著作。

一、资源稀缺性

（一）自由资源和经济资源

世界上的资源根据是否稀缺可以分为两大类：自由资源和经济资源。如果某种资源是取之不尽、用之不竭的，可以自由加以利用，经济学中把这些不需要付出任何代价就能够得到的有用物品称为自由资源，如空气、阳光等。如果某种资源相对于人类的无限需要而言，数量是有限的；在使用过程中需要付出代价，该种资源则被称为经济资源，或被称为稀缺资源，人类在经济活动中所利用的土地、劳动、资本等都是稀缺资源。

经济资源是有用性和稀缺性的统一,有用性是资源之所以为资源的依据,稀缺性是经济资源之所以为经济资源的前提,而能否认识和利用这种稀缺的有用性则尚须依赖于一定的知识、技术和经济条件。自由资源、经济资源在经济学中是相对的,即随着时间、地点和条件的变化,二者可以互相转化。

(二) 资源的稀缺性

稀缺是指现有的时间、物品和资源永远不能满足人类需要的状况。对于每个人和社会来说,某些物品是稀缺的。人类为了生存,必须生产各种产品和服务来满足生活中的各种需要。人类的需要是指人们期望得到的事物,包括物品、劳务以及环境,比如食物、衣服、蔬菜、服务、清洁舒适的生活环境等。根据美国心理学家亚伯拉罕·马斯洛于1943年在《人类激励理论》论文中所提出的需要层次理论(见图1-1),不同的人在不同时期的需要往往有很大差别。就某一个具体的人而言,他在某一时期的需要可能是有限的;但就总体而言,人类的需要却是无限的。人类需要的无限性体现在三方面:一是需要的产品种类具有无限增长的趋势;二是需要的层次具有逐步递进的特点;三是随着人口数量的增加,对各种产品和服务的需要量逐渐增多。相对于人类社会的无限欲望而言,经济物品或者生产这些物品所需要的资源总是不足的,资源的这种相对有限性就是资源的稀缺性。

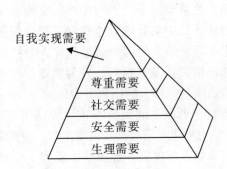

图 1-1 马斯洛的需要层次论

理解资源稀缺性这一概念时,要注意三点。

第一,相对性。资源稀缺性强调的不是资源绝对数量的多少,而是相对于人类社会需要的无限性而言的资源的有限性。从这一点来理解,资源的稀缺性是一个相对的概念,它产生于人类对欲望的求足和资源的不足之间的矛盾中。某种资源的绝对数量可能很多,但人们所需要的更多。某些资源的数量是相对固定的,例如土地,而人类的需要是无限增长的,随着人类社会的发展,这些数量相对固定的资源的稀缺性表现得会越来越突出。

第二,永恒性。对于人类社会来说,资源稀缺性的存在是人类社会必须面对的基本事实。随着社会发展以及生产和生活条件不断进步,人类的需要会不断增长。需要的无限性是人类社会前进的动力,人类永远都要为满足自己不断产生的需要而奋斗。

第三，必要性。经济学研究的问题是由于资源稀缺性的存在而产生的，没有资源稀缺性就没有经济学研究的必要性。比如，在农业生产中，需要解决的主要经济问题是如何通过合理配置和利用土地、种子、机械设备、劳动等稀缺性资源，使之与自然界中的空气、阳光等自由取用资源相结合，生产出更多的产品，满足人类社会不断增长的物质和文化生活的需要。

在本课程的学习过程中，还要注意稀缺与短缺的区别。短缺是指某个时点或时期市场上产品供给不足，它强调的是产品而不是资源，从长期看，短缺是可以消除的，稀缺是不可消除的。

二、机会成本与生产可能性曲线

（一）机会成本

机会成本（opportunity cost）是指把一种资源投入某一特定用途就必然放弃在其他用途中所能获得的最大的利益。个人、企业或国家在选择中都存在机会成本，如国家选择生产军用品或民用品，企业选择生产 X 产品或 Y 产品，个人选择上学或工作等。

机会成本之所以产生，主要在于资源的有限性和多用途性产生的选择问题。某种定量的资源可以有多种用途。人们选择某种用途时，就要被迫放弃其他一些用途。虽然资源具有用途的多样性，但同时又是稀缺的。资源不同的用途会给人们带来不同的获益机会。机会成本是人们选择定量资源的某种用途时，被放弃的其他可能的各种用途中收益最大的那种用途所能带来的收益。比如，在一块土地上可以种植玉米、大豆和小麦三种作物，各自的收益分别为 60 万元、45 万元和 48 万元。在这个例子中，种玉米的机会成本是 48 万元，种大豆和小麦的机会成本是 60 万元。为了使资源配置和利用的机会成本最小，人们就要在资源各种可能的生产用途中进行科学合理的选择，以求实现资源配置和利用的收益最大化。

另外，产品被需要的程度也是人们进行选择的重要影响因素。比如在经济生活中，决定生产什么时，通常社会最需要的产品可能首先被安排生产，在资源尚有余的情况下才考虑次要产品的生产，相对不重要的产品可能被放弃生产。

（二）生产可能性曲线

生产可能性曲线（production possibility curve）是指在直角坐标系中表示的用既定的有限资源，在一定的技术条件下所能生产的最大数量的两种产品组合点的轨迹。

各种资源的数量是一定的，所能生产的各种物品的数量也是有限的，比如在一定面积的土地上多生产某种物品就要少生产其他物品。这就涉及生产可能性问题。生产可能性是在一定的技术条件下，用既定资源投入两种以上的产品生产所能达到的产品产量的最大组合。为了简单起见，我们通过在某个地区只生产玉米和大豆两种产品的例子来说明生产可能性问题。假定这个地区的全部土地资源用来生产玉米可以生产 10 万吨，只生产大豆可以生产 8 万吨，在这两种极端的可能性之间还可以存在不同数量的组合。假设这个地区在进行玉米与大豆生产时可以提出 A、B、C、D、E 五种组合方式（见表 1-1），图 1-2 为生产可能性曲线。在图 1-2 中，A、B、C、D、E 点间的连线被称为生产可能性曲线，它表示在土地资源既定条件下所能达到的大豆和玉米的最大产量组合，也称为生产可能性边界。生产可能性边界决定了大豆和玉米这两种产品的最大产量组合界限。

表 1-1 某土地的生产组合

组合方式	玉米/万吨	大豆/万吨
A	10	0
B	8	3
C	6	5
D	3	7
E	0	8

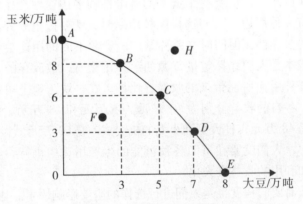

图 1-2 生产可能性曲线

在生产可能性边界以内的任何一点表示土地资源没有得到充分的利用，可能存在资源的闲置或浪费，都不是这两种产品最大产量的组合，比如图中的 F 点。在生产可能性边界以外的任何一点都是这两种产品最大可能组合以外更大的产量组合，因土地资源条件的限制而无法达到，比如图中的 H 点。由于资源有限，人类社会在组织生产过程中，必须考虑生产的最大可能性问题。但在这里需要强调是，生产可能性问题的提出是相对于一定的生产技术条件而言的，生产技术条件发生了变化，生产可能性边界会发生相应的改变；随着科学技术水平和劳动生产率水平的提高，生产可能性曲线可能会向右上方扩展，扩展程度和速度与人类社会科学技术水平和管理水平的提高有直接的关系。

三、经济学的基本假设和研究的基本问题

（一）经济学的基本假设

1. 经济人或理性人假设

在经济活动中，主体追求的唯一目标是自身经济利益的最大化。"经济人"意思为理性经济人，也可称为"实利人"。古典管理理论把人当作"经济动物"来看待，认为人的一切行为都是为了最大限度地满足自己的私利，工作目的只是为了获得经济报酬，人是以完全追求物质利益为目的而进行经济活动的主体。人都希望以尽可能少的付出，获得最大限度的收获，并为此可不择手段。

2. 完全信息假设

经济人拥有充分的经济信息，每个人都清楚地了解其所有经济活动的条件及后果。完全信息的假设条件有三个。

（1）所有的信息都必须是公开和透明的。也就是说，将信息无偿地提供给所有的投资者；所有的投资者对信息的解释和判断不存在任何分歧；信息传递渠道畅通，不存在任何阻隔。

（2）价格已经反映了所有可以得到的信息，并且具有高度的灵敏性和传导性。

（3）价格是既定的量，所有的投资者只能根据给定的价格做出自己的选择。谁也不能支配和影响价格的形成，价格是唯一的调节信号。

3. 市场出清假设

市场出清假设是指无论劳动市场上的工资还是产品市场上的价格都具有充分的灵活性，可以根据供求情况迅速进行调整。有了这种灵活性，产品市场和劳动市场都不会存在超额供给。因为一旦产品市场出现超额供给，价格就会下降，直至降到使买者愿意购买为止；如果劳动市场出现超额供给，工资就会下降，直至降到使雇主愿意为所有想工作的失业者提供工作为止。因此，每一个市场都处于或趋向于供求相等的一般均衡状态。

（二）经济学研究的基本问题

1. 生产什么

"生产什么"是生产什么品种、生产多少产品的问题。由于资源的稀缺性和多用途性，这是经济系统必须做出的基本选择之一。比如生产电视机还是生产计算机，生产多少台电视机、多少台计算机。"生产什么"要解决的问题是在生产资源总量既定的前提下选择生产哪些产品，并最大限度地满足人们的需要。

这种选择是有代价的。由于资源是稀缺的、有限的，而且有多种用途，所以，任何形式的资源配置都会产生成本（也就是付出代价，代价在经济学中叫作成本），这种成本就是前面所讲的机会成本。

2. 如何生产

"如何生产"要解决的是在生产同一种产品的许多种不同方法（如多用资本、少用

劳动的方法或少用资本、多用劳动的方法）中选择一种成本最低或者最有效率的方法，这既要从技术角度考虑，也要从经济角度考虑。具体来说，它包括了由谁生产、用什么资源生产、用什么技术生产、用什么组织形式生产等问题，也就是用什么样的方法来生产这么多的产量与劳务，是对生产要素投入组合、生产规模和生产技术的选择。

3. 为谁生产

"为谁生产"在相当程度上是一个收入分配问题，即生产出来的产量和劳务用什么样的方式在参与生产的各个主体（政府、企业和家庭）之间进行分配。例如，产品生产出来后给谁用？是给最需要的人，还是给先来的人，或者给出价最高的人？这既是一个经济问题，又是一个社会问题，是一个关于社会福利、社会均衡及社会分配公平效率的选择。

四、微观和宏观：经济学的两个研究领域

（一）微观经济学的定义及内容

1. 微观经济学的定义

微观经济学（micro-economics）是研究社会经济中单个经济单位（家庭、厂商、单个市场）的经济行为，研究相应经济变量的单项数值（如需求量、价格等）如何决定，进而说明价格机制如何解决社会资源配置的经济学说。主要阐述经济社会中的这些经济个体根据什么和怎样做出经济决策，包括消费者怎样做出购买产品和劳务的决策，企业针对消费者需求与收益和成本的比较关系怎样做出生产的决策，工人怎样决定劳动流向与劳动流量，等等。

2. 微观经济学的内容

微观经济学研究的内容就是分析和解决单个经济单位如何根据市场供求关系变化，通过价格机制作用实现社会资源的合理配置问题，主要包括均衡价格理论、消费者行为理论、生产理论、成本与收益分析、厂商均衡理论、分配理论等。

第一，研究对象是单个经济单位的经济行为。单个经济单位是指组成社会经济的最基本的单位，包括居民户和厂商。居民户是指家庭或个人，是经济中的消费者；厂商又称为企业，是经济中的生产者。微观经济学研究居民户的经济行为是研究居民户如何把有限的收入分配于各种物品的消费过程中，以实现满足程度最大化；研究厂商的经济行为是研究厂商如何把有限的资源用于各种产品的生产，以实现利润最大化。

第二，解决的问题是资源配置。解决资源配置问题就是要使资源配置达到最优化，即在这种资源配置下能给社会带来最大的经济福利。微观经济学从研究单个经济单位的满足程度或利润最大化入手，来解决社会资源的合理配置问题，认为个体都实现了最优是实现社会整体最优的前提。在研究方法选择上是假定成本既定条件下如何实现收入或效用最大化，或假定产品产量或收益既定条件下如何实现成本最低化。

第三，中心理论是价格理论。在市场经济中，居民户和厂商的经济行为都受价格变动的支配。价格就像一只看不见的手，调节着整个社会的经济活动，实现社会资源

配置最优化。微观经济学要说明的是在市场经济体制中如何通过价格机制的作用使资源配置达到最优化。价格理论是微观经济学的中心，其他问题的研究都是围绕这一中心展开的，因此，微观经济理论也被称为价格理论。

第四，研究方法是个量分析。个量分析就是要研究单项数值如何决定。比如研究需求量的变动，考虑的是价格变动对消费者购买量变动的影响及其变动规律。微观经济学分析研究的是个量的决定、变动及其相互之间的关系。

（二）宏观经济学的定义及内容

1. 宏观经济学的定义

宏观经济学（macro-economics）是以整个国民经济为研究对象，通过研究经济中各有关总量的决定及其变化来说明资源如何才能得到充分利用的经济学说。

2. 宏观经济学的内容

宏观经济学研究的是在假设出现"市场失灵"的情况下，如何通过政府调节来解决市场机制的不完善问题，在纠正市场失灵的同时，尽量避免和纠正"政府失灵"，以实现政府宏观调控的科学化。宏观经济学研究的基本内容包括国民收入核算与决定理论、失业与通货膨胀理论、经济周期与经济增长理论、开放经济理论、宏观经济政策等。

第一，研究的对象是整个经济。宏观经济学研究的不是社会经济中的单个经济单位，而是由所有居民户和厂商所组成的整个国民经济整体。研究的不是"树木"，而是由这些"树木"组成的"森林"。

第二，解决的问题是资源利用。宏观经济学分析通过资源配置后未能充分利用的原因，达到充分利用的途径，以及如何通过政府宏观调控实现经济持续稳定增长等问题。

第三，中心理论是国民收入决定理论。宏观经济学以国民收入的决定为中心来研究资源利用问题，分析整个国民经济的运行。其他方面的宏观经济理论研究都是围绕这一理论展开的。

第四，研究方法是总量分析。总量是指能反映整个经济运行情况的经济变量。这种总量有两类：一类是个量的总和，例如国民收入是组成整个经济的各个单位的收入总和，总投资是各个厂商投资的总和，总消费是各个居民户消费的总和；另一类是平均量，例如价格水平是各种商品与劳务的平均价格。总量分析就是研究这些总量的决定、变动及其相互关系，从而说明整体经济的状况，因此，宏观经济学也被称为总量经济学。

（三）微观经济学与宏观经济学的关系

微观经济学与宏观经济学是经济学的两大组成部分，二者既有区别，又有联系。区别表现在研究对象、解决的问题、中心理论和分析方法。微观经济学与宏观经济学之间的关系可以用树木和森林之间的关系来比喻。微观经济学是只见树木，不见森林，称为"虫瞰";宏观经济学只见森林,不见树木,称为"鸟瞰"。其联系表现在三个方面。

第一,微观经济学与宏观经济学是相互补充的。经济学的研究目的是合理配置与利用资源,实现社会福利最大化,为了达到这一目的,既要实现资源的最优配置,又要实现资源的充分利用。微观经济学在假定资源实现充分利用的前提下分析如何达到最优配置的问题,宏观经济学在假定已实现资源最优配置的前提下如何达到充分利用的问题。它们从不同角度分析社会经济现象与问题。从这一意义上说,微观经济学和宏观经济学是相互补充的,它们都是经济学的有机组成部分。

第二,微观经济学与宏观经济学采取的都是实证研究方法,都是把社会经济制度看作既定的,不分析社会制度对经济的影响。这就是说,它们都把市场经济制度作为一种既定的存在,分析这一制度下的资源配置与利用问题。这种不涉及制度问题,只分析具体问题的方法就是实证分析。从这种意义上说,微观经济学与宏观经济学都属于实证经济学的范畴。

第三,微观经济学是宏观经济学的基础。整体经济是单个经济单位的总和。单个经济单位与整个国民经济是大树和森林的关系,单个经济单位行为的合理化与全社会的充分就业二者之间存在着密不可分的关系。微观经济学采取的是个量分析,宏观经济学采取的是总量分析,二者都把对经济现象和问题的定量分析方法作为分析和说明问题的重要手段。

五、微观经济学的研究方法

(一)实证分析与规范分析

实证分析是指企图超脱或排斥一切价值判断,只研究经济本身的内在规律,并根据这些规律,分析和预测人们经济行为的效果。它要回答的是"是什么"的问题,而不对事物的好坏做出评价。实证分析具有客观性,其结论可以被检验,具有自然科学的性质。例如,分析粮食提价引起粮食增产还是减产的问题。

规范分析是指以一定的价值判断为基础,提出某些分析处理经济问题的标准,树立经济理论的前提,作为制定经济政策的依据,并研究如何才能符合这些标准。它要回答的是"应该是什么"的问题。例如,垄断是否应当限制?通货膨胀好还是不好?应当不应当收所得税?

实证分析得出的结论具有比较强的客观性,而规范分析得出的结论具有比较强的主观性。实证分析的内容、过程和方法具有客观性,所得出的结论可以根据事实进行检验,结论也不会以人的意志为转移;规范分析的过程和方法没有客观性,它所得出的结论要受到不同价值观的影响,具有不同的价值判断标准的人,对同一事物的分析可能会得出截然相反的结论。

实证分析与规范分析之间尽管存在着差异,但二者之间不是绝对的相互排斥的。规范分析要以实证分析为基础,而实证分析也离不开规范分析的指导。一般说来,越是具体的问题，实证分析的成分越多；而越是高层次、带有决策性的问题，则越具有规范性。在对经济现象进行分析的过程中，这两种分析方法需要结合起来运用。

无论是微观经济学还是宏观经济学，都可以采用实证分析和规范分析的方法。如果采用实证分析方法就称为实证经济学，如果采用规范分析方法就称为规范经济学。因此，经济学按其研究方法可以分为实证经济学和规范经济学。

（二）均衡分析与边际分析

1. 均衡分析

均衡分析就是假定经济变量中的自变量为已知的、固定不变的，以观察因变量达到均衡状态时所出现的情况以及实现均衡的条件。由于在观察过程中，外界条件不断地发生变化，均衡可能是转瞬即逝的一刻，也可能永远达不到，但在均衡分析中，我们只考察达到假想中的均衡时的情况。

均衡分析又可以分为局部均衡分析与一般均衡分析。局部均衡分析考察在其他条件不变时单个市场均衡的建立与变动，一般均衡分析考察各个市场之间均衡的建立与变动，它是在各个市场的相互关系中来考察一个市场的均衡问题的。

均衡分析又可以分为静态均衡分析、比较静态均衡分析和动态均衡分析。静态均衡分析说明的是各种经济变量达到均衡的条件。比较静态均衡分析说明的是从一种均衡状态变动到另一种均衡状态的过程，即原有的条件变动时均衡状态发生了什么相应的变化，并对新旧均衡状态进行比较。动态均衡分析则是在引进时间因素的基础上说明均衡的实际变化过程，说明某一时点上的经济变量的变动如何影响下一时点上该经济变量的变动，以及这种变动对整个均衡状态产生的影响。

2. 边际分析

边际即"额外的""追加"的意思，指处在边缘上的"已经追加的最后一个单位"或"可能追加的下一个单位"，属于导数和微分的概念，就是指在函数关系中，自变量发生微量变动时，在边际上因变量的变化，边际值表现为两个微增量的比。

边际分析法是经济学的基本研究方法之一，广泛运用于经济行为和经济变量的分析过程，如对效用、成本、产量、收益、利润、消费、储蓄、投资、要素效率等的分析多有边际概念，如劳动的边际产量就是增加一单位劳动投入所增加的产量。

（三）经济模型

经济模型是经济理论的简化表述，主要用来研究经济现象间互相依存的数量关系。其目的是反映经济现象的内部联系及其运动过程，帮助人们进行经济分析和经济预测，解决现实的经济问题。经济模型可以采用语言文字、几何图形、数学符号三种表达形式。它们各有自己的特点：语言文字的分析比较细腻，几何图形的分析比较简明，数学符号的分析则比较严谨。

一个经济模型通常包括变量、假设、假说和预测等。变量包括自变量和因变量。假设是经济模型用来说明事实的限定条件，经济学经常使用的术语就是"假设其他条件不变"。预测是根据理论假说对事物未来发展趋势和变化的方向等做出判断,它是在理论限定的范围内运用逻辑规则演绎出来的结果。经济模型包括数理模型和计量模型,数理模型把经济学和数学结合在一起,使用数学语言来表述经济学的内容,使用数学公式表述经济学概念,使用数学定理确立分析的假定前提,利用数学方程表述一组经济变量之间的相互关系,通过数学公式的推导得到分析的结论。计量模型把经济学、数学和统计学结合在一起来确定经济关系中的实际数值,主要内容包括建立模型、估算参数、检验模型、预测未来和规划政策。

六、微观经济学的发展历程及发展趋势

(一) 微观经济学的发展历程

微观经济学的历史渊源可以追溯到亚当·斯密的《国富论》和阿尔弗雷德·马歇尔的《经济学原理》。20世纪30年代后,英国的琼·罗宾逊和美国的爱德华·哈斯丁·张伯伦在阿尔弗雷德·马歇尔的均衡价格理论基础上提出了厂商均衡理论,标志着微观经济学体系的最终确立。微观经济学从产生到现在,经历了五个发展时期。

1. 萌芽时期(17世纪中期到19世纪初期)

此时期不少经济学家在对资本主义经济活动进行宏观考察时也做了微观探讨。他们在研究资本主义经济活动的同时,把个别商品价值的形成与决定、个别市场价格的决定和变动以及工资、利润、地租的数量关系作为考察对象,但此时微观分析和宏观分析混合在一起,没有明确的界限。

2. 奠基时期(19世纪晚期到20世纪初期)

此时期是资本主义自由竞争向垄断过渡的阶段,企业在社会经济发展中的地位日益突出,如何从微观角度研究企业行为、企业成本的降低、消费者需求等问题成为需要深入研究的现实问题,这些问题为微观经济学的研究奠定了客观基础。19世纪晚期到20世纪初期,边际主义学派兴起,提出了边际效用价值理论,为微观经济学的兴起奠定了基础。其代表人物有里昂·瓦尔拉斯、威廉·斯坦利·杰文斯、赫尔曼·海因里希·戈森、卡尔·门格尔、弗郎西斯·埃奇沃思、阿尔弗雷德·马歇尔、欧文·费希尔、约翰·贝茨·克拉克以及欧根·冯·庞巴维克等人。在这个时期,微观经济学研究取得的成就可概括为三个方面:形成和发展了一套完整的微观经济活动者行为理论;提出了一般经济均衡问题,建立了一般经济均衡的理论框架;创立了当今的消费者理论、生产者理论、垄断竞争理论及一般经济均衡理论的数学基础。这些研究初步奠定了微观经济学的基础。

3. 建立体系时期(20世纪30年代到60年代)

此时期形成了以厂商理论为主体的理论体系。20世纪30年代以后,琼·罗宾逊的"垄断竞争理论"、爱德华·哈斯丁·张伯伦的"不完全竞争理论"、无差异曲线的应用对需求理论的修正、一般均衡分析对局部均衡分析的补充以及福利经济学的建立,标志着现代微观经济学体系的最终确立。现代微观经济学在阿尔弗雷德·马歇尔"均

衡价格论"和约翰·贝茨·克拉克"边际生产力论"的基础上补充了"厂商理论",不仅内容大为丰富,而且逐步建立起独立的体系。

4. 微观经济学的扩充和完善时期（20 世纪 60 年代到 80 年代）

20 世纪 60 年代以后,西方微观经济学的内容又有了重要的发展和扩充。如在许多微观经济学的著作中纳入了福利经济理论,使以"实证性"自居的微观经济学染上了"规范性"的色彩。又如,由赫伯特·西蒙开创的企业决策理论也成为微观经济学的一个新的重要内容。还应指出,保罗·安东尼·萨缪尔森在其 1976 年问世的《经济学》第十版中,提出了"新微观经济学"一词,他把时间经济学、人力资本、人口的经济理论、法律经济学、爱与利他主义经济学都作为新微观经济学的内容。

5. 微观经济学的深化时期（20 世纪 80 年代至今）

新制度经济学、产权经济学、交易费用理论、公共选择理论、博弈论、信息经济学和寻租理论的进一步兴起,促使了微观经济学理论体系的深化。这种深化,不仅使现代微观经济学的考察范围大为扩充,而且使它的内容和研究对象也发生了重大的变化。与微观经济学理论的深化相适应,一些新的经济学理论随之而产生,如交易成本、产权、非均衡、资产定价、寻租、非对称信息、现实性偏好等。

（二）微观经济学的发展趋势

1. 分析工具的数理化趋势

第二次世界大战结束后,数学在经济学中的应用趋向专门化、技术化、职业化,甚至到了登峰造极的程度,从而使经济学的理论表达更准确,思维更成熟。数学化成为经济学发展的主流趋势主要表现在三个方面:一是计量经济学的崛起;二是统计学在经济学中的大规模运用;三是博弈论的引进。

2. 研究的假定条件不断完善趋势

随着社会经济的不断发展,经济学家们放宽研究的理论假设或修改研究前提,或一反传统逆向假定,以构建和拓宽其研究领域。例如,"经济人"的假定是新古典经济学的研究基础,是新古典微观经济学的核心,也是新古典宏观经济学的基石之一,在数百年的发展过程中得到了不断的完善和充实,在西方经济学中占据了主流位置;但"经济人"的假定条件也被不断地修改和拓展,甚至遭到批评和攻击。例如,赫伯特·西蒙认为"经济人"的计算能力是"有限理性"的,行为者无法在多种可能的选择中做出最终选择。哈维·莱本斯坦在 1966—1981 年发表的 4 篇论文中一反"利润极大化、效用极大化、成本极小化"的"经济人"传统假定,认为上述假定在完全竞争下是适用的,而在垄断型企业里利益最大化原则是个"例外"。

3. 研究领域的非经济化趋势

20 世纪西方经济学的演变中出现了一个十分引人注目的现象,即研究领域与范围开始逐渐超出了传统经济学的分析范畴,经济分析的对象扩大到几乎所有人类行为,如家庭作为一个"生产"的基本单位被纳入微观经济分析之中,国家和政府被视为一种"政治市场"纳入经济分析之中,法律制度与经济制度被纳入微观经济分析之中。

4. 案例使用的经典化趋势

在西方经济学中，经济学家的笔下已为后人留下了许许多多的经典性"案例幽默"。一提起"灯塔"，人们就知道是指公共物品消费中收费难的"搭便车"难题。20世纪西方经济学中的"举例"不仅已经发展到了"经典化"的地步，而且在有些定理中不举例已不足以说明问题，甚至所举的案例已具有不可替代性。这种案例的唯一性简单明了，通俗易懂，代代相传，成为一种象征。如科斯定理是通过一个简单的"牛群到毗邻的谷地里吃谷"的故事来完成的；在论述外部性的产生与补偿时，使用了"蜜蜂与果园"的例子。

本 章 小 结

1. 经济学的产生和发展离不开人类社会实践活动的需要。经济学研究的问题是由于资源稀缺性的存在而产生的，资源稀缺性是一个相对的概念，没有资源稀缺性就没有经济学研究的必要性。

2. 机会成本产生的原因在于资源的有限性和多用途性产生的选择问题。生产可能性边界会随生产技术条件变化而变化，其扩展程度和速度与科技水平和管理水平的提高有直接关系。

3. 经济学包括经济人或理性人假设、完全信息假设和市场出清假设三个基本假设。经济学研究的基本问题是"生产什么""如何生产"和"为谁生产"。

4. 微观经济学和宏观经济学是经济学研究的两个基本领域。微观经济学是研究社会经济中单个经济单位（家庭、厂商、单个市场）的经济行为，研究相应经济变量的单项数值（如需求量、价格等）如何决定，进而说明价格机制如何解决社会资源配置的经济学说。宏观经济学是以整个国民经济为研究对象，通过研究经济中各有关总量的决定及其变化，来说明资源如何才能得到充分利用的经济学说。

5. 经济学的研究方法有实证分析、规范分析、均衡分析和边际分析等方法。规范分析要以实证分析为基础，而实证分析也离不开规范分析的指导。均衡分析就是假定经济变量中的自变量为已知的、固定不变的，以观察因变量达到均衡状态时所出现的情况以及实现均衡的条件。边际分析指自变量发生微量变动时，在边际上因变量的变化，边际值表现为两个微增量的比。边际分析法是经济学的基本研究方法之一，广泛运用于经济行为和经济变量的分析过程。

6. 微观经济学的历史渊源可以追溯到亚当·斯密的《国富论》和阿尔弗雷德·马歇尔的《经济学原理》。微观经济学从产生到现在，经历了萌芽时期、奠基时期、建立体系时期、扩充和完善时期以及深化时期等五个发展时期。微观经济学的发展趋势表现为分析工具的数理化趋势、研究的假定条件不断完善趋势、研究领域的非经济化趋势、案例使用的经典化趋势。

课后练习

一、名词解释

1. 资源的稀缺性
2. 机会成本
3. 生产可能性边界
4. 实证分析
5. 规范分析

二、单项选择题

1. 经济学可定义为（　　）。
   A. 企业赚取利润的活动
   B. 研究稀缺资源如何有效配置的问题
   C. 政府对市场制度的干预
   D. 研究人们如何依靠收入生活的问题
2. "资源是稀缺的"指的是（　　）。
   A. 世界上的资源最终将被消耗尽
   B. 资源是不可再生的
   C. 资源必须留给下一代
   D. 相对于需求而言，资源总是不足的
3. 下列属于规范分析表述的是（　　）。
   A. 鼓励私人购买汽车有利于促进我国汽车工业的发展
   B. 随着收入水平的提高，拥有汽车的人会越来越多
   C. 由于我国居民收入水平低，大多数人还买不起汽车
   D. 个人汽车拥有量的增多，给我国居民的出行带来交通隐患
4. 下列属于实证分析表述的是（　　）。
   A. 治理通货膨胀比减少失业更重要
   B. 通货膨胀对经济发展有利
   C. 通货膨胀对经济发展不利
   D. 只有控制货币量才能抑制通货膨胀
5. 经济学研究的基本问题包括（　　）。
   A. 生产什么，生产多少　　B. 怎样生产
   C. 为谁生产　　D. 以上问题均正确
6. 当经济学家说人们是理性的时，这是指（　　）。
   A. 人们不会做出错误的判断
   B. 人们总会从自己的角度做出最好的决策

C. 人们根据完全的信息而行事

D. 人们不会为自己所做出的任何决策而后悔

7. 研究个别居民户与厂商决策的经济学称为（   ）。

　　A. 宏观经济学　　　　　　　B. 微观经济学

　　C. 实证经济学　　　　　　　D. 规范经济学

8. 下列各项中会导致一国生产可能性曲线向外移动的是（   ）。

　　A. 失业

　　B. 价格总水平提高

　　C. 技术进步

　　D. 消费品生产增加，资本品生产下降

9. 生产可能性曲线以内的任何一点表示（   ）。

　　A. 可以利用的资源稀缺　　　B. 资源没有得到充分利用

　　C. 资源得到了充分利用　　　D. 以上都不正确

三、判断题

1. 如果社会不存在资源的稀缺性，也就不会产生经济学。（   ）
2. 资源的稀缺性决定了资源可以得到充分利用，不会出现资源浪费现象。（   ）
3. 微观经济学的基本假设是市场失灵。（   ）
4. 是否以一定的价值判断为依据是实证经济学与规范经济学的重要区别之一。（   ）
5. "人们的收入差距大一点好还是小一点好"的命题属于实证经济学问题。（   ）
6. 稀缺性仅仅是市场经济中所存在的问题。（   ）
7. 经济模型对我们解释现实世界的价值是极为有限的，因为这些模型是从复杂多变的现实世界中抽象出来的。（   ）
8. 微观经济学是研究整体经济的。（   ）
9. 因为资源是稀缺的，所以产量是既定的，永远无法增加。（   ）
10. 在不同的经济制度下，资源配置问题的解决方法是不同的。（   ）

四、简答题

1. 如果经济学家讨论的是"房价高一点还是低一点好"的问题，试问这是属于实证经济学问题还是规范经济学问题？
2. 简述生产可能性曲线的经济学含义。
3. 简述微观经济学与宏观经济学的区别与联系。

第二章 需求、供给与均衡价格

学习目标

本章通过需求、供给、均衡价格和弹性概念来描述市场机制的资源配置功能。通过学习，学生主要掌握需求、供给和弹性的含义，需求弹性、供给弹性的类型及变动规律；区分需求量变动和需求变动、供给量变动和供给变动及影响变动的主要因素；解释均衡价格、均衡数量的决定及变动；运用需求和供给图形来预测价格和数量的变动；掌握需求价格弹性对总收益的影响，能够运用供求曲线解释支持价格与限制价格。

当春节来临的时候，全国各地乘坐交通工具返乡的价格上涨了；每到旅游旺季，各大旅游景点周边的酒店价格都会上调；天气持续晴好的时候，市场上蔬菜卖得便宜了；当中东爆发战争时，美国的汽油价格上升，而二手凯迪拉克轿车价格下降……这些事件的共同之处是它们都表现出了需求与供给的作用。"需求"与"供给"是经济学家最常用的两个词，也是使市场经济得以运行的力量——它们决定了每种物品的产量以及出售的价格。

在市场经济制度里，生产资源的配置是利用和依靠价格通过市场进行的。一方面，需求与供给决定着商品的价格；另一方面，价格又反过来影响需求和供给。正是这种价格和供求的相互作用，使生产资源得到合理的配置。

微观经济学主要研究家庭与企业的行为，说明价格如何配置资源、调节经济。价格理论是微观经济学的核心理论，价格形成机制是微观经济分析的起点。在市场经济中，价格是由供求关系决定的，所以需求与供给就是最重要的概念。19世纪著名的历史学家和作家托马斯·卡莱尔认为，只要教鹦鹉学会说需求和供给，就能把它培养成一名经济学家。这种说法虽然过于夸张，但恰如其分地强调了需求和供给在经济学中的重要作用。

本章将围绕市场体制的运行做总体性的或一般性的考察，介绍微观经济学最重要的工具之一：需求与供给分析，并介绍需求与供给是如何确定商品的价格和数量，以及如何运用需求与供给分析来确定市场条件变化对均衡的影响。

第一节 需 求

一、需求、需求量和需求表

（一）需求

需求（demand）是指消费者在某一特定时期内，在每一价格水平下愿意而且能够购买的商品和劳务的数量。

在微观经济学中，消费者是指能够独立做出购买决策的经济单位。5岁的小孩是不是消费者？当然，习惯上我们把他叫作消费者，但是在经济学意义上，他并不是消费者，因为他作为一个个体，并不能够独立做出购买决策，他的消费行为是纳入整个家庭的消费。所以，微观经济学里，消费者最主要的代表就是家庭（household），或者叫作居民户。

需求要想实现，应该具备两个条件：一是主观上的需要，就是购买欲望（消费者愿意购买），购买欲望的高低来自消费者的嗜好或偏好（preference）程度，或者说来自商品能够给消费者带来的满足的程度（效用）；二是有支付能力（消费者能够购买），需求必须是有支付能力或购买能力的需求。只有同时满足这两个条件，需求才能够实现。比如说，有的人不喜欢吃羊肉，他的收入再高也不会消费羊肉，因而不构成对羊肉的需求；有些人可能对一些豪华汽车特别偏好，但受到收入的限制没有支付能力去购买，因而也不能构成对豪华汽车的需求。

鸦片战争以后，英国商人为打开了中国这个广阔的市场而欣喜若狂。当时英国棉纺织业中心曼彻斯特的商人把大量洋布运到中国，结果与他们大赚一笔的梦想相反，中国人的衣物主要用自产的丝绸或土布制作，洋布根本卖不出去。按当时中国人的购买能力，还是有相当一部分人可以消费得起洋布的，为什么英国人的洋布根本卖不出去呢？关键在于中国人没有购买欲望。

有了购买欲望后，是不是就构成需求了呢？答案是不一定，除了购买欲望，还得要有购买的能力。那么，如何区分需要和需求呢？

简单地说，需求就是有支付能力的购买欲望（需要），是人们的购买欲望与支付能力的统一。需求与需要的区别主要在于：①需要仅仅是一种愿望，而需求不仅是一种愿望，还要有支付能力；②需要可以是无限的，但需求一般是有限的。

理解经济学中"需求"的概念，必须注意它是购买欲望和支付能力的统一，两者缺一不可（任何一方面缺乏的情况在市场营销学上叫作潜在需求，潜在需求和实际需求在一定条件下是可以互相转化的，市场营销活动最重要的一点就是要把消费者的潜在需求变为实际需求）。所以，需求必须同时具备购买欲望和支付（购买）能力两个条件。

(二) 需求量

需求量（quantity demanded）是指在某一时期内，既定的价格下消费者愿意购买的商品和服务的数量。

需求和需求量是两个不同的概念，需求是指商品需求量和该商品价格之间的一种关系，它反映了在不同价格水平下商品的需求量。

正如我们将看到的，任何一种商品的需求量取决于许多因素，如相关商品的价格以及消费者的收入、年龄、教育水平、预期等等，但当我们分析市场如何运行的时候，一种决定因素起着中心作用——该商品的价格。

(三) 需求表

需求表（demand schedule）是一个表示在其他影响消费者购买的因素都不变的情况下，某种商品的不同价格与其所对应的需求量之间的关系的表。

表2-1表示苹果的价格波动时，消费者购买的苹果数量。如果苹果的价格比较低，是1元时，消费者的购买量是35千克；当价格上涨到4元时，消费者的购买量是20千克；如果苹果的价格继续上涨到7元，消费者会选择别的水果来替代苹果的消费，消费者对苹果的需求量越来越少，最终导致消费者对苹果的购买量是5千克。由此可以看出，需求量随着价格的变化而不断变化。人们购买苹果的数量与苹果的价格紧密相关，这个关于苹果的价格与需求量的表格就是苹果这种商品的需求表。

表2-1 苹果的需求表

序号	价格 P/元	需求量 Q/千克
A	1	35
B	2	30
C	3	25
D	4	20
E	5	15
F	6	10
G	7	5

从数量上看，随着商品价格提高，消费者对商品的需求量是不断下降的（这也是经济学的理性人假设的原因）。这个道理很明显，也是我们每个人消费的习惯，作为消费者，总是希望用最低的价格购买到所需要的商品。

二、需求曲线、需求定律及需求定律的例外

(一) 需求曲线

根据习惯，苹果的价格在纵轴，而苹果的需求量在横轴。把需求表中关于商品的价格与需求量关系的一组数据所对应的点描绘在平面坐标系中，再把这些点用平滑的曲线连接起来所得到的曲线就是需求曲线。根据表 2-1 的数据可以作出需求曲线，如图 2-1 所示。

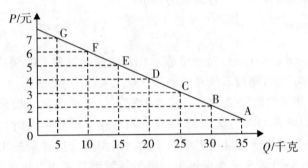

图 2-1 苹果的需求曲线

需求曲线 (demand curve) 表示在其他条件不变的情况下，不同价格水平下消费者所愿意购买的商品的数量，它反映了在不同的价格水平下，同一种商品的需求量的变动。这条曲线也反映出了需求和需求量这两个概念的区别：需求是指整条曲线，而需求量仅仅指这条曲线上的一个点。

在图 2-1 中，纵轴代表单位商品的价格 P，横轴代表消费者买进商品的数量 Q。从图 2-1 中可以看出，每一种价格都有一个与之对应的数量，这在图上形成了一系列的点。如果消费者的购买量能以非常小（甚至无限小）的分量增加，则会出现许多（甚至无限多）的点，连接这些点就会形成一条连续曲线，即需求曲线。需求曲线是表示消费者在一定时间、一定市场，在各种价格水平上愿意并能够购买某种商品的各种数量所组成的曲线。

注意：在需求理论和供给理论中，是假定其他条件不变，需求曲线是在以 P 为纵轴、以 Q 为横轴的坐标系下作出的图形，这与以往的自变量和因变量的位置不同。

并不是所有商品的需求曲线都是往右下方倾斜的，现实中会有一些特殊的情况。例如，如果消费者需求某种商品的数量不受该商品价格的影响，此时，消费者的需求曲线是一条垂直于数量轴的直线，这表明无论商品的价格有多高，消费者愿意并且能够购买的商品数量都保持不变。例如，在特殊时期的特效药物，这种情况比较特殊，在现实生活中比较少见。

（二）需求定律

在数量关系上，当商品的 P 逐渐上升时，消费者愿意购买的商品的 Q 是逐渐下降的；反之，也可以说当 P 下降时，消费者愿意购买的商品的 Q 是逐渐增加的。因为两者是朝着相反的方向变动，因此，可以说，商品的 P 与 Q 之间为负相关关系（注意：只能称负相关，而不能说两者呈负比例的关系）。

在图形上，由于商品的 P 与 Q 之间存在着负相关关系，需求曲线呈现向右下方倾斜的趋势。根据几何知识可知，这样的曲线的斜率是负值。

也就是说，商品的自身价格与需求量之间存在着如下的关系：商品的 P 与 Q 呈反方向变动，即价格上升，需求量减少，价格下降，需求量增加；商品的 P 与 Q 之间为负相关关系，表现为需求曲线的向右下方倾斜。由于这种现象普遍存在，因而便把这种规律性的关系称作需求规律或需求定律。

需求定律（demand law）：在其他条件不变的情况下，某商品的需求量与价格之间呈反方向变动，即需求量随着商品本身价格的上升而减少，随商品本身价格的下降而增加。简言之，需求量与价格呈反向运动。

这里所说的 P 为商品自身的价格，影响商品需求的因素除了商品自身的价格以外，还有其他因素，比如消费者的收入（同方向变动）、消费者的偏好（同方向变动）、其他商品的价格和无差异的商品，这些不同的因素对商品需求的影响都是不同的。这也是需求定律为什么要假设其他条件不变的原因。关于其他因素对需求的影响，具体内容将在"影响需求的因素"部分讲解。

需求定律存在的原因主要有两个：①商品降价后，会吸引新的购买者，从而使需求量增加。②原先的购买者会因为商品价格下降而感到自己比过去稍微富裕一些，即实际收入增加，因而也会增加购买，这就是收入效应；同时，该商品价格下降使其他商品显得相对更贵了，消费者会增加商品的购买以替代其他商品，这就是替代效应。

理解需求定律要注意两点：①只有在影响消费者行为的其他因素如收入、嗜好，以及其他商品的价格保持不变的假定条件下，该定律才成立；②需求定律指的是一般商品的规律，有些商品不遵循这个规律，具体就是下面要介绍的需求定律的例外。

（三）需求定律的例外

1. 吉芬商品（以英国经济学家罗伯特·吉芬的名字命名）

在特定条件下，当商品价格下降时，需求量减少；而当价格上涨时，需求量反而增加。

英国经济学家罗伯特·吉芬最早发现，1845年爱尔兰发生大饥荒，土豆价格上升，但是土豆需求量反而增加了。这一现象在当时被称为"吉芬难题"，具有这种特点的商品被称为"吉芬商品"。英国经济学家阿尔弗雷德·马歇尔在其著名的《经济学原理》一书中详细讨论了这个问题，并在分析中提及罗伯特·吉芬的看法，从而使得"吉芬商品"这一名词流传开来。

1845年,爱尔兰饥荒使大量的家庭因此陷入贫困,像土豆这样的仅能维持生活和生命的低档品,无疑会在大多数贫困家庭的消费支出中占较大比重,土豆价格的上升会导致贫困家庭实际收入水平大幅度下降。在这种情况下,变得更穷的人们为了生存下来就不得不大量地增加对低档商品的购买而放弃正常商品,相比起土豆这种低档商品来说,没有更便宜的替代品了,这样就产生了土豆需求的收入效应大于替代作用,从而造成土豆的需求量随着土豆价格的上升而增加的特殊现象。一种商品只有同时具备"是低档品"和"收入效应大于替代效应"这两个条件时,才可以被称为"吉芬商品"。这种情况除了罗伯特·吉芬发现的饥荒时的土豆外,我们可以想象到的还有20世纪60年代中国自然灾害时的情况。

2. 炫耀性商品

消费动机决定消费行为。消费不仅要满足物质欲望,还要满足精神欲望,而有些消费品在满足消费者的物质需求的同时,还能满足其精神需求,成为其炫耀自己身份与地位的载体,用于满足消费者这种消费需求的商品就是炫耀性商品。这类商品的价格已经成为消费者身份与地位的象征,价格越高越能显示拥有者的地位,需求量越大;反之,当价格下跌不能显示拥有者的地位时,需求量反而下降。如珠宝、豪华轿车、知名品牌的鞋或衣服等,这些商品在价格高时消费者购买的需求反而更高,而在价格下降时需求却降低,反映了人们追求精神享受的需要和攀比心理。

3. 投机性商品

在进行股票投资时,有"买涨不买跌"的原则,也就是价格看涨时购买的人反而较多。某些商品的价格小幅度升降时,需求量按照正常情况变动;当大幅度升降时,人们会因不同的预期而采取不同的行动,引起需求量的不规则变化。比如证券、古董、黄金等市场,其价格发生波动时需求量可能呈现出不规则变化。

由此可见,并不是所有消费者对所有商品的需求都满足需求定律。尽管如此,在经济学中通常认为,大多数商品的需求定律具有需求量与价格之间呈反方向变动的特征。

价格与需求量之间的这种关系对经济学中的大部分商品都是正确的,而且这种关系实际上非常普遍,因此,经济学家才会称之为定律。

三、需求量的变动和需求的变动

需求代表了整个需求量与价格之间的关系,也就是整个需求曲线;而需求量仅指曲线上与某个价格对应的那个特定的量。

需求量的变动是指其他条件不变,仅当自身价格变动时,需求量在一条固定需求曲线上的移动,表现为点在固定的需求曲线上的移动。如图2-2所示,当苹果自身的价格从2元涨到6元时,需求量从30千克减少到10千克,也即从B点移到F点。

需求的变动是指除商品自身价格之外的其他因素的变动所引起的需求量与价格之间的关系的变动,表现为需求曲线位置的移动。如图2-3所示,除了自身价格以外,价格是P_0,由于其他因素变动,如收入增加时,在同样的价格P_0下,需求由原来的Q_0

增加到 Q_2，则需求曲线从 D_0 移动到 D_2；反之，收入减少时，在同样的价格 P_0 下，需求从 Q_0 减少到 Q_1，则需求曲线从 D_0 移动到 D_1。可见，需求曲线向左移动是需求减少，向右移动是需求增加。

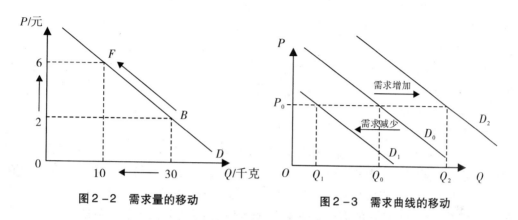

图 2-2　需求量的移动　　　　　图 2-3　需求曲线的移动

需求量的变动属于内生变量对需求量的影响，需求曲线本身不发生变化；而需求曲线的变动属于外生变量对需求的影响，因此，需求曲线会发生变化。

四、影响需求曲线移动的因素

苹果的需求曲线表示除了价格之外，影响消费者购买决策的许多其他因素不变的情况下，在任何一种既定的价格下人们购买苹果的数量。因此，需求曲线并不一直是稳定的，如果发生了任何一种改变既定价格水平下的需求量的情况，需求曲线就会移动。

例如，科学研究发现经常吃苹果的人会更健康长寿，那么，这个发现很可能会增加消费者对苹果的需求。在任何一种既定价格下，消费者都想购买更多的苹果，这样，苹果的需求曲线就会发生移动。

当需求曲线移动时，就意味着商品的需求发生了变动（由自身价格外其他因素变化引起的消费者对商品需求量的变化）。有许多变量都会使需求曲线发生移动，下面这些是最重要的。

（一）消费者的收入水平

收入影响支付能力，所以在正常情况下，收入越高，支付能力就越强，购买能力就越高，需求也就越大。当然，不是所有的商品都是这样的。有些商品，当消费者的收入增加的时候，它的需求反而减少，这种商品在经济学上叫作低档商品或者劣质商品。

（二）相关商品的价格

当一种商品自身的价格保持不变，而与其相关的其他商品的价格发生变化时，这种商品本身的需求量也会发生变化。这种影响可以分为两种情形进行分析。

1. 替代品

替代品（substitutes）指两种商品都可以用于满足相同的或相似的需求。不同形式的健身方式，如跑步、游泳、打球等，不同的食品，如茶叶与咖啡、猪肉与牛羊肉、可口可乐与百事可乐，不同的市内交通工具，如公共汽车、地铁、出租车等可以互相替代。两种替代商品之间的价格与需求量呈同方向变动。一种商品的价格上升，消费者对另一种商品的需求就会增加；反之亦然。如果猪肉的价格上涨了，人们会更多地选择牛肉、羊肉、鸡肉和鱼肉等产品进行替代。一种商品的需求量与它的替代商品的价格是同方向变动的。

2. 互补品

互补品（complements）指互相补充、共同满足人们的同一种欲望，完成同一消费功能，必须共同使用才能发挥效用的商品。例如，录音机与磁带、羽毛球与羽毛球拍、汽车与汽油等。一种商品的需求量与它的互补商品的价格呈反方向变动。如果汽油的价格上涨了，人们对汽油的需求量减少，也会相应地减少对汽车的需求量。

案例 2-1

美国石油危机对汽车产业的影响

回顾20世纪70年代，美国市场的汽油价格经历两次大幅度上涨，第一次发生在1973年，当时的石油输出国组织切断了对美国的石油输出而引起汽油价格上涨；第二次发生在1979年，由于石油主产国伊朗的国王被推翻而导致该国石油供应瘫痪，引起石油供不应求，价格上涨。经过这两次事件，美国的汽油价格从1973年的每加仑① 0.27美元猛增到1981年的每加仑1.40美元。

美国对汽油价格大涨后大小型汽车的销售量进行对比、研究、分析后发现，在第一次汽油价格大涨的1973年之后的几年中，每年大约出售250万辆大型汽车、280万辆中型汽车以及230万辆小型汽车。当1979年的石油危机导致汽油价格大涨后，人们更加喜欢使用耗油少的小型汽车。到了1985年，大、中、小型汽车的销售比例出现了明显的变化。据统计，1985年售出150万辆大型汽车、220万辆中型汽车和370万辆小型汽车。石油危机给世界经济带来了灾难性的影响，对汽车工业的发展起到了极大的抑制作用，但是石油危机却给世界汽车工业重新布局提供了契机，并促进新的汽车节能技术的应用，左右着汽车的发展方向。石油危机还能给一个国家的汽车工业发展带来莫大的机遇。第二次石油危机期间，油价高涨为低油耗的日本汽车进入美国市场创造了机会，此后，日本汽车又挺进欧洲，树立了在世界范围内的汽车大国地位。"两次石油危机"使省油的日本小型轿车大行其道，出口量骤增，丰田、日产、富士重工、

---

① 1加仑（美）= 3.785412升。

铃木等公司迅速成为世界级的汽车生产厂商,丰田公司在1972年到1976年的4年间就生产了1000万辆汽车。1980年,日本汽车总产量达到1104万辆,超过美国而成为世界最大的汽车生产国和出口国。由此可见,耗油多的大型汽车的销售量自汽油价格大涨的20世纪70年代以后逐步下降;耗油少的小型汽车销售量持续攀升,只有中型汽车勉强保持原有的销售水平。

(资料来源:参见梁小民《微观经济学纵横谈》,生活·读书·新知三联书店出版社2000年版。)

该案例说明了石油的主要产品汽油和汽车的互补关系:汽油价格上涨导致小型汽车的需求增加,需求曲线向右移动;与此同时,大型汽车的需求减少,需求曲线向左移动。

(三)消费者的偏好(嗜好)

需求量是消费者希望购买的商品数量,它必然受到消费者偏好的制约。所谓消费者的偏好,就是消费者对某种商品的特殊的爱好。当消费者对某种商品的偏好程度增强时,该商品的需求量就会增加;相反,偏好程度减弱时,需求量就会减少。例如,在现代社会,很多人都知道吸烟有害健康,而且政府也加大了宣传力度,会有很多人选择少吸烟或者戒烟,此时,消费者由偏好吸烟变成不偏好吸烟,对香烟的需求大大减少。日常生活中,生产者进行广告宣传的目的不仅在于告诉人们有什么商品,还在于通过改变人们的偏好而增加对某种商品的需求。

(四)消费者的预期

消费者的预期是指消费者对商品未来价格的预期。预期是一种普遍的现象,我们绝大多数人都曾经说过:我未来要怎么怎么样。这就是对未来进行的一种预期,尽管未来很难预期,但是人们总是企图去预期。那么,当一种商品的价格被消费者认为在未来有可能上涨的时候,用经济学语言来说,就是当消费者存在着"通货膨胀预期"时,消费者就会在价格还没提高时购买该种商品,结果商品的需求提高,从而造成"买涨不买跌"的现象。例如这几年的房地产市场,尤其是北京、上海、深圳这些大城市,因为很多人预测未来房价还会上涨,从而增加对房子的需求。很多时候,预期这种心理活动会在很大程度上影响人们的购买行为,所以,经济学的分析方法里面还有一条非常重要的方法,那就是心理学的分析方法。

(五)人口(消费者的数量)

人口数量增加会使需求数量增加,人口数量减少会使需求数量减少。人口结构的变动与消费结构密切相关,所以结构的变化也必然影响商品的需求量,例如,独生子女的增加会引起对高级玩具等需求的增加。人口规模决定市场规模,所以我们说中国的市场规模是世界上最大的,因为中国的人口数量巨大,每人每天消费1元钱的话,大约就是14亿元。这个也往往是我们国家与西方国家谈判的最后筹码。但是要注意的是，并不是有人的地方就一定对所有的产品有消费需求，我们要知道，消费行为带有社会性，文化传承、社会习俗、宗教信仰、消费习惯等都会影响商品的需求。所以，对于一些特定的商品，人多并不就意味着市场大。比如，如果生产者想往印度售卖牛肉的话，生意一定会失败！因为印度人崇拜牛，牛在印度拥有神一般的地位。这就是宗教的影响。

案例 2-2

英国商人的刀叉为什么卖不出去

在清朝的乾隆时期，有个英国的外交使者马戛尔尼，不远万里来到中国给乾隆皇帝祝贺八十大寿，从广州上岸再到北京，一路上看到了中国的广袤和繁华，于是回到英国就把消息告诉英国商人，英国商人认为中国有这么多的人口，这么大的市场，购买力一定非常强，于是就立即进行生产，准备把产品卖给中国人。他们卖什么呢？他们想中国这么多人，都是要吃饭的，而吃饭是需要餐具的，于是他们就生产餐具运到中国销售。到了中国之后，英国商人就傻眼了，发现他们的产品根本就卖不出去，因为中国人吃饭是不用刀叉的！这就是消费习惯的影响。

（资料来源：参见梁小民《微观经济学纵横谈》，生活·读书·新知三联书店出版社2000年版。）

以上所说的，包括需求法则中的价格，就是影响商品需求的因素。当然，影响商品需求的因素有千千万万种，到现在为止，应该说还没有经济学家能够把影响需求的所有因素概括出来，这里所讲的影响因素只是在正常条件下影响正常商品需求的主要因素。我们把这些因素分为两大类：一种是商品自身价格因素，它会使商品需求量在同一条需求曲线上发生移动；另一种是非价格因素，它们会使商品的整条需求曲线发生移动。

案例 2-3

控烟——如何控

据资料报道，世界卫生组织的研究表明，全球目前有烟民约13亿，每年有近500万人因吸烟而死亡，烟草已成为继高血压之后的第二号健康杀手，若不加以控制，到2020年，全球每年因吸烟致死的人数有可能增加1倍。除中国外，全球约有9.8亿烟民。目前，中国的烟民数量约为3.2亿，中国国家烟草专卖局的公开资料显示，中国是目前世界上最大的烟草生产和消费国家，卷烟总产量占世界卷烟总产量的30%，同时，烟草消费也占世界的1/3，烟草行业的利税占中国财政收入的1/10左右。据世界卫生组织统计，中国政府每年要为治疗与烟草有关的疾病花掉65亿美元，政府从烟草销售中获得的税款有多达 1/4 用于治疗这些疾病。那么，应该如何来控烟呢？

要减少香烟的需求，可以从需求量的变动和需求的变动这两方面来寻找办法。

一是使香烟或其他烟草产品的需求曲线向左移动。公益广告、香烟盒上的有害健康警示以及禁止在电视上做香烟广告，都是在既定的价格水平条件下减少香烟需求量的政策。如果成功了，这些政策就会使香烟的需求曲线向左移动。

二是政策制定者可以试着提高香烟价格。例如，如果政府对香烟制造商征税，烟草公司就会以提高价格的形式把税的一部分转嫁给消费者，较高的价格就会鼓励吸烟者减少吸烟量。在这种情况下，吸烟量的减少就不体现为需求曲线的移动；相反，它体现为沿着同一条需求曲线移动到价格更高而数量较少的一点上。

从需求量的变动来看，政府可以采取提高香烟价格和烟草税收的办法来减少香烟消费量；从需求的变动来看，可以采取的措施有禁止烟草广告、烟草促销和烟草厂商的赞助活动，禁止在公共场所吸烟，规定香烟盒上必须标明警示信息，禁止向未成年人售烟，加强吸烟危害健康的知识普及教育，等等。

（资料来源：作者根据相关资料整理。）

五、需求函数

需求函数（demand function）是用来表示一种商品的需求量和影响该需求量的各种因素之间的相互关系的表达式。也就是说，在以上的分析中，影响需求量的各个因素是自变量，需求量是因变量。一种商品的需求量是所有影响这种商品需求量的因素的函数。

$$Q_D = f(P, F, I, P_S, P_C, N, P_E) \qquad (2-1)$$

其中：Q_D 代表需求量，P 为价格，F 代表偏好，I 代表收入，P_S 为替代品价格，P_C 为互补品价格，N 代表人口，P_E 为预期价格。

如果对影响一种商品需求量的所有因素同时进行分析，就会使问题变得复杂起来。在处理这种复杂的多变量问题时，通常可以将问题简化，即一次把注意力集中在一个影响因素上，而同时假定其他影响因素保持不变。在这里，由于一种商品的价格是决定需求量的最基本的因素，所以，假定其他因素保持不变，仅仅分析一种商品的价格对该商品需求量的影响，即把一种商品的需求量仅仅看成这种商品的价格的函数。于是，需求函数就可以用下式表示：

$$Q_D = f(P) \qquad (2-2)$$

在微观经济分析中，为了简化分析过程，在不影响结论的前提下，大多使用线性需求函数。线性需求函数的通常形式为：

$$Q_D = \alpha - \beta P \qquad (2-3)$$

式中：α、β 为常数，且 α、$\beta > 0$；α 为横轴上的截距，是与价格 P 无关的自发性需求。自变量 P 的系数是负值，说明需求量和价格呈负相关关系。该函数所对应的需求曲线为一条直线。

第二节 供　　给

一、供给、供给量和供给表

（一）供给

供给（supply）是指厂商（生产者）在某一特定时期内，在各种可能的价格水平上愿意而且能够提供出售的商品数量。和需求一样，供给也有两层含义：一是生产者愿意出售；二是生产者有供给能力。如果只有供给愿望而没有供给能力，就不能形成有效的供给；当然，有了供给能力而没有供给愿望，也不能形成实际的供给。由此可见，供给必须同时具备供给意愿和供给能力两个特征，二者缺一不可。

供给也是市场供求中的一方和决定价格的关键因素之一。供给与需求是相对应的概念，需求的实现与满足来源于供给。它包括新提供的商品和已有的存货。如果生产者只是对某种商品有提供出售的愿望而没有提供出售的能力，就不能算有效的供给。生产者供给的欲望来源于利润的最大化。

（二）供给量

供给量（quantity supplied）是指在某一时期内厂商愿意向市场提供的商品和服务的数量。

供给和供给量是两个不同的概念，供给是指商品供给量和该商品价格之间的一种关系，它反映了在不同价格水平下商品的供给量。供给与供给量的区别类似于需求与需求量的差别。正如我们将看到的，任何一种商品的需求量取决于许多因素，如相关商品的价格以及消费者的收入、年龄、教育水平、预期等等，但当我们分析市场如何运行的时候，一种决定因素起着中心作用——该商品的价格。

（三）供给表

供给表（supply schedule）是指某种商品的各种价格和与各种价格相对应的该商品的供给数量之间关系的数字序列表。

表 2-2 表示某品牌彩色电视机的价格波动时，生产者提供的彩色电视机的数量。当彩色电视机的价格比较低，是 2500 元时，生产者的供给量是 20 万台；当价格上涨到 3000 元时，生产者的供给量是 30 万台；如果彩色电视机的价格继续上涨到 5000 元，生产者对彩色电视机的供给量越来越多，最终导致生产者对彩色电视机的供给量是 70 万台。由此可以看出，供给量随着价格的变化而不断变化。生产者供给彩色电视机的数量与彩色电视机的价格紧密相关，这个关于彩色电视机的价格与供给量的表格就是彩色电视机这种商品的供给表。

表2-2 某品牌彩色电视机的供给表

序号	价格/元	供给量/万台
A	2500	20
B	3000	30
C	3500	40
D	4000	50
E	4500	60
F	5000	70

从数量上看,随着商品价格提高,供给方对商品的供给量是不断上升的,作为产品的供给方,总是希望提供的产品能够卖出较高的价格。

二、供给曲线、供给定律及供给定律的例外

(一)供给曲线

把表2-2中关于商品的价格与供给量关系的一组数据所对应的点描绘在平面坐标系中,再把这些点用平滑的曲线连接起来所得到的曲线就是供给曲线。根据表2-2的数据可以作出供给曲线,如图2-4所示。

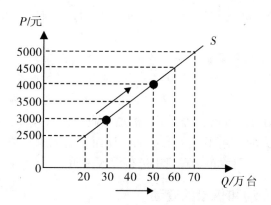

图2-4 某品牌彩色电视机的供给曲线

供给曲线(supply curve)表示一种商品的供给量如何随其价格变动而变动。由于价格上升,供给量增加,供给曲线向右上方倾斜,斜率为正。这条曲线也反映出了供给和供给量这两个概念的区别:供给是指整条曲线,而供给量仅仅指这条曲线上的一个点。

(二)供给定律

供给定律(supply law)也称为供给法则,在其他条件不变的情况下,商品的供给

量与其价格成正比,即商品的价格越高,生产者对该商品的供给量越大;而商品的价格越低,生产者的供给量越小。

商品的市场供给量与价格成正比的原因从总体上看有两个方面:一是在商品价格上升后,原有生产该商品的厂商会在利润的驱使下,扩大规模,增加产量;二是商品价格上升后,生产该商品的行业利润空间扩大,会吸引新的厂商进入该行业进行生产,从而增加该商品的供给量。

为了更好地理解这一定律,我们也同样需要注意两个方面的问题:一是供给定律存在的前提是"其他条件不变"。"其他条件不变"是指除商品本身的价格之外,影响供给的因素都不变,它是用来研究商品本身的价格与供给量之间的关系的。离开这一前提,供给定律无法成立。二是供给定律适用于一般商品,有些特殊商品无法遵循这一定律。

(三) 供给定律的例外

1. 垂直于供给量横轴的直线

无论商品的价格有多高,生产者只供给既定数量的商品,此时,供给曲线是一条垂直于供给量横轴的直线。通常,如果商品具有固定的数量,其供给曲线具有类似的形状。例如,一个城市中土地的供给就是一条垂直的直线。

2. 平行于供给量横轴的直线

在一个特定的价格下,生产者愿意供给任意数量的商品。此时,供给曲线是一条平行于供给量横轴的直线。例如,按既定价格出售自来水的公司,其供给曲线就有这样的特征。

3. 劳动的供给曲线向后弯曲

随着商品价格的提高,生产者供给量减少。此时,供给曲线向左上方倾斜。通常,当工资上升到一定程度之后,劳动者对劳动的供给就是这种情形。当劳动力的价格(工资)增加时,劳动力的供给会随着工资的增加而增长;但当工资增加到一定程度后再继续增加,则劳动力的供给不仅不会增加,反而还会减少。关于劳动力供给曲线形成的原因,本书将在生产要素市场理论中进行深入说明。

三、供给量的变动和供给的变动

为了区分商品本身价格和其他因素对商品供给的影响,我们要区分供给量变动和供给变动这两个不同的概念。供给量的变动是指在决定供给的其他因素,如要素价格、技术水平、其他商品的价格和政府的政策等均保持不变的条件下,只是由于商品本身价格的变化所引起的该商品的供给的变化。

从图2-5可以看出,供给量的变动表现为同一供给曲线上的点的移动。供给的变动是指在商品本身的价格保持不变的条件下,由其他因素的变化所引起的供给量的变化。从图2-6可以看出,供给的变动不是同一供给曲线上的点的移动,而是整个供给曲线的移动。供给量的变动属于内生变量对供给量的影响,供给曲线本身不发生变化;

而供给的变动属于外生变量对供给的影响，因此，供给曲线会发生变化。这两个概念的区别我们可以从图2-5和图2-6来分析。

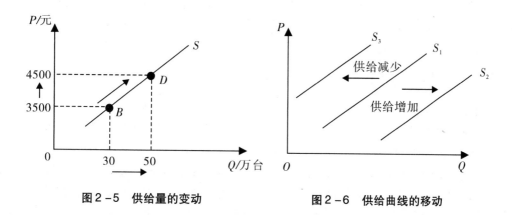

图2-5 供给量的变动　　　　图2-6 供给曲线的移动

图2-5说明的是供给量的变动。在同一条供给曲线上，因价格不同引起的供给量的变动，即价格由3500元上升到4500元时，供给量由30万台增加到50万台，这就是供给量的变动。

图2-6说明的是供给的变动。由于其他因素变动，如技术水平提高，供给曲线从S_1移动到S_2；反之，技术水平下降，供给曲线从S_1移动到S_3。可见，供给曲线向左移动是供给的减少，向右移动是供给的增加。

四、影响供给曲线移动的因素

图2-6表示在除价格之外的所有其他影响生产者出售商品数量的决策因素发生时所带来的供给量的变动。例如，假设显示屏的价格下降了，由于显示屏是生产彩色电视机的一种投入，显示屏价格的下降使销售彩色电视机更有利可图，即使彩色电视机的价格水平不变，卖者现在也愿意提高产量，增加彩色电视机的供给，因此，彩色电视机的供给曲线向右移动。

和需求一样，有许多变量会使供给曲线移动，下面是一些最重要的变量。

（一）生产要素的价格（投入价格/生产成本）

生产要素的价格变化导致生产成本发生变化。在商品自身价格不变的条件下，生产成本上升会减少利润，从而使得商品的供给减少；相反，生产成本下降会增加利润，从而使得商品的供给增加。而生产成本的高低主要取决于生产要素或资源的价格。当生产要素价格上升时，以同样的生产成本只能生产较少的产品；当生产要素价格下降时，同样的生产成本可以生产更多的产品，生产商品的成本同生产者收益呈负相关。

（二）生产技术

生产技术的改进、革新或者重大突破意味着生产效率的提高，相同的资源可以生产更多的产品，也意味着劳动生产率提高，单位商品的成本降低，即以较少的生产要素生产出等量的产品，或者等量的生产要素生产出更多的产品。在一般情况下，给定生产要素的价格，生产技术水平的提高可以降低生产成本，增加生产者的利润，生产者会提供更多的产品。所以，生产技术越进步，厂商就越愿意和能够生产更多的商品，增加供给；反之，如果生产技术水平降低，供给也必然减少。

（三）相关商品的价格

相关商品是指生产者使用同样的生产要素可以生产出两种不同的商品，这里所指的相关商品并非仅仅是指替代商品和互补商品，更多的是指在生产要素或资源的投入和使用等方面与本商品的生产存在竞争关系的那些商品（就是指企业能够生产的其他商品）。假如某种商品的价格下降，生产者为减少损失而生产或更多地生产另一种商品。例如，粮食作物和经济作物的生产都需要土地，当经济作物的价格上涨时，在其他条件不变的情况下，将土地用于种植经济作物所带来的利润就会增加，相应地，将土地用于种植粮食作物的成本就会增加，结果导致农业生产者减少粮食作物的种植面积，粮食的供给量就会因此减少。

（四）政府税收

政府税收直接影响生产成本，如果政府征税，对于生产者来说，成本上升了，多销售一单位商品，将多缴纳一些税收，所以，生产者将减少商品供给，供给曲线向左上方移动。政府补贴可以看成是"负税收"，作用正好相反。

（五）生产者的预期

生产者的预期就是生产者对未来的商品价格的预期。我们知道，企业管理中有一块非常重要的内容——预测，就是预期市场会怎样变，价格会怎样变，企业该怎样应对这些变化。如果生产者对未来的经济持乐观态度，则会增加供给；如果厂商对未来的经济持悲观态度，则会减少供给。

五、供给函数

供给函数（supply function）把影响供给的各种因素作为自变量，把供给作为因变量，可以用函数关系来表示"影响供给的因素与供给之间的关系"，即供给函数。

$$Q_S = g(P, T, P_F, P_O, M, X, P_E) \tag{2-4}$$

其中：Q_S 代表供给量，P 为商品的价格，T 代表技术进步，P_F 为生产要素价格，P_O 为其他商品价格，M 为厂商数目，X 代表政府税收，P_E 为预期。

假定其他因素均不发生变化，仅考虑价格变化对其供给量的影响，供给函数就可以表示为线性函数：

$$Q_S = -\alpha + \beta P \tag{2-5}$$

式中：α、β 为常数，且 α、$\beta > 0$。$-\alpha$ 为纵轴上的截距；β 为自变量 P 的系数，β 是正

值,说明供给量和价格呈正相关关系。该函数所对应的供给曲线为一条直线。

第三节 供求均衡理论

一、均衡价格的含义

在西方经济学中,均衡(equilibrium)是一个被广泛运用的重要概念。均衡的最一般意义是指经济事物中的有关变量在一定条件的相互作用下所达到的一种相对静止的状态。经济事物之所以能够处于这样一种静止状态,是由于在这样的状态下有关该经济事物的各参与者的力量能够相互制约和相互抵消,也由于在这样的状态下有关该经济事物的各方面的愿望都能得到满足。商品的均衡价格表现为商品市场上需求和供给这两种相反的经济力量共同作用的结果,它是在市场的供求力量的自发调节下形成的。当市场价格偏离均衡价格时,市场上会出现需求量和供给量不相等的非均衡的状态(我们说,失衡是实际市场的常态)。一般来说,在供求规律的作用下,这种供求不相等的非均衡状态会逐步消失,实际的市场价格会自动调整到均衡价格水平。正因为如此,西方经济学家认为,经济学的研究往往在于寻找在一定条件下经济事物的变化最终趋于静止之点的均衡状态。

总之,一种商品的市场在需求和供给两种相反力量的共同作用下,通过竞争机制的调节,达到供求相等的均衡状态,从而决定了均衡价格和均衡数量。这也就是我们常说的市场经济条件下价格机制的作用过程。当然,这个供求双方力量决定市场均衡价格的过程并不是一蹴而就的,过剩或者短缺的消除都有一个时间的要求,那么,在这期间,我们假定其他非价格条件是不变的,也就是供给曲线和需求曲线都不能频繁地移动。此外,这个机制能起作用还要有一个条件,那就是竞争。这个竞争既包括生产者之间的竞争——生产者为了卖出过剩的产品而产生竞争,也包括消费者之间的竞争——消费者为了获得他想要的产品而产生竞争。

均衡是指供给和需求达到平衡时的状态。

均衡价格(equilibrium price)指一种商品需求量与供给量相等时的价格。它有时也被称为市场出清价格,因为在这一价格水平上,所有需求和供给的订单都已完成,账簿上已经出清,需求者和供给者都得到了满足。在均衡价格下决定的产量也称为均衡产量(equilibrium quantity)。

需求函数可简化为:

$$Q_D = f(P)$$

供给函数可简化为:

$$Q_S = f(P)$$

市场均衡要求供给等于需求,即:

$$Q_D = Q_S$$

我们可以用图2-7来说明均衡价格和均衡数量的形成。

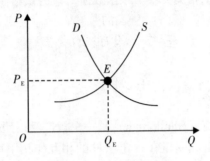

图 2-7 市场均衡的形成

在图 2-7 中，假定 D 为市场的需求曲线，S 为市场的供给曲线。需求曲线 D 和供给曲线 S 相交于 E 点，E 点为均衡点。在均衡点 E，均衡价格为 P_E，均衡数量为 Q_E。显然，在均衡价格 P_E 的水平，消费者的购买量和生产者的销售量是相等的，都为 Q_E 单位；反过来说，在均衡数量 Q_E 的水平上，消费者愿意支付的价格和生产者愿意接受的价格都是相等的，都为 P_E。因此，这样一种状态便是使买卖双方都感到满意并愿意持续下去的均衡状态。

二、均衡价格的形成

市场上某种商品供求关系的变化往往会使该商品市场处于不均衡状态。西方学者普遍认为，由于价格机制的作用，一旦市场失去均衡，就会产生一种自动恢复均衡的力量。因此，均衡价格的形成实际上是由非均衡走向均衡的过程。下面用表 2-3 和图 2-8、图 2-9 来说明这一均衡形成的过程。

表 2-3　某衣服供给需求情况

需求量/件	价格/元	供给量/件	市场状态
700	20	0	供不应求，涨价
600	30	100	供不应求，涨价
500	40	200	供不应求，涨价
400	50	400	供求均衡，价格稳定
300	60	600	供过于求，降价
200	70	800	供过于求，降价

从表 2-3 中我们可以发现，当市场价格为 20~40 元时，需求量超过供给量，出现供不应求的情况，此时市场处于非均衡状态，存在涨价的压力，涨价的压力来自消费者之间的竞争，因为有一部分消费者愿意支付更高的价格，而这个更高的价格又将激励生产者生产更多的产品，从而克服过度需求的现象；当商品价格为 60 元或 70 元时，供给量超出需求量，出现供过于求的情况，此时市场处于非均衡状态，存在着降

价的压力,这种压力来自生产者,因为有些生产者愿意在一个更低的价格上生产,而这个更低的价格又会激励消费者购买更大的数量,从而克服过度供给的现象;只有当价格为 50 元时,需求量等于供给量,既没有过度供给,也没有过度需求,市场实现了暂时的均衡。

我们再用图 2-8 和图 2-9 表示均衡价格形成的过程。

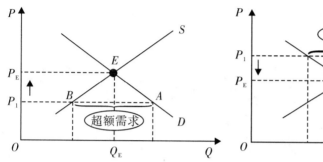
图 2-8 存在超额需求的非均衡市场

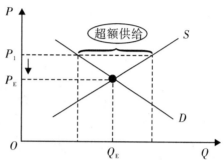
图 2-9 存在超额供给的非均衡市场

在图 2-8 中,假设市场价格为 P_1 时,供给量小于需求量,此时市场处于供不应求的状态,客观上存在价格上升的趋势,所以 P_1 不可能是均衡价格。在这种状态下,市场竞争机制发挥作用,消费者之间的竞争必然使价格上升,在价格上升的过程中,消费者的需求量由曲线上的点沿着需求曲线 D 减少,生产者的产量由供给曲线上的点沿着供给曲线 S 增加,当供给量正好等于需求量时,价格上升到 P_E,形成了市场均衡点 E。此时,P_E 为均衡价格,Q_E 为均衡产量。

在图 2-9 中,假设市场价格为 P_2 时,供给量大于需求量,此时市场处于供过于求的状态,客观上存在价格下降的趋势,所以 P_2 不可能是均衡价格。在这种状态下,市场竞争机制发挥作用,生产者之间的竞争必然使价格下降,在价格下降的过程中,消费者的需求量由曲线上的点沿着需求曲线增加,生产者的产量由供给曲线上的点沿着供给曲线减少,当供给量正好等于需求量时,价格下降到 P_E,形成了市场均衡点 E。此时,P_E 为均衡价格,Q_E 为均衡产量。

总而言之,需求和供给的相互作用以及价格的波动,最终会使一种商品的价格确定在需求量等于供给量的水平上,在这个水平上,既没有供过于求,又没有供不应求,市场正好"出清"。

三、均衡价格的波动

前面在分析均衡价格形成时,实际上是假定其他条件不变,只有商品自身的价格变化。现在我们要分析的是曲线变动时,原有的均衡如何被打破,新的均衡如何形成。均衡价格与均衡数量是由需求和供给两种力量共同作用的结果,所以,原有均衡的打破和新均衡的建立都离不开需求与供给,需求与供给的任何变动,都会引起均衡价格和均衡产量的变动,从而形成新的均衡。

(一)需求变化的影响

在供给不变的情况下,由于人们偏好、收入的变动或受其他因素的影响,导致需求发生变化。需求的变化会打破原有的市场均衡状态,并形成一种新的均衡。我们用图 2-10 来描述这一过程。

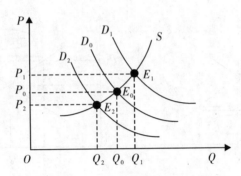

图 2-10 需求曲线变动导致的均衡变动

在图 2-10 中,既定的供给曲线 S 和最初的需求曲线 D_0 相交于 E_0 点。在均衡点 E_0,均衡价格为 P_0,均衡数量为 Q_0。当需求增加时,需求曲线向右平移至 D_1 曲线的位置,D_1 曲线与 S 曲线相交于 E_1 点。在均衡点 E_1,均衡价格为 P_1,均衡数量为 Q_1。与原有的均衡相比,在供给保持不变的条件下,需求增加导致均衡价格上升,均衡数量增加;相反,需求减少使需求曲线向左平移至 D_2 曲线的位置,D_2 曲线与 S 曲线相交于 E_2 点。在均衡点 E_2,均衡价格为 P_2,均衡数量为 Q_2。与原有的均衡相比,在供给保持不变的条件下,需求减少导致均衡价格下降,均衡数量减少。需求变动分别引起均衡价格与均衡数量同方向变动。

(二)供给变化的影响

在需求曲线固定不变的条件下,由于技术、生产要素的价格等因素的影响,供给会发生改变,这样原有的均衡被打破,形成一种新的均衡。

在图 2-11 中,既定的需求曲线 D 和最初的供给曲线 S_0 相交于 E_0 点。在均衡点 E_0,均衡价格为 P_0,均衡数量为 Q_0。供给增加使供给曲线向右平移至 S_2 曲线的位置,S_2 曲线与 D 曲线相交于 E_2 点。在均衡点 E_2,均衡价格为 P_2,均衡数量为 Q_2。与原有的均衡相比,在需求保持不变的条件下,供给增加导致均衡价格下降,均衡数量增加;相反,供给减少使供给曲线向左平移至 S_1 曲线的位置,S_1 曲线与 D 曲线相交于 E_1 点。在均衡点 E_1,均衡价格为 P_1,均衡数量为 Q_1。与原有的均衡相比,在需求保持不变的条件下,供给减少导致均衡价格上升,均衡数量减少。供给变动分别引起均衡价格反方向变动,均衡数量同方向变动。

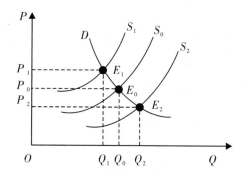

图 2-11　供给曲线变动导致的均衡变动

综上所述，我们可以得出如下结论：在其他条件不变的情况下，需求变动分别引起均衡价格和均衡数量的同方向变动；供给变动分别引起均衡价格的反方向变动和均衡数量的同方向变动。这就是微观经济学中的供求定律。

（三）需求和供给同时变动的影响

如果需求和供给同时发生变动，则均衡价格和均衡数量的变化就比较复杂，要结合需求和供给变化的具体情况来确定，如图 2-12 所示。

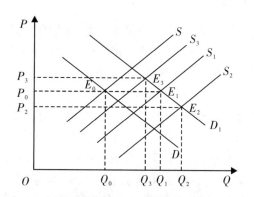

图 2-12　需求供给曲线同时增加导致的均衡变动

在图 2-12 中，原来的均衡是需求曲线 D 和供给曲线 S 相交，均衡点为 E_0，此时的均衡价格为 P_0，均衡数量为 Q_0。假设消费者收入增加，使消费者对商品的需求量增加，此时，需求曲线由 D 移动到 D_1；同时，商品生产的技术提高，使商品供给增加，此时，供给曲线由 S 向右平移到 S_1。在图中可以明显地看出，D_1 曲线和 S_1 曲线变动的幅度是一样的，此时，价格不变，依然是 P_0，但均衡数量增加为 Q_1。如果把需求曲线的增加固定在 D_1，供给曲线 S_3 增加的幅度比 D_1 曲线小，此时，均衡价格上升为 P_3，均衡数量增加为 Q_3；同样的道理，供给曲线 S_2 增加的幅度比 D_1 曲线大，此时，均衡价格下降为 P_2，均衡数量增加为 Q_2。通过分析我们可以得出结论，在两种因素同时作用下的均衡价格变化，将取决于需求和供给各自增长的幅度。同样的道理，需求和供给曲线同时减少的话，结论相反。

最后得出这样的结论：需求和供给同时同方向变动，均衡数量也会同时同方向变动，而均衡价格的变动则取决于供求变动的相对量；需求和供给同时反方向变动，均衡价格总是按照需求变动的方向变动，而均衡数量的变动则取决于供求变动的相对量。具体变动情况如表2-4所示。

表2-4 需求和供给变动对均衡的影响

变量的变化	供给不变	供给增加	供给减少
需求不变	价格相同 数量相同	价格下降 数量增加	价格上升 数量减少
需求增加	价格上升 数量增加	价格不确定 数量增加	价格上升 数量不确定
需求减少	价格下降 数量减少	价格下降 数量不确定	价格不确定 数量减少

四、达到均衡的过程（蛛网理论）

蛛网理论是描述某些商品的价格与产量变动相互影响，引起规律性的循环变动的理论，于1930年由美国的H.舒尔茨、荷兰的J.丁伯根和意大利的H.里奇各自独立提出。由于价格和产量的连续变动用图形表示犹如蛛网，1934年，英国的尼古拉斯·卡尔多将这种理论命名为蛛网理论。

蛛网理论是一种动态均衡分析。古典经济学理论认为，如果供给量和价格的均衡被打破，经过竞争，均衡状态会自动恢复。蛛网理论却证明，按照古典经济学静态下完全竞争的假设，均衡一旦被打破，经济系统并不一定会自动恢复均衡；相反，在现实世界中，很少真正达到均衡，而多半是处在走向均衡的过程中。这个过程可能是：①循环周期（封闭型蛛网）；②收敛周期（收敛型蛛网波动）；③发散周期（发散型蛛网波动）。

蛛网理论的假设为：①完全竞争，每个生产者都认为当前的市场价格会继续下去，自己改变生产计划不会影响市场；②该产品生产时间比较长（如1年）；③当期价格由当期供给量决定；④当期供给量由上期的市场价格决定，又形成对下期价格的影响；⑤生产的商品不易储存，需尽快出售。这些假设表明，蛛网理论主要用于分析农产品。

（一）循环周期

如图2-13所示，假定一开始荔枝每年的供应量是50000千克，供给曲线是S，需求曲线是D，当50000千克的荔枝投放市场后，消费者愿意支付的价格是10元/千克，因而A点成为一个暂时的均衡点。10元/千克的价格在果农看来非常有吸引力，只要价格不低于3元/千克,生产者都愿意提供50000千克的荔枝。而在10元/千克的价格下,按照 B 点,生产者愿意提供100000千克的荔枝。但是这么多数量的荔枝并不能够一下子提供出来,从荔枝幼苗到结果出售,需要4年的时间。可是到了第4年,当100000千克的荔枝提供到市场时,消费者只愿意支付3元/千克。由于荔枝是不耐储藏的商品,当年必须"市场出清",于是只能按照消费者愿意接受的价格出售,暂时均衡点在 C 点。在 C 点的价格下,生产者的积极性受到打击,供给量又将减少……如此循环往复,年复一年。这种蛛网周期被称为循环周期(eternal cycle)。

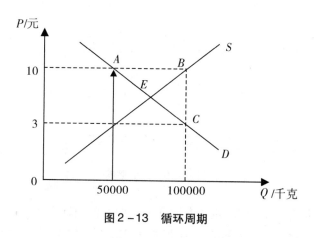

图2-13 循环周期

(二)收敛周期

如图2-14所示,虽然价格在不同年份之间上下交替波动,但波动的幅度越来越小。随着时间的推移,价格-数量周期逐渐缩短,最终收敛于均衡点 E。这种蛛网周期被称为收敛周期(damped cycle)。

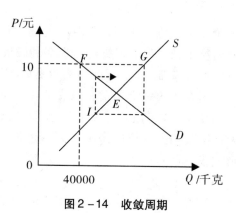

图2-14 收敛周期

（三）发散周期

图 2-14 和图 2-15 的变化正好相反，价格波动的幅度越来越大，离均衡点 E 越来越远。这种蛛网周期被称为发散周期（explosive cycle）。

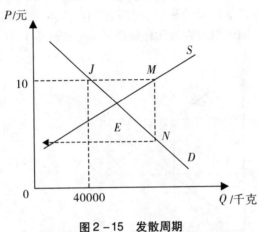

图 2-15　发散周期

决定蛛网周期形状的原因与供给曲线和需求曲线的弹性有关。

（1）如果两者相等，即 $E_S = E_D$，则形成永远循环的周期。

（2）如果供给曲线的弹性值小于需求曲线的弹性值，即 $E_S < E_D$，则蛛网周期是收敛的。

（3）如果供给曲线的弹性值大于需求曲线的弹性值，即 $E_S > E_D$，则蛛网周期是发散的。

五、均衡价格理论的应用

当今世界上不存在完全靠市场机制作用，政府不进行任何干预的经济体制，政府或多或少都会对经济进行适度干预。政府根据经济形势和发展的要求，对经济进行干预。农业是一国国民经济发展的基础产业，又是兼有自然风险和市场风险的弱质产业，因此，世界上各国都针对本国农业的稳定和发展采取了一系列支持措施。在公共财政体制框架下，财政支持农业发展应本着既不"缺位"也不"越位"的原则，在市场机制充分调节的前提下，发挥财政的大力扶持作用。支持价格和限制价格就是政府干预经济、管理价格的一种形式或手段。

（一）支持价格

支持价格（price floor）也称最低价格，是政府为了扶植某一行业的生产而规定的高于该产品市场均衡价格的最低价格，这个最低价格比其市场均衡价格要高，以示对该商品生产的支持。一般来说，政府规定的支持价格高于均衡价格。许多国家为支持农业的发展、保护农民利益，对农产品规定支持价格或最低价格。政府或代理人按照某种平价（保护价）收购农产品，在供大于求时，政府按这一价格增加对农产品的收购；在供小于求时，政府抛出农产品，以保护价进行买卖，从而使农产品价格由于政府的支持而维持在某一水平上。法国95%左右的农产品都受到这种价格支持。此外，各国还有出口补贴等支持价格形式。支持价格的运用对经济发展和稳定有积极意义。

美国政府自20世纪30年代初开始，对农业采取了一系列支持政策，以保持农业的稳定发展。针对美国不断出现农产品生产过剩问题，为避免由此带动农产品市场价格下降，导致农场主收入下降情况的出现，美国政府每年制定有偿休耕、限耕计划，以控制农产品生产，协调供求关系（这一计划目前主要适用于饲料、粮食、小麦、稻谷和棉花这几种主要产品）。具体方法为：每一农场主的基本耕种面积要分为三个部分，即计划内面积、弹性面积和环保性休耕面积。计划内面积必须耕种计划作物并可得到政府的补贴；弹性面积可耕种任何计划作物和除水果、蔬菜以外的任何计划外作物，但不能获得政府补贴；环保性休耕面积是不耕种的面积。农场主是否参加政府的休耕、限耕计划是自愿的，但凡参加这一计划的农场主都可得到现金、实物或贷款补偿。为了稳定农产品价格，保证农民收入，联邦政府长期以来一直对一些主要农产品进行价格支持，即保证农民出售的农产品价格不低于官方提出的最低价格。为了实现这一目标，联邦政府采取了无追索权贷款和政府购买的手段。所谓无追索权贷款，就是由联邦政府的农产品信贷公司发放给符合条件的、生产特定农产品的农场主的一种贷款。贷款率，即单位农产品的贷款额，是由联邦立法机构或农业部长根据立法规则确定的。如果市场上农产品的价格高于贷款率，农场主在出售农产品后，可以归还这一贷款，加上应付利息；如果农产品价格低于贷款率，农场主可以不归还贷款而把自己的农产品交给农产品信贷公司，并且不负担任何费用或罚款。

以对农产品实行的支持价格为例，从长期来看，支持价格政策确实有利于农业的发展。这表现在三个方面：①稳定了农业生产，减缓了经济危机对农业的冲击；②通过对不同农产品的不同支持价格，可以调整农业结构，使之适应市场需求的变动；③扩大农业投资，促进了农业现代化的发展和劳动生产率的提高。正因为如此，实行农产品支持价格的国家，农业生产发展都较好。我国实行的"保护价敞开收购"也是一种支持价格。

但支持价格也引起了一些问题。首先，使政府背上了沉重的财政包袱。政府为收购过剩农产品而支付的费用、出口补贴以及为限产而向农户支付的财政补贴等等，都是政府必须为支持价格政策付出的代价，许多国家用于支持价格的财政支出高达几百亿美元。其次，形成农产品的长期过剩。过剩的农产品主要由政府收购，政府解决农产品过剩的重要方法之一就是扩大出口，这就引起这些国家为争夺世界农产品市场而进行贸易战。最后，受保护的农业竞争力会受到削弱。

图 2-16 为支持价格图。

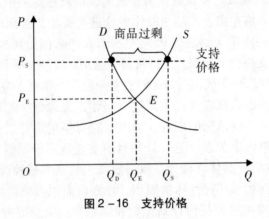

图 2-16 支持价格

假定农产品的均衡价格为 P_E，为支持农产品的生产，规定其最低价格为 P_S，且 $P_S > P_E$。由于最低价格高于均衡价格，形成农产品供大于求的市场状态，供求差额为 $Q_S - Q_E$，整个市场供过于求，这时，支持价格向均衡价格移动。可见，政府为保持支持价格，必然动用财政资金收购农产品供大于求的差额，或组织出口，以改变支持价格下降的趋势。

（二）限制价格

限制价格（ceiling price）也称为最高价格，是指政府对某些产品规定最高上限，防止价格上涨，控制通货膨胀。有时政府为了限制一些垄断性很强的公用事业的价格，也会采取最高限价的做法。如许多国家在战争期间或特殊时期对短缺商品规定限制价格或最高价格。限制价格一般低于市场均衡价格。如图 2-17 所示。

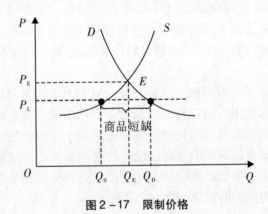

图 2-17 限制价格

假定商品的均衡价格为 P_E，现规定其最高价格为 P_L，且 $P_L < P_E$。由于限制价格或最高价格低于均衡价格 P_E，实现限制价格时，必然造成产品需求大于供给的市场状态，

供小于求的差额为 $Q_D - Q_S$。这种情况下，限制价格 P_L 必然不稳定，而趋向于均衡价格 P_E，政府为保证实现最高限价或限制价格，必须通过进口或增加替代品等办法增加供给，以弥补其供求缺口或差额，控制价格上涨的趋势。在实行限制价格的情况下，市场会出现消费者排队抢购商品或进行黑市交易的现象。在这种情况下，政府会采取配给的方式来分配产品。限制价格也可能会导致企业追求产品数量而不注重产品质量的现象发生，这时，政府还要采取一些经济与行政的方法加以解决或引导。

第四节 弹性及其应用

前面我们分析的需求定律和供给定律只是说明了价格变化对需求量和供给量的方向影响，并没有说明变化的程度。例如，我们从需求定律知道，汽车的价格上涨了，汽车的需求量就会下降，但我们并不知道，汽车的价格上涨了 1%，汽车的需求量会下降多少。弹性理论对此将进一步说明。

弹性的概念来自于物理学，即物体受到外力挤压时发生形变的敏感程度，如果所受到的外力相同，发生形变大的物体弹性就大，发生形变小的物体弹性就小。在 1881—1882 年冬季的某一天，经济学家阿尔弗雷德·马歇尔把"弹性"引入经济学里。这个概念描述了因变量相对变化同自变量（这个自变量可以是商品自身价格，也可以是相关商品价格）相对变化的比率，是指自变量的相对变化所带来的因变量的相对变化，也就是要计算自变量变化 1 个百分点，因变量要变化几个百分点。经济学中的弹性概念往往用来描述某种商品的需求量（销售量）或供给量随其价格（还有相关产品的价格、国民收入、未来价格预期等）变化而变化的敏感程度。比如说，彩电和大米这两种商品都降价 1%，但彩电的需求量增加了 2%，而大米需求量增加了 0.5%，这说明彩电商品需求量随价格变化的敏感度高，即弹性大，而大米的敏感度低，即弹性小。经济学里往往把弹性作为衡量卖者与买者对市场条件变动反应大小的指标，它使我们可以更精确地分析需求与供给。这个概念在 100 年后的今天已经被经济学家们广为使用并习以为常，但在当时，它绝对是新颖的和激动人心的。那时，经济学家们已经注意到需求（或供给）变化与价格变化的幅度并不一致，但进一步的研究却需要把这种不一致明确地表示出来。弹性概念完美地做到了这一点。

一般来说，弹性是因变量对自变量的变动反应的敏感度。在需求函数和供给函数中，价格是自变量，需求量和供给量是因变量。当价格变动时，需求量和供给量对价格变化做出的反应是不一样的。本节的弹性理论是说明价格变动与需求量、供给量变动之间的数量的理论。

一、需求弹性

影响需求变动的因素很多，有价格、相关商品价格，消费者收入、预期等等，理论上说，每一种影响因素就有一种弹性。在微观经济里我们讲三个需求弹性：第一个是把商品自身价格作为一种自变量，有需求的价格弹性；第二个是把相关商品价格作为一种自变量，就有需求的交叉弹性；第三个是把消费者的收入作为一种自变量，那么，就有需求的收入弹性。这三个弹性中重点的是需求的价格弹性。

（一）需求的价格弹性

1. 需求价格弹性的定义及计算公式

需求的价格弹性（price elasticity of demand）是指一种商品的需求量对其自身价格变化的反应程度，就是自变量（价格）变动百分之一，引起因变量（需求量）百分之几的变动。如果一种商品的需求量对价格变动的反应大，可以说这种商品的需求是富有弹性的；相反，则是缺乏弹性的。我们一般用弹性系数来表示弹性的大小。需求的价格弹性系数等于需求量变动的百分比除以价格变动的百分比，通常用需求量变动的百分率除以价格变动的百分率来表示，我们将这个比值称为需求弹性系数，用 E_D 来表示。计算需求价格弹性系数的公式为：

$$E_D = \frac{\text{需求量变动的百分比}}{\text{价格变动的百分比}} = \frac{\Delta Q_D / Q_D}{\Delta P / P} = \frac{\Delta Q_D}{\Delta P} \cdot \frac{P}{Q_D} \qquad (2-6)$$

式中：P 代表价格，ΔP 代表价格的变动量，Q_D 代表需求量，ΔQ_D 代表需求的变动量。假定鞋子的价格上升了5%，消费者购买的鞋子数量减少了10%，那么，此时的需求弹性为：$10\% \div 5\% = 2$，这表明需求量变动的比例是价格变动比例的两倍。由于价格与需求量一般呈反方向变动，所以当价格增加，即价格的变动率为正值时，需求量减少，即需求量的变动率为负值；同样，当价格的变动率为负值时，需求量的变动率为正值。由于一种商品的需求量与其价格负相关，在上述例子中价格变动的百分比是正的5%（价格上升），而需求量变动的百分比是负10%（需求减少），所以，需求的价格弹性一般都为负数，但在实际运用中为了方便起见，一般取其绝对值。

对弹性系数的计算，需要说明几点：

（1）弹性是百分比之比（不受计量单位的限制），即弹性大小与计量单位无关。弹性是数量变化与价格变化的百分比之比，是相对数的变动而不是绝对数的变动，这样是为了去除计量单位的影响。如果用绝对数变动来衡量弹性值，那么，同样的反应程度会因为计量单位的不同而有很大的不同。例如，某汽车的市场价格降低了2万元，如果以辆作为计量单位，汽车的需求量由10000辆增加到20000辆，其变化量为10000单位；而在价格变动相同的情况下，以万辆作为计量单位，需求量由1万辆增加到2万辆，其变化量仅为1单位，两者弹性值相差10000倍。而用相对数变动来衡量的话，不论使用什么计量单位，数量和价格变化的百分比都是一样的，从而弹性值也都是相同的。

（2）不同的商品有不同的弹性系数，即使在同一条需求曲线上，不同点的弹性值也是不同的。如果曲线是线性的，那么，$\Delta Q_D / \Delta P$ 的数值一直固定不变，但因为不同点的 P 和 Q_D 的值都在变化，导致 P/Q_D 的值也是变化的。在一条直线上，随着 Q_D 的值增加，P/Q_D 的值一直递减，因此，弹性值自上而下是不断减少的。如果曲线是非线性的，那么，$\Delta Q_D / \Delta P$ 和 P/Q_D 的值都会变化。如果 $\Delta Q_D / \Delta P$ 和 P/Q_D 变动方向相反而速度相同的话,需求曲线的弹性值就是一个固定不变的常数,但这种情况很少见。因此,一般来说,在曲线上的任何一点,弹性值都不相同。线性需求曲线上的点弹性如图2-18所示。

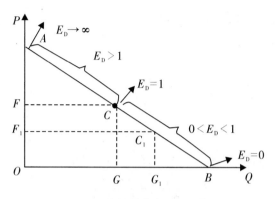

图 2-18　线性需求曲线上的点弹性

(3) 根据价格和需求量变动幅度的大小,需求的价格弹性可以分为弧弹性和点弹性。

例如,某商品的价格由20元/件下降为15元/件($P=20$, $\Delta P=15-20=-5$),需求量由20件增加到40件($Q_D=20$, $\Delta Q_D=40-20=20$),这时,该商品的需求弹性为:

$$E_D = -\frac{\Delta Q_D}{\Delta P} \cdot \frac{P}{Q_D} = \frac{40-20}{15-20} \times \frac{20}{20} = -4$$

若将上例倒过来,即该商品价格由15元/件上升为20元/件($P=15$, $\Delta P=5$),需求量由40件减少到20件($Q_D=40$, $\Delta Q_D=-20$),则该商品的需求弹性为:

$$E_D = -\frac{\Delta Q_D}{\Delta P} \cdot \frac{P}{Q_D} = \frac{20-40}{20-15} \times \frac{15}{40} = -1.5$$

显然,上述不同的计算方法得出的结果是不一样的。这是因为,在两种不同的情况下,我们所选择的P和Q_D的值是不同的。也就是说,我们选择的起点不同,得到的数值也会不同。为了避免这种矛盾,可以采取平均计算的办法,即运用中点公式来计算商品的需求弹性。

A. 弧弹性。当没有掌握因变量与自变量的函数式,但知道它们之间离散的数据时,就只能计算在两个数据之间的平均弹性系数,即弧弹性系数(表示某商品需求曲线上两点之间的弹性)。

$$E_D = -\frac{\frac{\Delta Q_D}{(Q_{D1}+Q_{D2})/2}}{\frac{\Delta P}{(P_1+P_2)/2}} = -\frac{\Delta Q_D}{\Delta P} \cdot \frac{P_1+P_2}{Q_{D1}+Q_{D2}} \qquad (2-7)$$

若运用中点公式计算,则该商品的需求弹性为:

$$E_D = -\frac{\Delta Q_D}{\Delta P} \cdot \frac{P_1 + P_2}{Q_1 + Q_2} = \frac{20-40}{20-15} \times \frac{15+20}{20+40} = -2.3$$

用弧弹性求出来的值只有一种结果,比较容易统一答案。

B. 点弹性。点弹性是需求曲线上某一点的弹性,当价格变动无限小时所引起的需求量变动的反应程度。其计算公式为:

$$E_D = \lim_{\Delta P \to 0} -\frac{\Delta Q_D/Q_D}{\Delta P/P} = -\frac{dQ_D}{dP} \cdot \frac{P}{Q_D} \qquad (2-8)$$

例如,已知需求函数为 $Q = 120 - 20P$,则需求点弹性为:

$$E_D = -\frac{dQ}{dP} \cdot \frac{P}{Q} = -(-20) \times \frac{P}{120-20P} = \frac{P}{6-P}$$

这时,可求出任何价格水平的需求弹性系数。当 $P=2$ 时,

$$E_D = \frac{P}{6-P} = \frac{2}{6-2} = 0.5$$

以此类推,当 $P=4$ 时,$E_D = 2$;当 $P=5$ 时,$E_D = 1$。

图 2-19 中的(a)和(b)分别显示了盐和飞机票的需求曲线,从盐的需求曲线可以看出,即使价格 P 从 4 个单位下降到 1 个单位,需求量 Q 也只是从 75 个单位上升到 80 个单位;而飞机票的价格 P 从 700 个单位下降到 600 个单位,需求量 Q 从 50 个单位上升到 120 个单位。

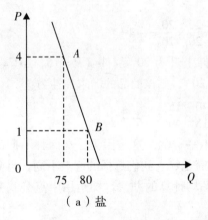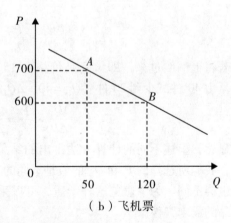

(a)盐　　　　　　　　　　　　　(b)飞机票

图 2-19　不同弹性值商品的需求曲线

可以利用弧弹性公式分别算出盐和飞机票的弹性值:

$$E_{盐} = \frac{(\Delta Q_D/\Delta P)(P_A + P_B)}{(Q_A + Q_B)}$$
$$= [(80-75)/(1-3)] \times [(4+1)/(75+80)]$$
$$= -0.05$$

$$E_{飞机票} = \frac{(\Delta Q/\Delta P)(P_A + P_B)}{(Q_A + Q_B)}$$
$$= [(120-50)/(600-700)] \times [(700+600)/(50+120)]$$
$$= -5.35$$

虽然需求的价格弹性值是负数，但我们一般都取绝对值。

一般来讲，需求曲线越陡峭，需求弹性就越小；需求曲线越平坦，需求弹性就越大。在图2-19中，飞机票的需求曲线比盐的需求曲线平坦得多，所以，飞机票的需求弹性要比盐的需求弹性大得多。

2. 需求价格弹性的分类

不同商品的需求弹性相差甚远，按照弹性值的大小，我们可以做以下的划分：

(1) 当$|E_D|=0$，称为需求完全缺乏弹性。
(2) 当$0<|E_D|<1$，称为需求缺乏弹性。
(3) 当$|E_D|=1$，称为单元弹性。
(4) 当$|E_D|>1$，称为需求富于弹性。
(5) 当$|E_D|\to\infty$，称为需求完全富于弹性。

第一种和第五种是极端情况，如图2-20所示。$E_D=0$是完全缺乏弹性，说明无论价格升或降，都不会改变需求量。此时需求曲线往往是一条垂直线。$E_D\to\infty$是完全富有弹性，即只要价格有微小的上涨，需求量将从无穷大变为零；反之，如果价格有微小的下调，那么，需求量会增到无穷大。此时，需求曲线是一条平行于横轴的水平直线。在现实生活中，完全缺乏弹性和完全富有弹性这两种极端情况很少见，一般都在0到∞之间变化。

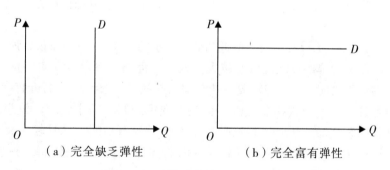

(a) 完全缺乏弹性　　　　(b) 完全富有弹性

图2-20　需求曲线的两种极端情况

3. 影响需求价格弹性的因素

需求价格弹性的大小主要与五个因素有关。

(1) 商品的必需程度。消费品可以划分为必需品与奢侈品。一般来说，生活必需品的需求价格弹性较小，非必需品的需求价格弹性较大。必需品在人们的日常生活中是必不可少的，缺乏生活必需品会危及人们的健康甚至生命。因此，不管它的价格升或是降，人们都不会随着价格的高低而大幅度地减少或增加对生活必需品的需求量，这种商品的需求量对其价格变动的反应程度比较低，其需求价格弹性也比较小。奢侈品则不同，这种商品的需求量对其价格变化的反应程度比较高，所以，其需求价格弹性也比较大。例如，盐的需求价格弹性是较小的，飞机票的需求价格弹性是较大的。

（2）商品的可替代性。一般来说，一种商品的可替代品越多，其相近程度越高，则该商品的需求价格弹性往往就越大；相反，该商品的需求价格弹性就越小。例如，在饮料市场上，当可口可乐的价格上升时，消费者就会减少对可口可乐的需求量，增加对相近的替代品如百事可乐的购买，这样可口可乐的需求价格弹性就比较大。又如，对于食盐来说，没有很好的可替代品，所以，食盐价格的变化所引起的需求量变化几乎等于零，它的需求价格弹性是极其小的。

（3）商品在总支出中所占的比重。当某种商品在消费者的支出预算中所占比重较小时，其价格上升或下降对消费者的需求量影响不大，消费者不会因为这些商品价格的上升或下降而大幅度地改变对它们的需求量，因此，它们的需求价格弹性比较小。当某种商品在消费者的支出预算中所占比重较大时，其价格上升或下降就会影响消费者对它们的需求量，如果这种商品价格上升，消费者就会寻找替代品，这种商品的需求量会减少，质量好、价格合理的替代品的需求量会增加，因此，这些商品的需求价格弹性比较大。例如，火柴、盐、铅笔、肥皂等商品的需求弹性就是比较小的，因为消费者每月在这些商品上的支出是很少的，消费者往往不太重视这类商品价格的变化；而飞机票的价格在总支出中的比重比较大，其价格的变化对消费者的购买量影响较大。

（4）商品类别的大小。需求弹性的大小与我们考察对象类别的大小有着很大的关联，如果我们考察的是某一大类商品，如牙膏、饮料、轮胎、食品等，那么，它们的替代品很少，需求弹性很小；而如果我们考察的是某一大类商品中的某一种，如牙膏中的佳洁士牙膏或者冷酸灵牙膏，这种商品的相近的替代品往往比较多，需求弹性比较大。

（5）时间的长短（所考察的消费者调节需求量的时间）。一般来说，所考察的调节时间越长，则需求的价格弹性就可能越大。因为当消费者决定减少或停止对价格上升的某种商品的购买之前，他一般需要花费时间去寻找和了解该商品的可替代品。例如，当石油价格上升时，消费者在短期内不会较大幅度地减少需求量。但设想在长期内，消费者可能找到替代品，于是，石油价格上升会导致石油的需求量较大幅度地下降，所以石油价格不能长久地上升，时间越长，消费者越容易找到替代品或调整自己的消费习惯。

4. 需求价格弹性与总收益的关系

降低价格以增加利润的做法被称为薄利多销。那么，是不是所有商品都可以通过降价来增加利润呢？是不是所有的产品都可以薄利多销呢？这就涉及需求弹性和总收益之间的关系。

了解需求弹性和总收益之间的关系也是我们学习需求弹性的目的，因为我们学习微观经济学的目的之一就是要指导企业的决策，而企业的目的是利润最大化，企业利润的多寡取决于它的总收益与其成本的比较，那么，企业的总收益和需求价格弹性之间又有什么关系呢？

我们知道，总收益（TR）是销售量与价格的乘积（$TR = P \cdot Q$），我们可以把需求量作为销售量。从 $TR = P \cdot Q$ 这个等式来看，总收益的变动取决于需求量 Q 的变动与价格 P 的变动，两者与总收益呈正相关关系，当其中一个变量不变的时候，另一个变量越大，总收益就越大。那么，事情是不是就是这么简单呢？

根据前面所说过的需求定律，大多数商品价格上升的话，在其他条件不变的情况下，需求量（销售量）就会减少，所以，等式中的总收益并不会总是因为价格或者需求量的增加而增加。

根据弹性理论，某种物品价格变动会引起需求量变动，变动多少则取决于该物品的需求弹性大小，弹性小的话需求量的变动就小，弹性大的话需求量的变动就大，所以，需求弹性与总收益相关。

需求弹性对于生产者、销售商来说是一个需要考虑的重要因素，因为它决定了厂商收入变动对价格的反应。假定原来的价格和需求量分别为 P_1 和 Q_1，那么，$TR_1 = P_1 \cdot Q_1$；现在价格上涨到 P_2，需求量下降到 Q_2，那么，$TR_2 = P_2 \cdot Q_2$，其中，$\Delta P > 0$，$\Delta Q < 0$。

总收益的变化：

$$
\begin{aligned}
TR_2 - TR_1 &= P_2 \cdot Q_2 - P_1 \cdot Q_1 \\
&= (P_1 + \Delta P)(Q_1 + \Delta Q) - P_1 \cdot Q_1 \\
&= P_1 \cdot \Delta Q + \Delta P \cdot Q_1 + \Delta P \cdot \Delta Q \quad (\text{其中}, \Delta P \cdot \Delta Q \text{ 的值很小，可忽略不计}) \\
&= [(\Delta Q / \Delta P)(P_1 / Q_1) + 1] \Delta P \cdot Q_1 \\
&= (E_D + 1) \Delta P \cdot Q_1 \begin{cases} > 0, & \text{若 } 0 < |E_D| < 1 \\ = 0, & \text{若 } |E_D| = 1 \\ < 0, & \text{若 } |E_D| > 1 \end{cases}
\end{aligned}
$$

从以上过程可以看出，需求弹性和总收益的关系可以分为三种情况。

（1）缺乏弹性的商品需求弹性与总收益之间的关系。一般来说，如果某种商品的需求是缺乏弹性的，那么，当该商品的价格上升时，需求量减少幅度会小于价格上升的幅度，所以总收益会增加；反之，当价格下降时，总收益会减少。价格和总收益两者呈正相关关系。

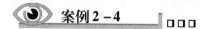

谷贱伤农

谷贱伤农是我国流传已久的一种说法，它描述的是这样一种经济现象：在丰收的年份，农民的收入反而减少了。

造成这种现象的根本原因在于农产品往往是缺乏需求价格弹性的商品。在丰收年份，农产品供给的大量增加使价格下降幅度大于农产品均衡数量的增加幅度，最后使农民的总收入减少；在歉收年份，农产品供给的减少使价格上升幅度大于农产品均衡数量的减少幅度，最后使农民的总收入增加。因此，当农民面临大丰收时，往往需要政府采取支持价格政策以确保农民的经济利益。

美国长期以来为了保护农业的发展而实施的农产品支持价格政策能行之有效的原因也就在此，因为农产品的需求弹性小，价格保持在较高的水平能使农民的收入也保持在一定的水平，从而激发农民的生产积极性，有利于农业的发展。

(资料来源：作者根据相关资料整理。)

（2）如果需求的价格弹性为1，则收入不变，因为需求量下降的减少量正好抵消了价格上涨的增加量。

（3）如果商品需求富有弹性，降低价格，总收益会增加；提高价格，总收益反而会减少。这是因为厂商降价所引起的需求量的增加幅度大于价格的下降幅度，这意味着价格下降所造成的销售收入的减少量必定小于需求量增加所带来的销售收入的增加量，所以，降价最终带来总收益的增加；相反，提价会带来总收益的减少。价格和总收益两者呈负相关关系。

所以说，薄利未必多销。薄利多销是有条件的——需求的价格弹性足够高，即当需求量变动的比率大于价格变动的比率。价格下调，总收益增加，对生产者有利；价格上调，总收益减少，对生产者不利。在现实中用"跳楼价""出血价"以实现薄利多销的产品均为需求富有弹性的物品（需求价格弹性大于1，卖者适当降低价格能增加总收益）。

(二) 需求的交叉价格弹性

需求的交叉弹性（cross-price elasticity of demand）是指一种商品的需求量对另一种商品的价格变化的反应程度（即相关商品价格变动程度对商品自身需求量变动程度的影响），其弹性系数等于一种商品需求量变动的百分比除以另一种商品价格变动的百分比：

$$E_{XY} = \frac{X商品需求量变动的百分比}{Y商品价格变动的百分比} = \frac{\Delta Q_X / Q_X}{\Delta P_Y / P_Y} = \frac{\Delta Q_X}{\Delta P_Y} \cdot \frac{P_Y}{Q_X} \quad (2-9)$$

需求交叉弹性系数的值可以是正数、负数或0三种情况。需求的交叉价格弹性系数的符号取决于所考察的两种商品（X和Y商品）的相关关系。商品之间的相关关系可以分为两种：一种为替代关系，另一种为互补关系。

（1）$E_{XY} > 0$。表明商品Y的需求量和商品X的价格呈同方向变动。当P_X上升时，Q_Y也增加；当P_X下降时，Q_Y也减少。这类商品我们称为替代品。如猪肉和牛肉、海尔牌洗衣机和长虹牌洗衣机、康佳牌彩电和海信牌彩电，前者涨价，后者价格不变，后者销售量增加；反之亦然。

（2）$E_{XY} < 0$。表明商品Y的需求量和商品X的价格呈反方向变动。当P_X上升时，

Q_1 就会减少；当 P_X 下降时，Q_Y 就会增加。这类商品我们称为互补品。如汽车与汽油、录音机和磁带、电脑与软件、皮鞋与鞋油等，后者涨价，前者需求量减少；反之亦然。

（3）$E_{XY}=0$。表明在其他条件不变时，商品 Y 的需求量是一个常量，即商品 Y 的需求量和商品 X 的价格变化无关。这类商品称为无关商品，如面包与自行车、篮球与台灯等。

（三）需求的收入弹性

需求的收入弹性（income elasticity of demand）是指一种商品的需求量对消费者收入变化的反应程度，其弹性系数等于需求量变动的百分比除以收入变动的百分比。

如用 I 表示收入，Q 代表需求量，ΔI、ΔQ 分别表示收入和需求增量，用 E_m 表示收入弹性系数，则收入弹性系数的计算公式为：

$$E_m = \frac{\text{需求量变动的百分比}}{\text{收入变动的百分比}} = \frac{\Delta Q_D / Q_D}{\Delta I / I} = \frac{\Delta Q_D}{\Delta I} \cdot \frac{I}{Q_D} \quad (2-10)$$

$$E_m = \frac{\dfrac{\Delta Q_D}{(Q_1+Q_2)/2}}{\dfrac{\Delta I}{(I_1+I_2)/2}} = \frac{\Delta Q_D}{\Delta I} \cdot \frac{I_1+I_2}{Q_1+Q_2} \quad (2-11)$$

根据收入弹性系数数值的大小，可以把商品分为两类。

（1）正常品：$E_m > 0$。正常品的需求量随着收入的增加（或减少）而增加（或减少），即正常品的需求量与收入同方向变动。正常品又可分为必需品和奢侈品。当 $0 < E_m < 1$ 时，这类商品被称为必需品，因为这类商品的需求量虽然与收入同方向变动，但是缺乏弹性，需求量的变化幅度不如收入变化幅度大。当 $E_m > 1$ 时，这类商品被称为奢侈品，因为这类商品的需求量变动富有弹性，其需求量变动的比例超过了收入变动的比例。如居民收入增10%，但对汽车的需求增长了20%，这说明汽车属于奢侈品。

（2）低档品：$E_m < 0$。这类商品随着消费者收入的增加，其需求量反而减少。

二、供给弹性

供给弹性与需求的各种弹性相类似，所以，对供给的弹性值会比较简单地进行介绍。供给的价格弹性表示在一定时期内一种商品的供给量的变动对于该商品的价格的变动的反应程度，或者说，表示在一定时期内当一种商品的价格变化百分之一时所引起的该商品的供给量变化的百分比。它是商品的供给量变动率与价格变动率的比值。

（一）供给的价格弹性

供给的价格弹性（price elasticity of supply）是指一种商品的供给量对其自身价格变化的反应程度，其弹性系数等于供给量变动的百分比除以价格变动的百分比：

$$E_S = \frac{\text{供给量变动的百分比}}{\text{价格变动的百分比}} = \frac{\Delta Q_S / Q_S}{\Delta P / P} = \frac{\Delta Q_S}{\Delta P} \cdot \frac{P}{Q_S} \quad (2-12)$$

与需求的价格弹性一样，供给的价格弹性也分为弧弹性和点弹性。供给的价格弧弹性表示某商品供给曲线上两点之间的弹性。供给的价格点弹性表示某商品供给曲线上某一点的弹性。根据供给法则，由于价格越高，生产者所愿意提供的产量越大，所以供给弹性系数一般是正数。

(二) 供给价格弹性的分类

供给弹性根据供给弹性系数值的大小也可分为五种类型。

(1) 当 $E_S=0$ 时，称为完全缺乏弹性。

(2) 当 $0<E_S<1$ 时，称为缺乏弹性。这类商品的供给量对价格的变动反应很小，如土地供给就缺乏弹性，因为土地几乎不可能生产。

(3) 当 $E_S=1$ 时，称为单位弹性。

(4) 当 $E_S>1$ 时，称为富有弹性。这类商品的供给量对价格变动的反应很大。例如，汽车、电视机这类产品的供给就富有弹性，原因是生产这些产品的企业可以对价格上涨做出反应而让工厂更长时间地生产。

(5) 当 $E_S\to\infty$ 时，称为完全富有弹性。

(三) 影响供给价格弹性的因素

在现实生活中，影响供给价格弹性的因素主要有四个方面。

(1) 生产要素的供给情况。生产要素的供给充足，或生产要素价格较低，供给价格弹性就大；反之，供给价格弹性就小。

(2) 生产成本的变化。这是影响供给弹性的又一重要因素。如果产量增加，单位成本的改变量是较小的，那么，企业就会扩大生产，提供产品，这时供给价格弹性较大；反之，如果产量的提高促使了单位成本极大提高，企业就不会增加供给，供给价格弹性就较小。

(3) 对价格的预期。当产品价格上涨时，厂商是否立即增加生产以及增加幅度的大小取决于厂商预期这种上涨能否持久，如果能，他们将提高产量、增加供给，这时供给富有弹性；反之，如果厂商预期不能持久，供给的增加就很有限，这时供给缺乏弹性。

(4) 时间因素。在短期内，价格变动后，可以通过调整劳动力等生产要素的投入量来调整产量以适应价格的变化，但规模不能动，所以调整的幅度有限，短期内供给缺乏弹性；在长期中，价格变动后企业可以调整生产规模，供给可以充分调整，长期中供给富有弹性。

本章小结

1. 需求是指消费者在一定时期内，在各种可能性的价格水平下，愿意而且能够购买的商品和服务的数量。需求要想实现，需要有购买的欲望和支付能力。需求曲线一般向右下方倾斜。供给是指生产者在一定时期内，在各种可能性的价格水平下，愿意而且能够供给的商品和服务的数量。供给要想实现，需要有提供商品的欲望和能力。

供给曲线一般向右上方倾斜。

2. 价格以外的因素引起需求曲线的移动，价格变动引起需求量沿着需求曲线移动，这两者的变动分别是需求曲线的移动和需求量的移动。供给曲线及供给量的变动与之相似。

3. 均衡价格是指某种商品的需求和供给这两种相反力量达到均衡，从而不再变动时的价格，即市场需求价格与供给价格相一致时的价格。此时，市场出清，需求量或供给量称为均衡数量。均衡价格和均衡数量随着需求曲线和供给曲线的变动而变动。

4. 蛛网周期分为循环周期、收敛周期和发散周期三种情况，适用于分析农产品。

5. 弹性是用来反映一个经济变量的变动对另一个经济变量变动的反应程度。其中最重要的弹性是需求价格弹性。需求的价格弹性分为弧弹性和点弹性。根据需求价格弹性系数的大小可以把需求价格弹性划分为五类：完全缺乏弹性、缺乏弹性、单位弹性、富有弹性和完全富有弹性。对于缺乏需求弹性的商品，一般涨价能提高收益，降价反而减少收益。对于富有需求弹性的商品，一般涨价减少收益，降价反而增加收益。互为替代品的商品的交叉价格弹性大于零，互为互补品的商品的交叉价格弹性小于零。

课 后 练 习

一、名词解释

1. 需求
2. 需求量
3. 需求定律
4. 供给
5. 供给定律
6. 均衡价格
7. 均衡数量
8. 支持价格
9. 限制价格
10. 需求的价格弹性
11. 需求的收入弹性
12. 需求的交叉弹性
13. 供给的价格弹性

二、单项选择题

1. 在得出某砂糖橘种植农户的供给曲线时，下列因素中，除哪一个因素以外其余均保持常数？（   ）

  A. 土壤的肥沃程度   B. 砂糖橘的种植面积
  C. 技术水平   D. 砂糖橘的价格

2. 在下述的原因中，哪个不是手机的需求曲线向左平移的原因？（　　）
   A. 手机的价格上升
   B. 另外一个品牌的手机价格下降
   C. 消费者对手机的预期价格上升
   D. 消费者的收入水平提高
3. 某月内，X 商品的替代品的价格上升和互补品的价格上升，分别引起 X 商品的需求变动量为 40 单位和 100 单位，则在它们共同作用下该月 X 商品需求数量（　　）。
   A. 增加 60 单位　　　　　　B. 减少 60 单位
   C. 增加 140 单位　　　　　　D. 减少 140 单位
4. 当两种商品中一种商品的价格发生变化时，这两种商品的需求量都同时增加或减少，则这两种商品的需求的交叉价格弹性系数为（　　）。
   A. 正　　　　B. 负　　　　C. 0　　　　D. -3
5. 当汽油的价格下降时，对汽车的需求量将（　　）。
   A. 减少　　　B. 不变　　　C. 增加　　　D. 视具体情况而定
6. 当出租车租金上涨后，对公共汽车服务的（　　）。
   A. 需求下降　　B. 需求增加　　C. 需求量下降　　D. 需求量增加
7. 均衡价格一定随着（　　）。
   A. 需求与供给的增加而上升　　B. 需求的增加和供给的减少而上升
   C. 需求和供给的减少而上升　　D. 需求的减少和供给的增加而上升
8. 已知某种商品的需求是缺乏弹性的，在其他条件不变的情况下，生产者要想获得更多的收益，应该（　　）。
   A. 适当降低价格　　　　　　B. 适当提高价格
   C. 保持价格不变　　　　　　D. 无法判断
9. 在其他条件不变的情况下，某种商品的需求量（　　）。
   A. 随着替代商品价格的提高而减少
   B. 随着替代商品价格的提高而增加
   C. 随着偏好的增加而减少
   D. 随着互补品价格下降而减少
10. 对番薯需求的变化，可能是由于（　　）。
    A. 消费者认为番薯价格太高了
    B. 番薯的收成增加
    C. 消费者预期番薯将降价
    D. 种植番薯的技术有了改进
11. 某种商品沿着供给曲线运动是由于（　　）。
    A. 商品价格的变化　　　　　B. 互补品价格的变化
    C. 生产技术条件的变化　　　D. 生产这种商品的成本的变化
12. 某消费者的收入下降，而他对某商品的需求却增加，该商品为（　　）。

A. 高档商品　　B. 低档商品　　C. 替代商品　　D. 互补商品

13. 需求完全富有弹性可以用（　　）。
    A. 一条与横轴平行的线表示
    B. 一条与纵轴平行的线表示
    C. 一条向右下方倾斜的线表示
    D. 一条向右上方倾斜的线表示

14. 下列四种商品中哪些商品需求的价格弹性最小？（　　）
    A. 食盐　　B. 衣服　　C. 化妆品　　D. 小汽车

15. 在得出某种商品的个人需求曲线时，下列因素除哪一种外均保持为常数？（　　）
    A. 个人收入　　　　　　　B. 其余商品的价格
    C. 个人偏好　　　　　　　D. 所考虑商品的价格

16. 保持所有其他因素不变，某种商品的价格下降，将导致（　　）。
    A. 需求增加　　B. 需求减少　　C. 需求量增加　　D. 需求量减少

17. 消费者预期某物品未来价格要下降，则对该物品当前需求会（　　）。
    A. 减少　　　　　　　　　B. 增加
    C. 不变　　　　　　　　　D. 上述三种情况都可能

18. 如果商品X和商品Y互为替代品，则X的价格下降将造成（　　）。
    A. X的需求曲线向右移动　　B. X的需求曲线向左移动
    C. Y的需求曲线向右移动　　D. Y的需求曲线向左移动

19. 一个商品价格下降对其替代品最直接的影响是（　　）。
    A. 替代品的需求曲线向右移动　　B. 替代品的需求曲线向左移动
    C. 替代品的供给曲线向右移动　　D. 替代品的价格上升

20. 如果某种商品供给曲线的斜率为正，在保持其余因素不变的条件下，该商品价格的上升导致（　　）。
    A. 供给增加　　B. 供给减少　　C. 供给量增加　　D. 供给量减少

21. 消费者预期某物品未来价格要下降，则对该物品当前的需求会（　　）。
    A. 增加　　　　　　　　　B. 减少
    C. 不变　　　　　　　　　D. 上述三种情况都可能

22. 建筑工人工资提高将使（　　）。
    A. 新房子需求曲线左移并使房子价格下降
    B. 新房子需求曲线右移并使房子价格上升
    C. 新房子供给曲线左移并使房子价格上升
    D. 新房子供给曲线右移并使房子价格下降

23. 若X和Y两个产品的交叉弹性是-5，则（　　）。
    A. X和Y是替代品　　　　　B. X和Y是正常商品
    C. X和Y是劣质品　　　　　D. X和Y是互补品

24. 如果某商品缺乏弹性，则该商品价格上升，（　）。
    A. 该商品销售收益不变
    B. 该商品销售收益增加
    C. 该商品销售收益下降
    D. 销售收益可能增加也可能下降

25. 政府为了扶持农业，对农产品规定了高于其均衡价格的支持价格。政府为了维持支持价格，应该采取的相应措施是（　）。
    A. 增加对农产品的税收
    B. 实行农产品配给制
    C. 收购过剩的农产品
    D. 对农产品生产者予以补贴

26. 政府把价格限制在均衡水平以下可能导致（　）。
    A. 黑市交易
    B. 大量积压
    C. 买者按低价买到了希望购买的商品数量
    D. A和C

27. 在需求和供给同时增加的情况下（　）。
    A. 均衡价格和均衡交易量都将下降
    B. 均衡价格将上升，均衡交易量的变化无法确定
    C. 均衡价格的变化无法确定，均衡交易量将增加
    D. 均衡价格将上升，均衡交易量将增加

28. 均衡价格随着（　）。
    A. 需求和供给的增加而上升
    B. 需求的减少和供给的增加而上升
    C. 需求和供给的减少而上升
    D. 需求的增加和供给的减少而上升

29. 当牛肉的价格急剧上升时，对羊肉的需求将（　）。
    A. 减少　　B. 保持不变　　C. 增加　　D. 不确定

30. 假定某商品的价格从4元降到2元，需求量将从7单位增加到12单位，则该商品卖者的收益将（　）。
    A. 保持不变　　B. 增加　　C. 减少　　D. 增减不确定

三、判断题

1. 线性需求曲线上点的位置的高低与该点的弹性值的大小无关。（　）
2. 均衡价格就是供给量等于需求量时的价格。（　）
3. 需求曲线的斜率就是需求弹性。（　）
4. 如果两种商品之间存在着替代关系，相应的需求的交叉弹性系数为负

值。（ ）

5. 一般来说，一种商品用途越广泛，该商品的需求弹性就越小；反之，就越大。（ ）

6. 消费者在某商品上的消费支出在预算总支出中所占的比重越大，该商品的需求弹性就越大。（ ）

7. 如果某商品的需求曲线的斜率绝对值大于供给曲线的斜率绝对值，则蛛网的形状是收敛型的。（ ）

8. 一般来说，陡峭的需求曲线弹性比较小，而平坦的需求曲线弹性比较大。（ ）

9. 已知某商品的收入弹性小于1，则这种商品是奢侈品。（ ）

10. 如果两种商品的需求的交叉弹性系数为负值，则这两种商品之间为替代关系。（ ）

11. 如果商品价格高于均衡价格，那该价格一定会下跌并向均衡价格靠拢。（ ）

12. 要想提高盐的收益，应该适当的涨价。（ ）

四、简答题

1. 需求和需求量、供给和供给量有什么区别？
2. 均衡价格是怎样形成的？它在需求和供给发生变化的情况下将怎样变化？
3. 根据均衡价格原理，政府实行支持价格或限制价格将对经济产生什么影响？政府应该采取什么样的相应措施？
4. 影响需求的因素有哪些？
5. 影响供给的因素有哪些？
6. 运用供求原理解释"谷贱伤农"。

五、计算题

1. 已知某一时期内某商品的需求函数为 $D = 50 - 5P$，供给函数为 $S = -10 + 5P$。

   （1）求均衡价格 P 和均衡数量 Q，并作出几何图形。

   （2）假定供给函数不变，由于消费者收入水平提高，使需求函数变为 $Q = 70 - 5P$，求出相应的均衡价格 P 和均衡数量 Q，并作出几何图形。

   （3）假定需求函数不变，由于生产技术水平提高，使供给函数变为 $Q = -4 + 5P$，求出相应的均衡价格 P 和均衡数量 Q，并作出几何图形。

   （4）根据（1）、（2）、（3），说明需求变动和供给变动对均衡价格和均衡数量的影响。

2. 假定下表是需求函数 $Q_D = 400 - 100P$ 在一定价格范围内的需求状况。

某商品的需求状况

价格/元	1	2	3	4	5
需求量	500	400	300	200	100

（1）求出价格在 3 元和 5 元之间时需求的价格弧弹性。

（2）根据给出的需求函数，求 $P=2$ 元时的需求的价格点弹性。

3. 某君对消费品 X 的需求函数为 $Q=100-5P$，分别计算价格 $P=60$ 和 $P=40$ 时的价格弹性系数。

4. 某种商品原先的价格为 2 元/千克，销售量为 2000 千克，该商品的需求弹性系数为 4，如果降价至 1.5 元/千克，此时的销售量是多少？降价后总收益是增加了还是减少了？增加或减少了多少？

第三章 消费者行为理论

学习目标

通过该章的学习，学生要了解效用、总效用和边际效用的含义；理解总效用与边际效用的关系，掌握边际效用递减规律、无差异曲线的含义与特征、预算约束线的含义。重点掌握消费者均衡以及消费者均衡时满足的公式，并要求能用图形说明消费者均衡满足的条件。掌握价格效应、替代效应和收入效应的含义，了解价格变化和收入变化对消费者均衡的影响。

西方经济学认为通过供求关系运作的市场经济是配置资源的最优方式，那么，供求关系是如何形成的呢？需求的背后是消费者行为，而供给的背后是生产者行为，消费是人类社会最基本的经济活动之一，而消费者所有的行为都是出于追求商品的效用以满足自身的欲望。作为一个理性的消费者，希望付出最小的成本，购买最多的商品，给自己带来最大的满足感，也即得到最大的效用。消费者行为理论是微观经济学分析的开始和基础，就是要说明居民户如何使用自己既定的收入来达到效用最大化。西方经济学的消费理论是通过边际效用递减规律或边际替代率递减规律来说明人们的消费行为。

第一节 消费者偏好

一、欲望和效用

小王、小张、小李和小郭大学毕业了，都找到了工作，拿到了第一个月的工资。小王把第一个月的工资拿出来请同事们到饭店吃了一顿，小张用第一个月的工资给他的妈妈买了一部苹果手机，小李用第一个月的工资给他心爱的女朋友买了一条金项链，小郭用第一个月的工资去阳江旅游了几天。都是第一个月的工资，为什么有不同的消费方式呢？在这背后是什么驱使他们采取不同的消费方式？

（一）欲望

消费者为什么需要各式各样的商品和服务？因为这些商品和服务可以满足消费者的各种欲望，因此，欲望便成为研究消费者行为理论的出发点。

欲望（wants）也叫作需要（needs），是指想要得到而又没有得到某种东西的一种心理状态，即不足之感与求足之愿的心理统一。欲望必须满足两个条件：第一，有不足之感；第二，有求足之愿。例如，我现在没有洗衣机，这表明我对洗衣机有不足之感,但由于我的住房里没有自来水管道,因此,我目前并不需要它,这样,洗衣机并不形成我的欲望。只有当我家里安装了自来水管道时,我才想到需要洗衣机,这时,洗衣机才成为我的实际欲望。

欲望具有递进性,它是人们一切经济活动的根本动机,推动消费者从事劳动、决策购买、实现消费,最终获得满足。根据马斯洛的需求层次理论可以知道,当较低层次的欲望得到满足或基本满足后,就会产生新的或更高层次的欲望,这种欲望是无穷无尽的。同时,欲望又有轻重缓急之分,基本层次的欲望最重要。欲望也可以反复再现,曾经满足过的欲望,还会再度出现,如我们一次吃饱了,下次饿的时候还想吃。正是欲望的无限性和资源的有限性,推动人们去从事生产、发展经济。

但是,从另一个方面来说,就特定时间、特定商品而言,人的欲望又是有限的。例如,当你想要汽车时,你对汽车产生了欲望,在你拥有了汽车之后,在一定时间里,你不会再想要第二辆汽车了。就欲望的有限性这个命题而言,欲望的强度具有递减的性质。这就是说,当你不断增加同一种商品的消费时,你对这种商品的欲望越来越小,最后达到对之完全没有欲望的程度。

(二) 效用

效用(utility)就是消费者通过消费某种物品或劳务所能获得的满足程度。这种满足程度纯粹是一种消费者主观心理感受,满足程度越高,效用越大;满足程度越低,效用就越小;如果消费者从消费某种物品中感到痛苦,那就是负效用。同一物品对于不同的人,在不同的时间、地点都可能导致效用的不同。例如,辣椒具有刺激胃口的客观效用,对爱吃辣椒的人来说,不怕辣甚至怕不辣,具有很高的主观效用;但对怕吃辣椒的人来说,主观效用却是负数,越辣越难受。

案例3-1

最好吃的东西

兔子和猫争论,世界上什么东西最好吃。兔子说:"世界上萝卜最好吃。萝卜又甜又脆又解渴,我一想起萝卜就要流口水。"

猫不同意,说:"世界上最好吃的东西是小鱼。小鱼的肉非常嫩,嚼起来又酥又松,味道美极了!"

兔子和猫争论不休、相持不下,跑去请猴子评理。

猴子听了,不由得大笑起来:"瞧你们这两个傻瓜蛋,连这点儿常识都不懂!世界上最好吃的东西是什么?是桃子!桃子不但美味可口,而且长得漂亮。我每天做梦都梦见吃桃子。"

兔子和猫听了,全都直摇头。那么,世界上到底什么东西最好吃?

(资料来源:作者根据相关资料整理。)

本案例说明效用特点之一：效用完全是个人的心理感觉。不同的偏好决定了对同一种商品效用大小的不同评价。

案例 3-2

地主和长工

在很久很久以前，某地闹起了水灾，洪水吞没了土地和房屋。人们纷纷爬上了山顶和大树，想要逃脱这场灾难。

在一棵大树上，地主和长工聚集到一起。地主紧紧地抱着一箱金子，警惕地注视着长工的一举一动，害怕长工会趁机把金子抢走。长工则提着一篮玉米饼，呆呆地看着滔滔大水。除了这篮玉米饼，长工已一无所有了。

几天过去了，四处仍旧是白茫茫一片。长工饿了就吃几口饼，地主饿了却只能看着金子发呆。地主舍不得用金子去换饼，长工也不愿白白地把饼送给地主。

又几天过去了，大水悄悄退走了。长工高兴地爬到树下，地主却静静地躺着，永远留在大树上了。

（资料来源：作者根据相关资料整理。）

本案例说明效用特点之二：效用因时因地而异。

案例 3-3

钻石和木碗

一个穷人家徒四壁，只得头顶着一只旧木碗四处流浪。

一天，穷人到一只渔船上去帮工。不幸的是，渔船在航行中遇到了特大风浪，船上的人几乎都淹死了，穷人幸免于难。

穷人被海水冲到一个小岛上，岛上的酋长看见穷人头顶的木碗，感到非常新奇，便用一大口袋最好的钻石换走了木碗，派人把穷人送回了家。

一个富翁听到了穷人的奇遇，心中暗想：一只木碗都能换回这么多宝贝，如果我送去很多可口的食物，该换回多少宝贝！于是，富翁装了满满一船山珍海味和美酒，找到了穷人去过的小岛。

酋长接受了富人送来的礼物，品尝之后赞不绝口，声称要送给他最珍贵的东西，富人心中暗自得意。一抬头，富人猛然看见酋长双手捧着的"珍贵礼物"——穷人的木碗，不由得愣住了！

（资料来源：作者根据相关资料整理。）

本案例说明效用特点之三：物以稀为贵——效用与其实际价值无关。

对于效用的理解我们应该注意三点。

(1) 效用具有主观性。效用具有很强的主观性，同一种事物给不同的人带来的效用是不同的，给同一个人在不同的时期带来的效用也不相同，贫穷时和富贵时不同，得志时和失意时也不一样。正如人们常说的，此一时也，彼一时也。比如人在饥饿的时候，食物给人带来的效用很大；而在酒足饭饱之后，食物对人来说便不会再有效用，甚至还有可能带来负效用。清初学者周容讲过一个芋老人的故事，同样的一碗芋头汤，一个书生在落魄时，吃起来美味无比，以至于当了宰相后仍时常回味。可是当他让人找来当年那位老人为他做了芋头汤后，他却再也吃不出当年的味道了。像我们政府现在提出的"幸福广东""幸福肇庆"的口号，目的是让人们过得幸福。但是，什么是幸福？这对每个人来说可能都会有不同的感受。我们先来看看美国经济学家保罗·安东尼·萨缪尔森提出的一个"幸福方程式"：幸福=效用/欲望。该公式的右边无论是分子（效用）还是分母（欲望），都是主观的，所以幸福彻头彻尾就是一种主观感受，有人知足常乐，也有人拥有很多却仍不满足。从这个公式看，幸福的诀窍好像挺简单的：一是增加满足程度，二是减少欲望。

(2) 某种物品给消费者带来的效用因人而异，效用大小完全取决于个人偏好，没有客观标准。例如，香烟对抽烟的人来说是有效用的，对不抽烟的人来说甚至有负效用。负效用是产品或劳务给人们带来的不舒适、不愉快或痛苦。"子非鱼，安知鱼之乐乎？"这句话形象地说明了效用的主观性。鱼在水中游动，是悠然自得、其乐无穷的畅游，还是被生存所逼苦不堪言，只能由鱼自己的感受来决定。

(3) 要注意的是，微观经济学所说的效用有别于马克思政治经济学里面所讲的物品本身的使用价值。使用价值产生于物品的属性，是客观的；而效用或者说人的这种满足程度则纯粹是一种消费者主观心理感觉，它是消费者消费某物品时的感受，与人的欲望是联系在一起的，没有欲望的东西是没有效用的。例如，空气对每个人是必不可少的，但大多数情况下它是没有效用的。因为在正常情况下，相对于人的正常需求量来说，对于目前所有的人来说，它是可以满足的，是不稀缺、相对饱和的；否则，一定有人因为吸不到空气而死亡。人们对空气是没有欲望的。

既然欲望与效用都是一种心理感觉，那么，幸福当然也就是一种心理感觉了。作为消费者，要追求幸福，既然幸福是一种心理感觉，对消费行为的分析实际也就是一种心理分析。在决定幸福的两个因素中我们可以假定，尽管人的欲望是无限的，但某一个时期中欲望可以是既定，也就是说，可以不考虑欲望的情况，这样幸福就取决于效用了。所以，消费者行为理论就要研究在消费者收入既定的条件下，如何实现效用的最大化。

(三) 基数效用论和序数效用论

如何衡量商品效用的大小呢？在西方经济学中有两种理论：一种是认为可以用某种效用单位来计量效用的基数效用论；另一种是认为效用不能计量，只能从不同效用的大小序列中进行比较分析的序数效用论。基数效用论和序数效用论都是研究消费者行为的一种理论，序数效用论是基数效用论的补充和完善。两者用的研究方法也不相同：前者用边际效用分析法，后者用无差异曲线分析法。

1. 基数效用论

基数效用论（cardinal utility）是19世纪到20世纪初期西方经济学普遍使用的概念。其基本观点为：效用是可以计量并加总求和的，因此，效用的大小可以用基数（1、2、3……）来表示，正如长度单位可以用米来表示一样。基数效用论采用的是边际效用分析法。

例如，某消费者吃一只烤鸭所得到的满足程度是4个效用单位，看一场电影所得到的满足程度是6个效用单位，这样，消费者消费这两种物品所得到的总的满足程度就是10个效用单位。根据这种理论，可以用具体数字来研究消费者效用最大化问题。

基数效用论认为效用大小是可以测量的，其计数单位就是效用单位。

2. 序数效用论

序数效用论（ordinal utility）是为了弥补基数效用论的缺陷而提出来的另一种研究消费者行为的理论。其基本观点为：效用作为一种心理现象无法计量，也不能加总求和，只能表示出满足程度的高低与顺序，因此，效用只能用序数（第一、第二、第三……）来表示。例如，消费者消费了烤鸭与电影，他从中得到的效用是无法衡量也无法加总求和的，更不能用基数来表示，但他可以比较从消费这两种物品中所得到的效用。如果他认为消费一只烤鸭所带来的效用大于消费一场电影所带来的效用，那么，一只烤鸭的效用是第一，一场电影的效用是第二。序数效用论采用的是无差异曲线分析法。

二、总效用和边际效用

基数效用论除了提出效用可以用基数衡量的假定外，还提出了边际效用递减规律。

例如，如果在一个非常炎热的夏季，某个消费者刚刚打完篮球，又热又渴，就买了四个"小布丁"雪糕，吃第一个雪糕的时候得到的满足感最大，感觉最强烈，从"又热又渴"到"有雪糕吃"，这是从无到有的过程，有一种"质"的飞跃，当然其边际效用最大，但是消费者的欲望还没有完全满足。吃第二个雪糕感觉还是挺好的，仍然很好吃，但感觉不如第一个，也有点饱足感，只是没有那么强烈的反应，总的满足感更大了，说明第二个雪糕的边际效用比第一个雪糕的边际效用小。吃第三个雪糕时，感觉也好吃，但感觉又不如第二个，肚子有点撑了，已经完全满足了。如果再吃第四个，就觉得太饱了，撑得不舒服了，不能再吃了。

经济学家把多吃一个雪糕的感觉称为边际效用，把吃完一定数量的雪糕累积的总感觉，称为总效用。

（一）总效用

总效用（TU）是指消费者从事某一行为或消费某一定量的某物品所获得的总满足

程度，是消费者在一定时间内从一定数量的商品的消费中所得到的效用量的总和。假定消费者对一种商品的消费数量为 X，则总效用函数为：

$$TU(X) = f(X) \tag{3-1}$$

（二）边际效用

边际的含义是增量，指自变量的增加所引起的因变量的增加量。边际效用（MU）是指每增加一个单位消费量所引起的总效用的增量，也就是最后一个单位商品或服务所带来的效用增量。在边际效用中，自变量是某物品的消费量，而因变量则是满足程度或效用。消费量变动所引起的效用的变动即为边际效用。

$$MU_X = \frac{\Delta TU(X)}{\Delta X} \tag{3-2}$$

$$MU_X = \lim_{\Delta X \to 0} \frac{\Delta TU(X)}{\Delta X} = \frac{dTU(X)}{dX} \tag{3-3}$$

（三）总效用与边际效用的关系

可以用表 3-1 来表示总效用与边际效用的关系。

表 3-1 总效用与边际效用的关系

雪糕的消费量（X）	总效用	边际效用
0	0	0
1	20	20
2	30	10
3	35	5
4	35	0
5	31	-4

以消费雪糕为例，从表 3-1 可以看出，当消费 1 个单位的雪糕时，总效用为 20 效用单位。由没有雪糕到消费 1 个单位的雪糕，消费量增加了 1 个单位，效用增加了 20 效用单位，所以边际效用为 20 效用单位。当消费 2 个单位的雪糕时，总效用为 30 效用单位，由消费 1 个单位的雪糕到消费 2 个单位的雪糕，消费量增加了 1 个单位，效用从 20 增加到了 30，所以，边际效用为 10。当消费 4 个单位的雪糕时，边际效用为 0，总效用为 35，达到了最大值。以此类推，当消费 5 个单位的雪糕时，总效用为 31 效用单位，而边际效用为 -4 效用单位，即增加第 5 个单位雪糕的消费所带来的效用是负值。如此吃下去，解渴感逐渐减低，直至消失，因此，雪糕对他来说增加的效用越来越低，最后完全没有效用。在他吃饱之后，再多吃一个雪糕，就会给他带来负效用（痛苦和不舒适），这时，边际效用就会变成负数。

由此可以看出，当边际效用为正数时，总效用是增加的；当边际效用为零时，总效用达到最大；当边际效用为负数时，总效用减少。

我们用图3-1来解释总效用和边际效用的关系。在图3-1中，MU曲线因边际效用递减规律而向右下方倾斜，TU曲线则随着MU的变动而呈现先上升后下降的特点。

总结MU与TU的关系为：

(1) 当$MU>0$时，TU上升。

(2) 当$MU<0$时，TU下降。

(3) 当$MU=0$时，TU达到极大值。

从数学意义上讲，如果效用曲线是连续的，则每一消费量上的边际效用值就是总效用曲线上相应的点的斜率。

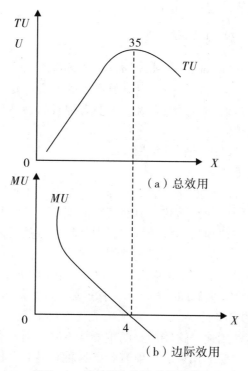

图3-1 总效用和边际效用的关系

三、边际效用递减规律（戈森第一定律）

商品的边际效用具有一个重要的性质，就是当一个消费者连续增加消费同一商品时，他从增加的商品中所获得的满足感越来越小，即边际效用越来越小，这种变动趋势对一切商品来说都是普遍存在的，所以被称为规律，也就是边际效用递减规律。

案例 3-4

第三块三明治

富兰克林·罗斯福连任三届美国总统,曾有记者问他有何感想,他一言不发,只是拿出一块三明治让记者吃,记者吃下去,他又拿出第二块,记者勉强吃下去,没料到他又紧接着拿出第三块三明治,记者赶紧婉言谢绝,这时,他笑笑说:"现在你知道我连任三届美国总统的滋味了吧。"

(资料来源:作者根据相关资料整理。)

很显然,当我们在消费某种物品时,随着消费量的增加,等量的消费品所带来的满足感会越来越小,这就是边际效用递减规律。

(一)边际效用递减规律的定义

边际效用递减规律(law of diminishing marginal utility)是指在其他商品消费保持不变的情况下,消费者从连续消费某一特定商品或服务中所得到的满足程度将随着这种商品或服务消费量的增加而递减,或者说,消费者拥有的物品越多,那种物品额外一单位所提供的边际效用越低。

边际效用递减规律可以用两个理由来解释。

1. 生理或心理的原因

边际效用递减规律可以从生理学上来解释,就是神经元对等量外界刺激的条件反射强度会随着刺激次数的增加而递减。消费某物品就是提供一种刺激,神经元的反射就是满足式效用。消费一种物品的数量越多,即某种刺激的反复,使人生理上的满足或心理上的满足程度减少。我们在连续消费同一种物品,例如连续吃雪糕时会有这种感觉,所以我们经常会说"美味不可多食";再如,偶尔去看一次电影,你会觉得很兴奋很过瘾,但如果让你天天去看同一部电影,你迟早会厌烦甚至反感起来。

2. 物品本身用途的多样性

每一种物品都有多种用途,这些用途的重要性不同。消费者总是先把物品用于最重要的用途,而后用于次要的用途。当他有若干这种物品时,把第一单位用于最重要的用途,其边际效用就大;把第二单位用于次重要的用途,其边际效用就小了;以此顺序用下去,用途越来越不重要,边际效用就递减了。例如,某消费者有三块面包,他把第一块用于最重要的用途——充饥(满足自身的生理需求),把第二块用于赠送朋友(满足爱的需求),把第三块用于施舍(满足自我实现中对善良的追求)。这三块面包用途的重要性是不同的,从而其边际效用也就不同。由此看来,边际效用递减规律是符合实际情况的。

(二)边际效用递减规律的注意事项

在理解边际效用递减规律的时候,要注意三点。

(1) 边际效用和总效用的区别。边际效用是指最后一单位的消费品带来的效用。它的递减并不意味着总效用的减少，只是说后一单位的消费品带来的效用比前一单位的效用要小。在边际效用减少的过程中，总效用依然可能增加，只不过增加的幅度在降低；在边际效用减少到零的时候，总效用达到最大值，停止增加；而在边际效用继续减少变成负值的时候，继续消费会使总效用随之减少。

(2) 边际效用递减是在一定时间内进行消费产生的现象。它的前提条件是人的偏好没有改变，连续消费某种物品。例如，消费者在吃一顿饭的过程中边际效用是递减的，但是等过了很长时间后，消费者饿了又去吃饭，就不能把这一顿饭的过程跟上一顿饭进行相比。

(3) 在极少数情况下，有的消费是量越大越满足，但始终存在一个限度，超过这个限度以后必然出现边际效用递减。例如，吃花生的时候，刚开始会越吃越想吃，越吃越好吃，好吃得停不下来，这一阶段边际效用是递增的，但当你吃到最后，口干舌燥、肚子很饱时就不想再吃了，此时就出现了边际效用递减。

边际效用递减不是一开始就递减，而是到一定数量后才开始递减。很多教材都没有画出边际效用递增的那部分曲线，这是因为人们的决策是在边际效用的递减阶段。就一般情况而言，边际效用为正，意味着增加消费能带来总效用的增加；当边际效用为负时，人们会停止消费，因为此时消费提供的不是主观上的满足感，而是痛苦和厌恶。

边际效用规律告诉我们，增加同一商品的消费量给消费者带来的满足程度是递减的，那么，反过来说，如果减少同一商品的消费量，给消费者带来的满足程度是怎样的呢？答案是递增的。也就是说，消费者所减少的每一单位的商品的效用是递增的。增加消费，效用递减；减少消费，效用递增。

（三）用数学语言表示边际效用递减规律

用数学语言来表示边际效用递减：

$$TU = U(X)$$

则边际效用函数为：

$$MU = dU(X)/dX$$

边际效用递减规律可表达为：

$$MU = dU(X)/dX > 0$$
$$dMU/dX = d^2U(X)/dX^2 < 0$$

即总效用的一阶导数大于零，二阶导数小于零。

注意：当 $MU > 0$ 时，TU 递增；当 $MU < 0$ 时，TU 递减；当 $MU = 0$ 时，TU 达到最大值。

（四）货币的边际效用

货币跟商品一样也具有效用，消费者用货币购买商品就是用货币的效用交换商品的效用。货币如同物品一样也有边际效用，货币的边际效用也是递减的，即随着人们收入量的增加,其效用是不断递减的。每增加 1 元货币收入,给消费者带来的边际效用是越来越小的。所以我们会经常说"富人的钱不值钱,穷人的时间不值钱"。

分析消费者行为时,通常假定货币的边际效用是不变的。因为单位商品的价格只占消费者总收入很小的一部分,当消费者对某种商品的购买量发生很小的变化时,所支出的货币的边际效用的变化也是非常小的。

第二节　无差异曲线

一、关于偏好的假定

偏好(preference)是消费者对某种物品或劳务的喜爱或不喜爱的程度。消费者偏好与物品或劳务的价格及消费者的收入无关,和消费者的个人感觉有关。前面所讲的序数效用的表述就是表示消费者偏好的一种方法,即如果物品第一种组合提供的效用大于第二种,那么,消费者对第一种组合的偏好就大于第二种。

序数效用论者认为,商品的效用是无法具体衡量的,商品的效用只能用顺序或等级来表示。

不同人的偏好可能是不同的,"理性的"消费者的偏好具有一些共同特征或基本假设。

(一)偏好的完全性

消费者总是可以比较和排列所给出的不同商品组合,即偏好具有可比性。以一个消费者在购买中面临的两种产品组合为例,A 组合包括购买 2 千克面包和 1 件衬衣,B 组合包括购买 0.8 千克鸡肉和 3 本书。消费者可以根据自己的偏好对这两种不同的组合加以比较,比较结果必然导致如下三种结论中的一个:①更偏好 A,即 A>B;②更偏好 B,即 A<B;③A 与 B 没有差别,即 A=B。

(二)偏好的可传递性

偏好的可传递性假定保证了消费者偏好在逻辑上是一致的,因而是理性的。如果 A>B,B>C,那么,A>C。

(三)偏好的非饱和性

偏好的非饱和性是指如果两个商品组合的区别仅在于其中一种商品的数量不相同,那么,消费者总是偏好于含有这种商品数量较多的那个商品组合,对任何商品,总认为多比少好。例如,有两种品种相同的产品组合,A 组合包括 2 千克面包和 1 件衬衣,B 组合包括 2 千克面包和 2 件衬衣,那么,消费者一定更偏好 B 组合。

二、无差异曲线及其特点

经济学家用无差异曲线描述消费者偏好。无差异曲线的简化推导为:假定在现实生活中，消费者在消费两种可以相互替换的商品 X 和 Y 时，他可以多消费一点 X 而少消费一点 Y，或少消费一点 X 而多消费一点 Y，但他得到的效用不变。

（一）无差异曲线的含义

无差异曲线（indifference curve）又称等效用线，表示对于消费者来说能产生同等满足程度的各种不同商品组合点的轨迹。它所表示的是带给消费者相同效用的所有商品组合情况，也就是说，对同一条无差异曲线上的所有商品组合，消费者的偏好程度是完全相同的，或者说，消费者觉得它们在效用上没有差别。表 3-2 为 X 和 Y 商品的不同组合。

表 3-2　X 和 Y 商品的不同组合

组合	X	Y
A	1	12
B	2	8
C	3	5
D	4	3

由表 3-2 可以作出无差异曲线 U，如图 3-2 所示。

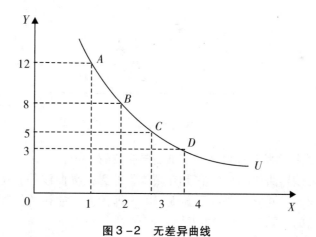

图 3-2　无差异曲线

从图 3-2 可以看出，处于同一条无差异曲线上的点，虽然商品的组合不同，但效用水平相同。也就是说，在无差异曲线 U 上的点 A、B、C、D，虽然每个点对应的 X、Y 商品的数量不同，但带给消费者的效用却是一样的，都是 U。

（二）无差异曲线的特征

1. 无差异曲线斜率为负值

即曲线向右下方倾斜，这是因为无差异曲线的斜率反映了消费者愿意用一种物品替代另一种物品的比例。在大多数情况下，消费者选择消费两种物品。因此，如果要增加一种物品的量，为了使消费者得到同样的满足，就必须减少另一种物品的量。由于这个原因，大多数无差异曲线向右下方倾斜，斜率为负值。

2. 离原点越远的无差异曲线代表的效用水平越高

在无差异曲线图中，有无数条无差异曲线，且离原点越远的无差异曲线代表的效用水平越高。由于消费的非饱和性原则，消费者通常希望自己拥有的商品越多越好（"多比少好"），这种对更大数量的偏好反映在无差异曲线上，就是较高的无差异曲线带给消费者的效用多于较低的无差异曲线。

3. 任意两条无差异曲线不能相交

为了说明这一点，假设两条无差异曲线相交（见图3-3）。这样，由于A点和B点在同一条无差异曲线上，两点能使消费者得到同样的满足程度。同样的情况发生在A、C两点。这就意味着，尽管B点比A点的两种物品都更多，但两点能使消费者获得同样满足，很明显，这就跟消费者对更多物品的偏好要大于对较少物品的偏好的假设相矛盾，因此，两条无差异曲线相交的情况是绝不会发生的。

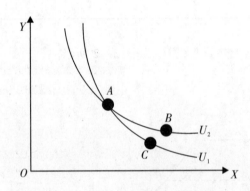

图3-3　任意两条无差异曲线不相交

4. 无差异曲线的形状在多数情况下是凸向原点的

这就是说，无差异曲线不仅向右下方倾斜，即无差异曲线的斜率为负值，而且无差异曲线是以凸向原点的形状向右下方倾斜的，即无差异曲线的斜率的绝对值是递减的。这是由于商品的边际替代率递减规律在起作用。

三、商品的边际替代率

有人愿意用10包香烟换1瓶水，有人愿意用10瓶水换1包香烟。在沙漠里，极度干渴的人也许愿用价值连城的金银珠宝换1瓶水，当喝足了水以后，水便失去了吸引力。不同人对不同商品，或同一人在不同场合对同一商品的评价存在比较大的差别。

在同一条无差异曲线上，不同的点代表不同的数量组合。当一个消费者沿着一条既定的无差异曲线上下滑动的时候，两种商品的数量组合不断地发生变化，而效用水平却保持不变。这说明，在维持效用水平不变的前提条件下，消费者在增加一种商品的消费数量的同时,必然会放弃一部分另一种商品的消费数量,即两种商品的消费数量之间存在着替代关系。由此,经济学家提出了商品的边际替代率概念。

(一)边际替代率的含义

边际替代率(MRS)是指在维持效用水平不变的前提下,消费者用一种商品去替代另一种商品的意愿程度,即增加某种商品的消费量,与必须减少的另一种商品的消费量之比。

在维持效用水平不变的前提下,当消费者拥有某种商品数量较少时,偏爱程度高;拥有数量较多时,偏爱程度较低。消费者增加 1 单位 X 商品的消费数量所需要放弃的 Y 商品的消费数量,被称为商品 X 对商品 Y 的边际替代率,用 MRS_{XY} 表示,

$$MRS_{XY} = -\Delta Y/\Delta X > 0 \quad (如 \Delta X > 0,则 \Delta Y < 0) \quad (3-4)$$

式中:ΔX 和 ΔY 分别为商品 X 和 Y 的变化量。由于 ΔX 是增加量,ΔY 是减少量,两者的符号肯定是相反的,为研究问题方便,MRS_{XY} 取正值(在公式中加了一个负号)。当 ΔX 趋于无穷小时,边际替代率就是无差异曲线的斜率。

在图 3-4 中,A、B、C 三个点上的 ΔX 都是 1,但 ΔY 不同,A 点的 ΔY 为 6,所以,A 点的边际替代率 $MRS_{XY} = -\Delta Y/\Delta X = 6$;同样的方法可以求出 B 点的边际替代率 $MRS_{XY} = -\Delta Y/\Delta X = 3$;C 点的边际替代率 $MRS_{XY} = -\Delta Y/\Delta X = 2$。

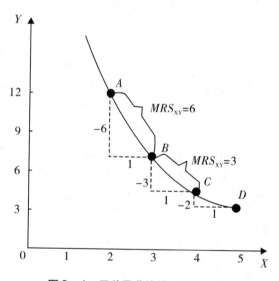

图 3-4 无差异曲线的边际替代率

求无差异曲线上任何一点的边际替代率,只要过该点作切线,这条切线的斜率的相反数就是该点的边际替代率。

(二)边际替代率递减规律

在两种商品的替代过程中,普遍存在这么一种现象:随着某种商品或服务的消费

量增加，为了保持效用水平不变，消费者愿意放弃的其他商品或服务的数量越来越少，也就是说，这种商品能够替代的其他商品的数量越来越少。这种现象被称为商品的边际替代率递减规律。

之所以会普遍发生商品的边际替代率递减的现象，其原因在于物以稀为贵，越是稀缺的物品，人们越是珍爱它，有时不惜一切代价。随着一种商品 X 消费数量的逐步增加，消费者想要获得更多的这种商品的愿望就会递减，为了多获得一单位的这种商品而愿意放弃的另一种商品 Y 的数量就会越来越少。

如图 3-4 所示，随着 X 的增加，也即从 A 点变化到 B 点，再变化到 C 点，X 对 Y 的边际替代率是递减的，也就是说，随着 X 消费量的增加，消费者所愿意放弃的 Y 数量越来越少。其边际替代率 MRS_{XY} 由 A 点的 6，减少到 B 点的 3，再减少到 C 点的 2，整个边际替代率是递减的。

商品的边际替代率递减表示无差异曲线的斜率的绝对值是递减的，决定了差异曲线的形状凸向原点。

（三）边际效用递减规律和边际替代率递减规律

边际效用递减规律暗含了边际替代率递减规律。边际效用递减规律和边际替代率之间的关系：在保持效用相同时，增加一种商品要减少另一种商品。

$$\Delta X \cdot MU_X = -\Delta Y \cdot MU_Y \tag{3-5}$$

等式（3-5）变形为：

$$-\Delta Y/\Delta X = MU_X/MU_Y$$

$$MRS_{XY} = -\Delta Y/\Delta X = MU_X/MU_Y \tag{3-6}$$

即边际替代率等于两种商品边际效用之比。随着 X 的增加，MU_X 是递减的；随着 Y 的减少，MU_Y 是递增的。也就是说，分母在逐渐增大，分子在不断减少，从而分数值就减少了，因此，$MU_X/MU_Y = MRS_{XY}$ 是递减的。

无差异曲线的斜率等于两种商品的边际效用之比，等于边际替代率，因此，无差异曲线的斜率随着 X 轴方向递减，在几何上表现为曲线凸向原点。不同消费者的无差异曲线形状会有所不同。

四、无差异曲线的特例

（一）完全替代品

完全替代品（perfect substitutes）是指两种商品之间的替代率是固定不变的情况。因此，在完全替代的情况下，两种商品之间的边际替代率 MRS_{XY} 就是一个常数，相应的无差异曲线是一条斜率不变的直线。例如，在某消费者看来，1 瓶矿泉水和 1 瓶蒸馏水之间是无差异的，两者总是可以以 1∶1 的比例相互替代，此时 1 瓶矿泉水和 1 瓶蒸馏水就是完全替代品，相应的无差异曲线如图 3-5 所示。无差异曲线是一条斜率不变的直线。

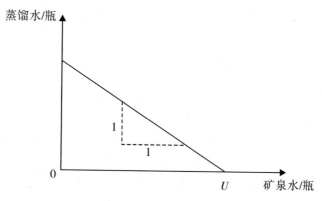

图3-5 完全替代品的无差异曲线

在图3-5的完全替代品中,任何情况下,两种水总可以相互替代,且边际替代率不变,图3-5中的边际替代率为固定的数值1。

(二)完全互补品

完全互补品(perfect complements)是指两种商品必须按固定不变的比例同时被使用的情况,也就是说,消费X商品的同时,必须要消费Y商品。因此,在完全互补的情况下,相应的无差异曲线为直角形状。例如,正常情况下,一只左脚鞋必须和一只右脚鞋同时配合,才能构成一对可供使用的鞋,则相应的无差异曲线如图3-6所示。图中水平的无差异曲线部分表示对于任何一只左脚鞋而言,只需要一只右脚鞋即可,任何一只超量的右脚鞋都是多余的。换言之,消费者不会放弃任何一只左脚鞋去换右脚鞋,所以相应的边际替代率 $MRS_{XY}=0$。图中垂直的无差异曲线部分表示,对于一只右脚鞋而言,只需要一只左脚鞋即可,任何一只超量的左脚鞋都是多余的。换言之,消费者会放弃所有超量的左脚鞋,只保留一只左脚鞋与一只右脚鞋相匹配,所以相应的边际替代率 $MRS_{XY}\to\infty$。

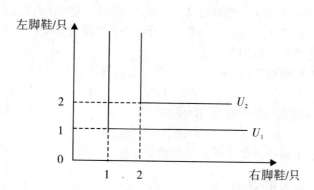

图3-6 完全互补品的无差异曲线

第三节 预算约束线

一、预算约束线的含义

预算约束线（MN）又称为预算线、消费可能线、等支出线或等收入线（不同的教材称谓各异，意思相同），它显示了消费者在既定的收入下所能消费的两种商品的所有可能的组合，即在消费者收入和商品价格给定条件下，消费者所能购买的不同商品组合的集合。

假定 I 表示消费者的既定收入，以 P_X 和 P_Y 分表代表商品 X 和 Y 的价格，以 X 和 Y 分别代表商品 X 和 Y 的数量，则相应的预算约束线用数学式表示为：

$$I = P_X \cdot X + P_Y \cdot Y \tag{3-7}$$

当 $X=0$ 时，$Y=I/P_Y$，意味着全部收入 I 都用来购买 Y 而不购买 X，可购买 Y 的量是 $Y=I/P_Y$；当 $Y=0$ 时，$X=I/P_X$，意味着全部收入 I 都用来购买 X 而不购买 Y，可购买 X 的量是 $X=I/P_X$，如图 3-7 所示。

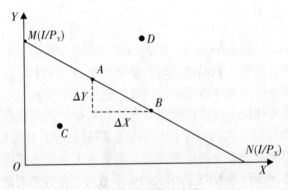

图 3-7 预算约束线

预算约束线给出了消费者可以选择的区域的界限，在 MN 线上的点 A、B 恰好让消费者耗尽了所有的收入；在 MN 线外的点 D，在现有的收入情况下，不能满足消费需求，需要借钱消费；而在 MN 线内的点 C，现有的收入不能全部消费，有一定的剩余。一般情况下，我们都假定消费者花掉了所有的收入，因此，选择都是在预算约束线上进行。

预算约束线的斜率计算如下：

我们可以将预算约束方程 $I = P_X \cdot X + P_Y \cdot Y$ 整理成：

$$Y = I/P_Y - (P_X/P_Y) \cdot X \tag{3-8}$$

由式 (3-8) 可以得出预算约束线 MN 的斜率为：

$$|tg\alpha| = P_X/P_Y \tag{3-9}$$

预算约束线斜率的绝对值就是两种商品的价格之比。

二、预算约束线的变动

预算约束线和原点形成的三角形区域是消费可行区域，该可行区域由商品价格和消费者的收入所确定。当 X、Y 商品的价格不变,收入改变,使预算约束线发生平移;当 X、Y 商品的收入不变,相对价格改变,使预算约束线斜率发生变化。

（一）消费者的收入发生变化

两种商品的价格不变,消费者的收入变化时,会引起预算约束线的截距变化,使预算约束线发生平移。收入增大,向右上方移动;收入减少,向左下方移动。

如图 3-8 所示,价格不变的情况下,收入增加时,预算约束线由 MN 向右上方移动到 M_1N_1;收入减少时,预算约束线由 MN 向左下方移动到 M_2N_2。

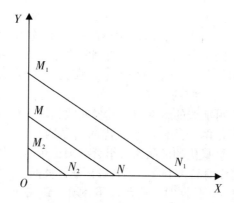

图 3-8　价格不变,收入变化引起的预算约束线移动

（二）商品价格发生变化

消费者的收入不变,一种商品的价格不变而另一种商品的价格变化时,会绕着价格不变点旋转,会引起预算约束线的斜率及相应截距的变化。

如图 3-9 所示,当收入和 X 商品的价格都不变,Y 商品的价格降低时,预算约束线由 MN 沿着 N 点旋转到 M_1N；Y 商品的价格上升时,预算约束线由 MN 沿着 N 点旋转到 M_2N。

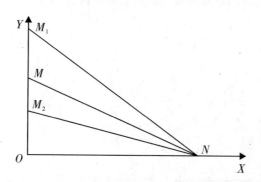

图 3-9　收入不变,某一商品价格变化引起的预算约束线移动

(三) 一种特殊的情况

如果收入和两种商品的价格同时上升或下降相同的倍数，那么，预算约束线不出现任何移动。在经济学中，我们称这样的物价上涨为"被充分抵消的通货膨胀"。

第四节 消费者均衡

一、消费者均衡的含义

本章节的目的是说明消费者如何做出选择，在消费者的主观偏好和客观预算约束线已知的情况下，就可以分析消费者对最优商品组合的选择。具体的做法是，把无差异曲线和消费者预算约束线结合在一起来分析消费者追求效用最大化的购买选择行为。如果把无差异曲线与消费可能线合在一个图上，那么，在收入既定的情况下，消费可能线必定与无数条无差异曲线中的一条相切于一点，在这个切点上，就实现了消费者均衡。在这一点上，消费可能线的斜率与无差异曲线的斜率相等（效用最大化）。消费者的最优购买行为必须满足两个条件：①最优的商品购买组合必须是能够给消费者带来最大效用的商品组合；②最优的商品购买组合必须位于给定的预算线上。

假定消费者只消费两样商品 X 和 Y，消费者想达到商品 X 和 Y 最好的可能组合就是在最高无差异曲线上的组合，但同时，消费者还必须达到或低于他的预算约束线（衡量他可以得到的总资源）。图 3-10 表示消费者的预算约束线和许多无差异曲线中的三条之间的关系。消费者可以达到的最高无差异曲线是只与预算约束线相切的一条（U_0）。这条曲线与预算约束线相切的一点被称为消费者的均衡点，即消费者效用达到最大的最优点 E 点，代表消费者可以得到的商品 X 和 Y 最好的消费组合。

消费者可能会更偏好 C 点，但在消费者收入约束的条件下，消费者负担不起，因为 C 点在他的预算约束线之外。消费者可以负担得起 A 点或 B 点，但这两点都在较低的无差异曲线上，不能给消费者带来最大的满足程度。只有 E 点才是消费者在收入条件和价格条件的约束之下，实现效用最大化，即消费者最佳化的位置。此时，消费者处于均衡状态，因此也被称为消费者均衡。切点 E 是消费者的最优选择，是消费者在预算约束下使自己的主观愿望得到最大满足的商品组合。

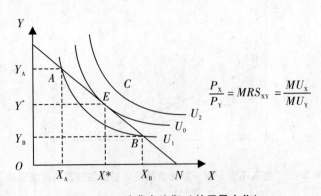

图 3-10 消费者均衡（效用最大化）

二、消费者均衡满足的条件

要注意的是，在消费者达到均衡（最优）时，无差异曲线与预算约束线相切，也就是说，无差异曲线的斜率等于预算约束线的斜率。在我们之前学过的内容中，无差异曲线的斜率是商品 X 和 Y 之间的边际替代率，而预算约束线的斜率是商品 X 和 Y 的相对价格，因此，消费者选择的两种物品组合就是要使边际替代率等于相对价格。从而有：

$$MRS_{XY} = MU_X/MU_Y = P_X/P_Y \tag{3-10}$$

式（3-10）就是消费者均衡的条件，即在消费者均衡点上，边际替代率等于两种商品的边际效用之比，还等于两种商品的价格之比。边际替代率等于两种商品的边际效用之比是一直成立的公式；只有在均衡的条件下，边际替代率才等于价格之比。

案例 3-5

爱的礼物

广东省肇庆市的一对年轻人，在结婚前，新郎就想给新娘买一双 3000 元的皮鞋，但一直没有找到合适的款式。

婚后他们去逛星湖国际广场大楼，走进一家鞋店，新娘试穿了一双皮鞋，很合脚，很漂亮，新娘十分喜欢。

新娘："就买这双吧！"

新郎："不行，这双只要 300 元。"

新娘："管它多少钱，我喜欢就成。"

新郎："那不行，至少得 3000 元。这样才能表达我对你的爱。"

鞋店的经理听到两个人的争论后上前说："非常对不起，这双鞋本来就是 3000 元，是售货员打错了价码。"

新郎："那还差不多，买下。"

最后，这对新人很开心地买走了这双鞋子，鞋店的经理也很高兴，真是皆大欢喜。

（资料来源：作者根据相关资料整理。）

我们可以把 $P_X/P_Y = MU_X/MU_Y$ 写成下面的形式：

$$MU_X/P_X = MU_Y/P_Y = \lambda \tag{3-11}$$

用文字表述为：当两种商品中每一种商品的边际效用与其价格之比相等时，消费者达到了均衡。

当 $MU_X/P_X < MU_Y/P_Y$ 时，对于消费者来说，同样的钱购买 X 商品所得到的边际效用小于购买 Y 商品所得到的边际效用。这样，理性的消费者就会调整两种商品的购买数量，减少对 X 商品的购买量，增加对 Y 商品的购买量。

当 $MU_X/P_X > MU_Y/P_Y$ 时，对于消费者来说，同样的钱购买 X 商品所得到的边际效应大于购买 Y 商品所得到的边际效用。根据同样的道理，理性的消费者会进行与前面相反的调整过程，即增加对 X 商品的购买，减少对 Y 商品的购买。

只有在 $MU_X/P_X = MU_Y/P_Y$ 时，即消费者将购买组合调整到同样的钱购买这两种商品所得到的边际效用相等时，他便得到了购买 X 商品和 Y 商品所带来的总效用增加的全部好处，从而获得了最大的效用。

可以把式（3-11）推广为：

$$MU_1/P_1 = MU_2/P_2 = \cdots\cdots = MU_N/P_N = \lambda \tag{3-12}$$

也就是说，当消费者购买多种商品时要想达到最优，就要使所有商品边际效用与各自价格之比都相等。在这里，商品边际效用与其价格之比，在经济学上称为单位货币的边际效用（一般记作 λ，$\lambda = MU/P$），这是消费者进行选择的依据。

这一结论可表述为：当消费者达到均衡时，他花在所有商品上的最后一单位货币的边际效用应该相等；否则，消费者通过改变货币支出在不同商品间的分配还能进一步提高效用水平。

第五节 价格效应与消费者选择

一、价格变化与消费者选择

在其他条件均保持不变时，一种商品价格的变化会使消费者效用最大化的均衡点位置发生移动，并由此可以得到价格-消费曲线（price-consumption curve），也称为 P-C 曲线。

价格-消费曲线是在消费者的偏好、收入以及其他商品价格不变的条件下，与某一种商品的不同价格水平相联系的消费者效用最大化的均衡点的轨迹。具体以图 3-11 来说明价格-消费曲线的形成。

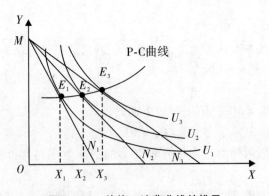

图 3-11 价格-消费曲线的推导

由图 3-11 可知，假定商品 X 的最初价格为 P_1，相应的预算线为 MN_1，它与最下方的无差异曲线相切于效用最大化的均衡点 E_1。如果商品 X 的价格由 P_1 下降为 P_2，相应的预算线由 MN_1 旋转至 MN_2，于是 MN_2 与另一条代表较高效用水平的无差异曲线相切于均衡点 E_2。如果商品 X 的价格再由 P_2 继续下降为 P_3，相应的预算线由 MN_2 移至 MN_3，于是 MN_3 与另一条代表更高效用水平的无差异曲线相切于均衡点 E_3。不难发现，随着商品 X 的价格的不断变化，可以找到无数个诸如 E_1、E_2 和 E_3 这样的均衡点，它们的轨迹就是价格-消费曲线。也就是说，随着商品价格的下降，消费者对商品的需求量是增加的。

（一）需求曲线的推导

由消费者的价格-消费曲线可以推导出消费者的需求曲线。在图 3-12（a）中，价格-消费曲线上有 3 个均衡点 E_1、E_2 和 E_3，在每一个均衡点上，都存在着商品 X 的价格与商品 X 的需求量之间一一对应的关系。也就是说，在均衡点 E_1 上，商品 X 的价格为 P_1，则商品 X 的需求量为 X_1。在均衡点 E_2，商品 X 的价格由 P_1 下降为 P_2，则商品 X 的需求量由 X_1 增加为 X_2。在均衡点 E_3，商品 X 的价格进一步由 P_2 下降为 P_3，则商品 X 的需求量由 X_2 增加为 X_3。根据商品 X 的价格和需求量之间的这种对应关系，把每一个 P 的数值和相应的均衡点上的 X 的数值绘制在商品的价格-数量坐标图上，便可以得到单个消费者的需求曲线 D，如图 3-12（b）所示。

从图 3-12（b）可以看出，需求曲线的产生实际上是消费者最优选择的结果，在曲线上的每一点上，都代表着消费者在预算约束条件下达到了效用极大化。

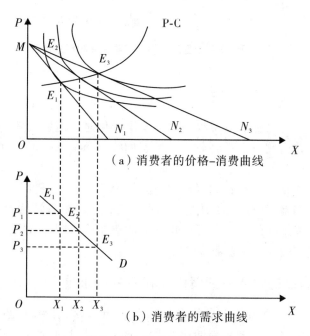

(a) 消费者的价格-消费曲线

(b) 消费者的需求曲线

图 3-12 需求曲线的推导

(二) 吉芬商品的价格-消费曲线和需求曲线

在第二章已经介绍过吉芬商品，它是非常特殊的商品，价格下降，对该商品的需求减少；价格上升，对该商品的需求反而增加了。吉芬商品的价格-消费曲线和需求曲线如图3-13所示。

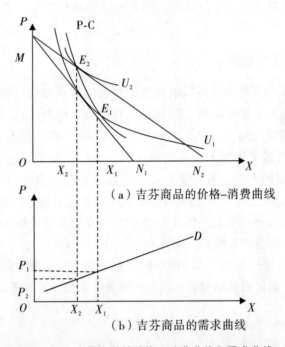

(a) 吉芬商品的价格-消费曲线

(b) 吉芬商品的需求曲线

图3-13 吉芬商品的价格-消费曲线和需求曲线

二、收入变化与消费者选择

在其他条件不变，只有消费者收入水平发生变化时，消费者效用最大化的均衡点的位置也会改变，并由此可以得到收入-消费曲线（income-consumption curve），也称为I-C曲线。

收入-消费曲线是在消费者的偏好和商品的价格不变的条件下，与消费者的不同收入水平相联系的消费者效用最大化的均衡点的轨迹，即随着消费者收入不断地增加，消费者的均衡点不断地往外扩展，所以收入-消费曲线也叫作收入-消费扩展线。用图3-14来具体说明收入-消费曲线的形成。

（一）正常商品的收入-消费曲线和恩格尔曲线

图3-14（a）中，随着收入水平的不断增加，预算线由 M_1N_1 移至 M_2N_2，再移至 M_3N_3，与之相对应的有三条无差异曲线 U_1、U_2 和 U_3，于是形成了三个不同的收入水平下的消费者效用最大化的均衡点 E_1、E_2 和 E_3。如果收入水平的变化是连续的，则可以

得到无数个这样的均衡点的轨迹,这便是收入-消费曲线。该收入-消费曲线是向右上方倾斜的,它表示随着收入水平的提高,消费者对商品 X 和商品 Y 的需求量是上升的,所以图 3-14 中的两种商品都是正常品。

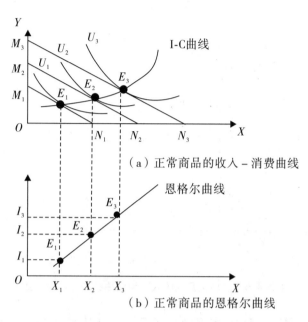

图 3-14 正常商品的收入-消费曲线和恩格尔曲线

由消费者的收入-消费曲线可以推导出消费者的恩格尔曲线。恩格尔曲线表示消费者在每一收入水平对某商品的需求量。图 3-14（a）中的收入-消费曲线反映了消费者的收入水平和商品的需求量之间存在着一一对应的关系。以商品 X 为例,当收入水平为 I_1 时,商品 X 的需求量为 X_1;当收入水平提高为 I_2 时,商品 X 的需求量从 X_1 增加到 X_2;当收入水平再提高到 I_3 时,商品 X 的需求量变动为 X_3。我们把这种一一对应的收入和需求量的组合描绘在相应的平面坐标图中,便可以得到相应的恩格尔曲线,如图 3-14（b）所示。

图 3-14（b）中将收入变化和 X 消费量变化连接起来得到的曲线称为恩格尔曲线（Engel curve）。正常商品的恩格尔曲线是随着收入的增加,对商品的需求量也增加。

（二）劣质商品的收入-消费曲线和恩格尔曲线

在图 3-15 中,采用与图 3-14 中类似的方法,随着收入水平的连续增加,描绘出了另一条收入-消费曲线。但是图 3-15 中的收入-消费曲线是向后弯曲的,它表示随着收入水平的提高,消费者对商品 X 的需求反而减少了。这说明,在一定的收入水平上,商品 X 是劣质品。我们可以在日常经济生活中找到这样的例子。譬如,对某些消费者来说,在收入水平较低时乘坐的交通工具是公交车,此时的公交车对消费者来说是"正常商品";而在收入水平较高时,消费者会选择乘坐出租车,公交车就成为

"劣质商品"。因为,在消费者收入增加后,他们会减少对公交车的消费量,而增加对出租车的消费量。

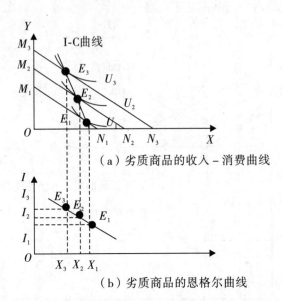

(a) 劣质商品的收入－消费曲线

(b) 劣质商品的恩格尔曲线

图 3-15 劣质商品的收入－消费曲线和恩格尔曲线

需要说明的是,某一商品是正常商品还是劣质商品取决于消费者无差异曲线的形状。同一商品对一些人来说是正常商品,而对另一些人可能是劣质商品;甚至对同一个人来说,可能某种商品在低收入时是正常商品,而在收入达到了一定层次后则变成了劣质商品。

(三) 恩格尔定律

德国统计学家恩斯特·恩格尔于 1857 年提出了恩格尔定律 (Engel's law)。他研究了欧洲大陆人们 10 年的消费数据,尤其是食品消费与总收入、总消费的关系后提出了此定律。恩格尔定律的主要内容为:收入水平较低的家庭,食物开支在总开支中的比重较大;随着收入的增加,这个比重就会降低,因而收入多的家庭,食物开支在总支出中的比重较小,即随着收入的上升,食品在总支出中的比重下降。反映这一规律的系数被称为恩格尔系数。恩格尔系数是指食品在总开支中所占的比重。其公式为:恩格尔系数=食物开支/总开支。恩格尔系数是具有可比性的指标。

此规律经久不衰,一直沿用至今,在国际上常常会用恩格尔系数来衡量一个国家和地区的生活水平和富裕程度,一般来说系数越大越贫穷。按照联合国颁布的标准,如表 3-3 所示,恩格尔系数在 60% 以上为贫困,50%~60% 为温饱,40%~50% 为小康,30%~40% 为富裕,低于 30% 为最富裕。随着时间的推移,许多经济学家也对恩格尔定律做了合理的补充。随着家庭收入的增加,用于购买食品的支出占家庭收入的比重会下降;随着家庭收入的增加,用于家庭住宅建设和家务经营的支出占家庭收入的比重大体不变;随着家庭收入的增加,用于服装、交通、娱乐、卫生保健、教育方面的支出和储蓄占家庭收入的比重会上升。

表3-3 联合国采用恩格尔系数判别生活水平的标准

恩格尔系数(%)	生活水平
30 以下	最富裕
30～40	富裕
40～50	小康
50～60	温饱
60 以上	贫困

第六节 价格效应、替代效应和收入效应

一、价格效应、替代效应和收入效应的含义

从价格-消费曲线推导需求曲线可以看出,商品价格的变动引起均衡需求量的变动,序数效用论称之为价格效应。从只有两种商品 X 和 Y 的组合来看,其中一种商品的价格发生变动,会对消费者产生两方面的影响:一是使商品的相对价格发生改变;二是使消费者的收入,也就是真实购买量发生变动。所以,价格效应可以分解为替代效应和收入效应,即:

$$价格效应 = 替代效应 + 收入效应$$

价格会从以下两个方面影响需求(以其中一种商品 X 价格下降为例):

(1) 若一种商品价格下跌了,消费者会多消费一些相对便宜的这种商品去替代相对昂贵的其他商品,这叫替代效应(substitution effect),是一种价格变动使消费者沿着一条既定的无差异曲线移动到有新边际替代率一点时所引起的消费变动。

(2) 商品价格下跌等于是消费者收入的购买力上升或真实收入上升,使消费者达到更高的效用水平,并在一般情况下增加所有商品的消费,这叫作收入效应(income effect),是当一种价格变动使消费者移动到更高或更低无差异曲线时所引起的消费变动。

替代效应和收入效应两者合起来,就是价格变化所带来的总影响,我们称之为价格效应(price effect)。

例如,可口可乐和百事可乐之间存在着可替代关系,假设现在可口可乐的价格下降了,百事可乐的价格不变,这使百事可乐相对于可口可乐来说较以前昂贵了。商品相对价格的变化会使消费者增加对可口可乐的购买而减少对百事可乐的购买,即用可口可乐替代百事可乐,对可口可乐的需求量会增加,而对百事可乐的需求量会减少。同时,其他商品价格不变,当可口可乐价格下降时,对于消费者来说,虽然货币收入

也不变,但是现有的货币收入的购买力增强了,也就是说,实际收入水平提高了,这意味着在不减少其他商品购买量的前提下,可以买进更多可口可乐。这就是商品价格下降所带来的价格效应。

二、三种商品的价格效应分解

由于不同商品的价格效应不同,所以就有相应的正常商品的价格效应、劣质品的价格效应和吉芬商品的价格效应。

(一) 正常商品的价格效应分解

一种正常商品的价格效应表现为其价格下降会引起消费者需求数量增加,价格上升会引起消费者需求数量减少,这种效应是替代效应和收入效应的作用之和。如图3-16所示,商品X的价格为P_1时,预算约束线MN与无差异曲线U_1相切于E_1点,在E_1点处于消费者均衡状态,X商品的均衡需求量为OX_1;当X的价格由P_1下降为P_2时,预算约束线MN旋转到预算约束线MN_2,与无差异曲线U_2相切于E_3点,在E_3点达到新的消费者均衡,此时X商品的均衡需求量为OX_3。总的价格效应引起X商品的需求量的变化为$\Delta X = OX_3 - OX_1 = X_1X_3$,它是替代效应与收入效应共同作用的结果。为便于说明问题,可以画一条与价格下降后的预算约束线MN_2平行的虚线,即预算约束线M_1N_1,它与无差异曲线U_1相切于E_2点,E_2点上商品X的均衡需求量为OX_2。这样就可以把价格效应分为两部分:从E_1到E_2的变化表现为均衡点在同一条无差异曲线U_1上的移动,即替代效应,替代效应的变化量$\Delta X = OX_2 - OX_1 = X_1X_2$;从$E_2$到$E_3$的变化表现为预算约束线由$M_1N_1$平移到$MN_2$,相当于实际收入增加,即收入效应的变化量$\Delta X = OX_3 - OX_2 = X_2X_3$。从图上看,$X_1X_3 = X_1X_2 + X_2X_3$,说明价格效应恰好等于替代效应与收入效应的作用之和。从中可以总结出规律:价格效应可分为替代效应和收入效应。替代效应:沿着同一条无差异曲线移动,从E_1到E_2。收入效应:移动到更高的无差异曲线,从E_2到E_3。

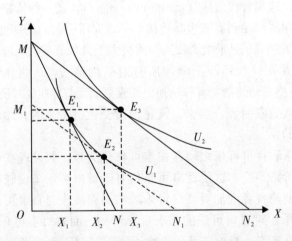

图3-16 正常商品的价格效应分析

需要指出的是，从图3-16可以看出，正常商品的替代效应与收入效应的方向是一致的，当价格下降时，替代效应引起需求量增加，收入效应也引起需求量增加，所以正常商品的需求曲线自左上方向右下方倾斜。正常商品的价格效应分解见表3-4。

表3-4 正常商品的价格效应分解

商品	替代效应	收入效应	价格效应
X商品	X商品相对便宜了，因此消费者购买更多X商品	消费者更富了，因此他购买更多X商品	替代与收入效应同方向发生作用，因此消费者购买更多X商品
其他商品	其他商品相对贵了，因此消费者的购买少了	消费者更富了，因此他购买更多其他商品	替代与收入效应反方向发生作用，因此对其他商品的总效应难以确定

（二）劣质商品的价格效应分解

劣质商品的价格效应推导和正常商品的推导非常相似，如图3-17所示。同样的道理，当价格下降时，劣质商品替代效应的变化量 $\Delta X = OX_2 - OX_1 = X_1X_2$，为正值；收入效应的变化量 $\Delta X = OX_3 - OX_2 = X_2X_3$，因为消费者在收入提高时，对劣质品的需求是减少的，所以收入效应的变化量 X_2X_3 是负数，该负数的绝对值小于替代效应，因此价格效应（$X_1X_3 = X_1X_2 + X_2X_3$）仍然是正值。

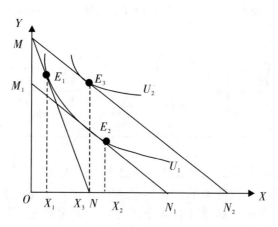

图3-17 劣质商品的价格效应分析

（三）吉芬商品的价格效应分解

吉芬商品的价格效应分析如图3-18所示。同样的道理，当价格下降时，吉芬商品替代效应的变化量 $\Delta X = OX_2 - OX_1 = X_1X_2$，为正值；收入效应的变化量 $\Delta X = OX_3 - OX_2 = X_2X_3$，因为消费者收入提高时，对吉芬商品的需求是减少的，所以收入效应的变化量 X_2X_3 是负数，该负数的绝对值大于替代效应，因此价格效应（$X_1X_3 = X_1X_2 + X_2X_3$）是负值。

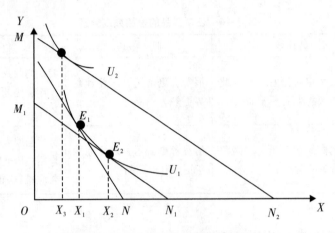

图 3-18 吉芬商品的价格效应分析

应注意：无论是正常商品还是劣质商品，价格下跌带来的替代效应总是正的，因为无差异曲线斜率始终为负，在同一条无差异曲线上，相对价格变化后的均衡点与原均衡点相比，必然是相对昂贵的商品消费下降，相对便宜的商品需求上升，而劣质商品的特殊之处在于它的收入效应为负值。具体情况如表 3-5 所示。

表 3-5 不同商品价格效应的分解（价格下降）

商品类别	价格的关系			需求曲线的形状
	替代效应	收入效应	价格效应	
正常商品	正数	正数	正数	向右下方倾斜
劣质商品	正数	负数	正数	向右下方倾斜
吉芬商品	正数	负数	负数	向右上方倾斜

一般情况下，劣质商品替代效应绝对值要大于收入效应，因而价格效应仍为正。而劣质商品中的特例——吉芬商品的负的收入效应超过了正的替代效应，结果价格效应成为了负值。吉芬商品必须具备两个条件：①是劣质品，随着收入的上升需求量下降；②必须在消费者总开支中占很大的比重，才能使收入效应大到足以抵消替代效应。

第七节 消费者剩余及生产者剩余

一、消费者剩余

(一) 消费者剩余的含义

消费者剩余 (consumer surplus) 是指消费者愿意对某商品支付的价格与实际支付的价格之间的差额，或者说，是消费者消费某种一定量的商品所得到的总效用与为此花费的货币的总效用的差额。

消费者在购买商品的时候，实际上面临着两个价格。一个是支付意愿 (willingness to pay)，也叫作需求价格，就是他在买东西时对所购买的物品有一种主观的评价，这种主观评价表现为他愿为这种物品所支付的最高价格，经济学上称为需求价格。支付意愿的高低取决于商品带给消费者的满足程度的大小（即效用）。另一个则是实际需要支付的价格，即市场价格，该价格由市场的供求关系所决定。某一个消费者作为一个个体，他不可能影响市场供求关系进而影响价格，因而消费者的支付意愿与市场价格之间往往存在差异。

消费者愿意支付的价格与他实际支付的价格之间的差额，我们称之为消费者剩余。当支付意愿大于市场价格时，消费者剩余为正数；反之则为负数。

消费者剩余衡量消费者购买并消费某种物品所得到的经济福利的大小。消费者购买并消费物品是为了得到经济福利，所以一种物品给消费者带来的消费者剩余越大，即市场价格越低于消费者愿意出的最高价格，消费者越愿意购买；反之，如果市场价格高于消费者愿意出的最高价格，消费者就会认为购买该物品不值得，或者说，如果消费者剩余为负数，消费者就不会购买了。

如图 3-19 所示，假如某理性的消费者在某段时间内消费汉堡包，该汉堡包的市场价格是 8 元，他共购买了 10 个。消费者在购买第一个汉堡包时，根据这个汉堡包的边际效用，他认为值得付 17 元去购买，即他愿意支付的价格是 17 元，于是他以市场价格 8 元去购买这个汉堡包时，就创造了 9 元 (17 元减去 8 元) 的消费者剩余。在以后的购买过程中，随着汉堡包的边际效用递减，他为购买第二个、第三个、第四个……第十个汉堡包所愿意支付的价格分别为 16 元、15 元和 14 元……8 元，这样，他愿意为购买 10 个汉堡包所支付的总数量为 17+16+15+14+……+8=125 元。但他实际按市场价格支付的总数量为 10×8=80 元，两者的差额为 45 元 (125 元减去 80 元)，这个差额就是消费者剩余。也正是从这种感觉上，他认为购买 10 个汉堡包是值得的，是能使自己的状况得到改善的。

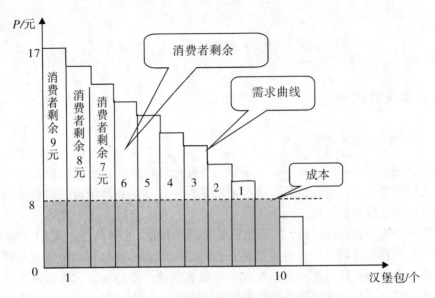

图3-19 用需求曲线表示的消费者剩余

为了研究问题方便起见,我们可以把需求曲线简化成一条平滑的直线来分析消费者剩余。如图3-20所示,图中需求曲线以下和均衡价格以上的面积就是消费者剩余,即当价格为 P^*,需求量为 Q^* 时,消费者剩余等于三角形 AP^*E 的面积,也就是阴影部分的面积。

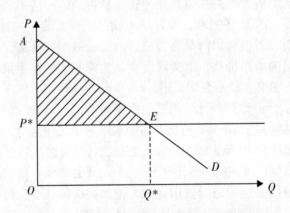

图3-20 用光滑需求曲线表示的消费者剩余

这里要注意的是,消费者对一种物品的评价完全是主观的,所以他愿意支付的最高价格也是主观的。消费者剩余并不是实际货币收入的增加,仅仅是一种心理上满足的感觉,即使购买了消费者剩余为负的物品也不是金钱的实际损失,无非是心理上有一种挨宰的感觉而已。我们购物时说的"值"与"不值"也是这种含义。

而且，对同样一种物品，不同的消费者完全有不同的主观评价，所愿意支付的最高价格也不同，但在购买时支付的市场价格是相同的，因此，不同的消费者从购买同一种物品中得到的消费者剩余也不同。

（二）水与钻石价值悖论（结合边际效用和消费者剩余共同解释）

价值悖论又称价值之谜，是指有些产品带给消费者的效用不大，但价格却很高（如钻石）；有些产品带给消费者的效用很大，但价格很低（如水）。这种现象与传统的价格理论不一致。这个价值悖论是亚当·斯密在 1776 年出版的《国富论》中提出的。早先的经济学家一直没能找到解释钻石和水价值悖论的方法，直到 19 世纪晚期边际效用理论提出后才给出了一个令人满意的解答。

解释这一问题的关键是区分总效用、边际效用和消费者剩余。水是生命的源泉，它的确能够创造出比钻石更高的总效用，然而，是边际效用而不是总效用决定价格。水在世界上大多数地方都是非常丰富的，随着得到水量的增加，它会被逐次用到越来越不重要的用途上。例如，水按重要程度递减的顺序，分别有饮用、洗浴、洗衣、浇花等多种用途。水很少时，它被用作最重要的用途，如饮用。随着得到的水越来越多，它会被逐次用到洗浴、洗衣、浇花等用途。这本身就说明边际效用是递减的，而价格是由边际效用决定的，所以水的价格很低，而带给消费者的剩余却很高。另一方面，属于珠宝性质的钻石却是非常稀缺的。相对于需求，其产量很少，边际效用很高，所以钻石的边际效用和购买者愿意支付的价格相当高。因此，稀缺提高了边际效用和价格，而不论商品的大小和总效用。总之，就其消费者剩余来看，钻石无法与水抗衡，水给消费者带来巨大的净收益；就其稀缺性来看，水难以与钻石匹敌，任何人想拥有钻石都必须付出高昂的代价。

二、生产者剩余

生产者剩余类似于消费者剩余，可以同样推导出生产者剩余。

生产者剩余（producer surplus）是指生产者在出售一定数量的某种商品时，实际得到的总价格与愿意接受的最低总价格之间的差额。因为和消费者剩余类似，此处只做简单的说明。

如图 3 – 21 所示，图中供给曲线以上和均衡价格以下的面积就是生产者剩余。即当价格为 P^*、供给量为 Q^* 时，生产者剩余等于三角形 AP^*E 的面积，也就是阴影部分的面积。

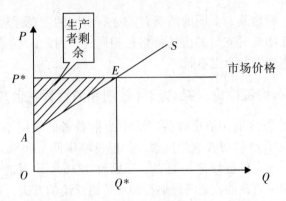

图 3-21　用光滑供给曲线表示的生产者剩余

本章小结

1. 消费者购买某种商品是因为这种商品的消费能给他带来一定的效用。效用简单来说就是消费者从商品消费中得到的满足感，这是一种主观感受。经济学中研究效用先后流行过基数效用论和序数效用论。

2. 消费者的无差异曲线代表他的偏好。任何一点上无差异曲线的斜率（绝对值）是消费者的边际替代率——消费者愿意用一种物品交换另一种物品的比率。

3. 消费者的预算约束线表示在其收入与物品价格既定时，他可以购买的不同物品的可能组合。预算约束线的斜率（绝对值）等于物品的相对价格。

4. 消费者通过选择既在预算约束线上又在最高无差异曲线上的一点来实现最优化。在这一点上，物品之间的边际替代率等于物品的相对价格。

5. 当一种物品价格下降时，对消费者选择的影响可以分解为替代效应和收入效应。替代效应是由于价格变动鼓励更多消费变得便宜的物品而引起的消费变动；收入效应是由于低价格使消费者状况变好而引起的消费变动。

课后练习

一、名词解释

1. 效用
2. 总效用
3. 边际效用
4. 消费者均衡
5. 消费者剩余
6. 商品的边际替代率
7. 预算约束线

8. 替代效应
9. 收入效应
10. 正常商品
11. 低档商品
12. 吉芬商品
13. 无差异曲线
14. 边际效用递减规律

二、单项选择题

1. 当总效用增加时，边际效用应该（　　）。
   A. 为正值，且不断增加　　　B. 为正值，但不断减少
   C. 为负值，且不断减少　　　D. 为正值，可能增加也可能减少
2. 当某消费者对商品 X 的消费达到饱和点时，则边际效用 MU_X 为（　　）。
   A. 正值　　　　　　　　　　B. 负值
   C. 零　　　　　　　　　　　D. 不确定，需视具体情况而定
3. 某消费者消费更多的某种商品时，则（　　）。
   A. 消费者获得的总效用递增
   B. 消费者获得的总效用递减
   C. 消费者获得的边际效用递增
   D. 消费者获得的边际效用递减
4. 下列哪种情况描述的是边际效用？（　　）
   A. 老王吃了第二个苹果，满足程度从 10 个效用单位增加到了 15 个效用单位，增加了 5 个效用单位。
   B. 老王吃了两个苹果，共获得15 个效用单位。
   C. 老王吃了两个苹果，平均每个苹果带给他的满足程度为 7.5 个效用单位。
   D. 以上都不对。
5. 消费者的收入不变，但其中一种商品的价格变化，则预算约束线（　　）。
   A. 不动　　　　　　　　　　B. 向右上方移动
   C. 向左下方移动　　　　　　D. 绕着某一点转动
6. 预算约束线的形状和位置取决于（　　）。
   A. 消费者的收入
   B. 消费者的收入和商品的价格
   C. 消费者的收入偏好和商品的价格
   D. 以上都不对
7. 消费者均衡的条件是（　　）。
   A. $MU_X/P_X < MU_Y/P_Y$　　　B. $MU_X/P_X > MU_Y/P_Y$
   C. $MU_X/P_X = MU_Y/P_Y$　　　D. 以上都不对

8. 假如孙悟空偏好猕猴桃甚于蟠桃,这是因为（　　）。
   A. 猕猴桃的价格最低
   B. 猕猴桃紧俏
   C. 猕猴桃有多种用途
   D. 对于孙悟空而言,猕猴桃的效用更大

9. 假定消费者只消费商品X、Y,且X商品的价格为8元,Y商品的价格为3元。若该消费者买了5个单位X和3个单位Y,此时X、Y的边际效用分别为20、14,那么,为获得效用最大化,给定他的收入,则该消费者应该（　　）。
   A. 停止购买两种商品
   B. 增加X的购买,减少Y的购买
   C. 增加Y的购买,减少X的购买
   D. 同时增加对两种商品的购买

10. 已知商品X的价格为1.5元,商品Y的价格为1元,如果消费者从这两种商品得到最大效用的时候商品Y的边际效用是30,那么,商品X的边际效用应该是（　　）。
    A. 20　　　　B. 30　　　　C. 45　　　　D. 60

11. 某消费者逐渐增加某种商品的消费量,直至达到了效用最大化,在这个过程中,该商品的（　　）。
    A. 总效用和边际效用不断增加
    B. 总效用不断下降,边际效用不断增加
    C. 总效用不断增加,边际效用不断下降
    D. 总效用和边际效用同时下降

12. 根据序数效用理论,消费者均衡是（　　）。
    A. 无差异曲线与预算约束线的相切之点
    B. 无差异曲线与预算约束线的相交之点
    C. 离原点最远的无差异曲线上的任何一点
    D. 离原点最近的预算约束线上的任何一点

13. 某低档商品的价格下降而其他情况不变时,（　　）。
    A. 替代效应和收入效应相互加强导致该商品的需求量增加
    B. 替代效应和收入效应相互加强导致该商品的需求量减少
    C. 替代效应倾向于增加该商品的需求量,而收入效应倾向于减少其需求量
    D. 替代效应倾向于减少该商品的需求量,而收入效应倾向于增加其需求量

14. 无差异曲线为直角线时,表示相结合的两种商品是（　　）。
    A. 经济商品　　　　　　　　B. 完全替代品
    C. 完全互补品　　　　　　　D. 互不相关品

15. 同一条无差异曲线上的不同点表示（　　）。
    A. 效用水平不同,但所消费的两种商品组合比例相同

B. 效用水平相同，但所消费的两种商品组合比例不同

C. 效用水平不同，两种商品的组合比例也不相同

D. 效用水平相同，两种商品的组合比例也相同

16. 无差异曲线上任一点上商品 X 和 Y 的边际替代率等于它们的( )。
   A. 价格之比   B. 数量之比
   C. 边际效用之比   D. 边际收益之比

17. 假定 X、Y 的价格 P_X、P_Y 已定，当 $MRS_{XY} < P_X/P_Y$ 时，消费者为达到最大满足，他将( )。
   A. 增购 X，减少 Y   B. 减少 X，增购 Y
   C. 同时增购 X、Y   D. 同时减少 X、Y

18. 消费者预算约束线发生平移时，联结消费者诸均衡点的曲线被称为( )。
   A. 需求曲线   B. 价格-消费曲线
   C. 收入-消费曲线   D. 恩格尔曲线

19. 消费品价格变化时，联结消费者诸均衡点的线被称为( )。
   A. 需求曲线   B. 价格-消费曲线
   C. 收入-消费曲线   D. 恩格尔曲线

20. 需求曲线从( )导出。
   A. 价格-消费曲线   B. 收入-消费曲线
   C. 无差异曲线   D. 恩格尔曲线

21. 一种商品价格下降所引起的该商品需求量变动的总效应可以分解为替代效应和收入效应两部分，总效应为负值的商品是( )。
   A. 正常商品   B. 吉芬商品   C. 低档商品   D. 必需品

22. 当 X 商品的价格下降时，替代效应 $X_1X_2 = 5$，收入效应 $X_2X_3 = 3$，则该商品是( )。
   A. 正常商品   B. 吉芬商品   C. 低档商品   D. 必需品

23. 已知某正常商品的价格下降时，替代效应 $X_1X_2 = 2$，则收入效应 $X_2X_3 = ($)。
   A. -4   B. -2   C. -1   D. 1

24. 若商品 X 的价格发生变化，X 的替代效应小于收入效应，则 X 是( )。
   A. 正常商品或低档商品   B. 低档商品
   C. 正常商品或吉芬商品   D. 必需品

25. 当吉芬商品的价格下降时，( )。
   A. 替代效应为正值，收入效应为负值，且前者的作用小于后者
   B. 替代效应为正值，收入效应为正值，且前者的作用小于后者
   C. 替代效应为负值，收入效应为正值，且前者的作用小于后者
   D. 替代效应为负值，收入效应为正值，且前者的作用大于后者

三、判断题

1. 同样商品的效用因人、因地、因时的不同而不同。（   ）

2. 假定其他条件不变，消费者从每单位商品中得到的效用随着这种商品数量的增加而增加。（   ）

3. 只要商品的数量在增加，消费者得到的总效用就一定增加。（   ）

4. 当总效用是正数时，边际效用也是正数，只不过边际效用在递减。（   ）

5. 对于同一个消费者来说，同样数量的商品不管在什么情况下，都提供同样数量的效用。（   ）

6. 在同一条无差异曲线上，不同的消费者所得到的总效用是无差别的。（   ）

7. 如果消费者从每一种商品中得到的总效用与它们的价格之比分别相等，他将获得最大利润。（   ）

8. 两条无差异曲线的交叉点所表示的商品组合，对于同一个消费者来说具有不同的效用。（   ）

9. 一个消费者对某种商品的数量感到足够了，这说明他对该种商品的边际效用已达到了极大值。（   ）

10. 一个消费者喜欢 X 商品甚于 Y 商品的主要原因是 X 商品的价格比较便宜。（   ）

11. 在消费者的收入和商品的价格为一定的条件下，预算约束线是一条确定的直线。（   ）

12. 在无差异曲线和预算约束线的交点上，消费者所得到的效用达到最大。（   ）

13. 假定其他条件不变，如果某种商品的价格下降了，根据效用最大化原则，消费者会增购这种商品。（   ）

14. 货币的边际效用随着货币数量的增加而递减。（   ）

15. 低档商品就是其需求量随着消费者收入的增加而减少的商品。（   ）

16. 一般来说，价格下降时，任何商品的替代效应都是正数。（   ）

17. 价格上升时，吉芬商品的需求量也跟着上升。（   ）

18. 任何情况下商品的边际替代率都是递减的，因此无差异曲线总是凸向原点的。（   ）

19. 价格上升时，低档商品的收入效应是负数。（   ）

20. 商品的边际替代率递减规律决定了无差异曲线的形状是凸向原点的。（   ）

21. 当消费者的收入和两种商品的价格都同比例、同方向变化时，预算约束线将发生变化。（   ）

22. 当消费者的收入增加，两种商品的价格不变时，预算约束线向右上方移动。（   ）

23. 价格－消费曲线是用来说明消费者偏好的变化对消费者均衡的影响。（   ）

24. 无差异曲线表示不同的消费者消费两种商品的不同数量组合所得到的效用是相同的。（   ）

25. 如果边际效用递减,则总效用相应下降。( )
26. 预算约束线上的每一点均代表了当收入一定时,消费者可能购买的不同数量的商品组合。( )
27. 对所有人来说,钱的边际效用是不会递减的。( )
28. 作为消费者的合理选择,哪一种商品的边际效用最大就应当选择哪一种商品。( )
29. 消费者总是首先购买对他来说边际效用最大的商品。( )
30. 吉芬商品是一种低等品,但低等品不一定是吉芬商品。( )

四、简答题

1. 根据消费者均衡条件,若 $MU_X/P_X \neq MU_Y/P_Y$,消费者应如何调整两种商品的购买量?为什么?
2. 简述边际效用递减规律的内容。
3. 无差异曲线的含义是什么?特征有哪些?
4. 用无差异曲线和预算约束线说明如何实现消费者均衡。
5. 钻石用处极小而价格昂贵,生命必不可少的水却非常之便宜。请用边际效用、消费者剩余的概念加以解释。
6. 用图分析正常商品的替代效应和收入效应。
7. 画出下列几种情况下的无差异曲线:
(1) 消费者甲喜欢红酒但不喜欢可口可乐,他总是喜欢有更多的红酒,不管他有多少可口可乐。
(2) 消费者乙认为在任何情况下,三瓶红酒和两瓶可口可乐是没有任何差别的。
(3) 消费者丙喜欢一半红酒与一半可口可乐一起喝,他从不单独喝红酒或者可口可乐。
8. 如果你有一辆需要四个轮子才能开动的车子,目前只有三个轮子,那么,当你有第四个轮子时,这第四个轮子的边际效用似乎超过第三个轮子的边际效用,这是不是违反了边际效用递减规律?
9. 我国许多大城市由于水源不足,自来水供应紧张。请根据边际效用递减原理,设计一种方案供政府来缓解和消除这个问题,并回答:
(1) 这种措施对消费者剩余有何影响?
(2) 这种措施对生产资源的配置有何有利或不利的效应?
10. 试由消费者的收入-消费曲线推导消费者的恩格尔曲线。

五、计算题

1. 已知一件衬衫的价格为100元,一份麦当劳快餐的价格为25元,在某消费者关于这两种商品的效用最大化的均衡点上,一份麦当劳快餐对衬衫的边际替代率 MRS 是多少?

2. 已知某消费者每年用于商品 X 和商品 Y 的收入为 540 元，两种商品的价格分别为 $P_X = 20$ 元和 $P_Y = 30$ 元，该消费者的效用函数为 $U = 3XY^2$，该消费者每年购买这两种商品的数量各应是多少？每年从中获得总效用是多少？

3. 已知某消费者每月收入 120 元，用于购买 X 和 Y 两种商品，他的效用函数为 $U = XY$，X 的价格是 4 元，Y 的价格是 6 元。求：

（1）为使其获得的效用最大，他购买的 X 和 Y 各为多少？

（2）他获得的总效用各为多少？

（3）假如 X 的价格提高 44%，Y 的价格不变，为使他保持原有的效用水平，收入必须增加多少？

4. 某消费者月收入 1080 元，并将其全部用来购买商品 A 和商品 B，两种商品的价格分别为 $P_A = 40$ 元，$P_B = 60$ 元，该消费者的效用函数为 $U = 6AB^2$。请问：该消费者每月购买这两种商品的数量各应是多少？带来的总效用是多少？

第四章 生产者行为理论

学习目标

通过本章的学习，使学生理解生产者（厂商）和生产要素的含义，在掌握生产函数的基础上，能运用有关工具分析生产者行为。

从本章开始，我们把分析的注意力转向生产方面。现代经济中，生产者通过组织生产，提供消费者所享用的商品和劳务，是消费的前提。与消费者追求效用最大化的目标相类似，生产者的生产行为所追求的也是自身利益的最大化，经济学将其假定为利润最大化。本章从阐述生产者与生产要素的含义出发，通过生产函数考察短期生产和长期生产中的投入量与产出量之间的技术联系及其有关规律，进而运用等产量曲线和等成本线这两个工具分析说明生产者是如何达到均衡，即在一定的技术条件下，生产者是如何实现生产要素的最优投入组合的。

第一节 生产者与生产要素

一、企业与厂商

经济学将生产者定义为能够独立做出生产经营决策的单个经济单位，又称为企业（enterprise）或者厂商（firm）。其核心构成要素主要包括雇主、雇员和组织形式。

雇主，即企业主，是企业的所有者，在企业中处于支配地位，有权决定包括劳动者在内的企业所有资源的使用以及劳动成果的分配，因而也是企业的最终决策者，其经营决策正确与否直接决定着企业业绩的好坏。为实现其盈利目标，雇主必须合理配置企业的所有资源。

雇员，即受雇于企业主的工作人员，在企业中处于从属地位，需服从雇主的相关劳动安排，并因此而获取与雇主签订的合约中所规定的酬劳，用于个人消费或储蓄。

组织形式，即企业财产及其社会化大生产的组织状态，它表明一个企业的财产构成、内部分工协作与外部社会经济联系的方式。企业是以营利为目的的经济组织，其形式多种多样，通常，我们按照所有制形式将其划分为业主制企业、合伙制企业和公司制企业三种不同的组织形式。

业主制（proprietorship）是指由个人或家庭独资创建和经营的一种企业经营方式。其特点是雇主既是所有者也是经营者，独享经营利润的同时，需对企业承担无限责任，独担风险。业主制是最古老、最简单的一种企业组织形式，主要盛行于小型零售业、手工业、农业、林业、渔业、服务业和家庭作坊等。

合伙制（partnership）是指由两人或两人以上共同出资和经营的一种企业经营方式。其特点是合伙人（雇主）共同拥有并经营企业，按约定比例共享利润，并承担企业经营的无限或有限责任，常见于注册会计师事务所、律师事务所等专业服务机构。

公司制（corporation）是指由若干人共同出资，按法定程序组成的具有法人资格的企业组织形式。其特点是企业以独立法人身份出现，能作为法律主体对外履行法律程序，企业经营权与所有权实现了分离，即出资人（雇主）作为企业所有者不必亲自经营，可以聘请专业的管理者来负责企业的经营决策，达到获利的目的。公司制是现代企业最典型的组织形式，为众多大型企业所采用，在现代经济发展中发挥着极其重要的作用。

以上无论何种企业组织形式，均要求确立企业雇主的支配地位和雇员的从属关系，这种企业内部上下级的权威关系反映着企业的特征。

二、生产及生产要素

经济学中所说的生产，是指一切能创造或者增加价值的活动。它并不限于一件有形商品的物质生产，也包括各种各样无形的服务活动。人们经济活动的成果只要表现出对消费者是有用的，或者说消费者能通过这些成果获得满足，那么，这些经济活动就属于生产的范畴。

从另一个角度看，生产就是生产者（厂商）对各种生产要素进行组合以制成产品的行为，也就是把投入（input）转化为产出（output）的过程。厂商从事生产经营活动的过程，就是先从要素市场上购买生产要素（劳动、机器、原材料等），经过生产组合，形成产品或劳务，然后在产品市场上出售，供消费者消费或供其他生产者再加工，以赚取利润。因此，生产过程连接着两个市场——一头是通过要素需求与要素市场相连，另一头则通过产品供给与产品市场相连。

生产过程中所投入的生产要素（factor of production）是指进行社会生产经营活动时所使用的各种稀缺资源。目前纳入经济学分析框架内的生产要素主要有四种：劳动、资本、土地与企业家才能。

劳动（labour）是指劳动者在生产过程中提供的体力和智力的总和，一般分为体力劳动和脑力劳动。劳动表征着劳动主体的能力，不同的劳动者所提供的劳动质量会有所差异，其价格就是工资。

资本（capital）被认为是工业社会的核心要素，是指生产中所投入的资金。资本有着不同的表现形式：一是较为典型的货币形态，称为货币资本；二是物质形态表现出来的物质资本，如在生产中使用的厂房、机器、设备、原料等资本品；三是包括企业的信誉、商标、专利等以无形资产表现出来的资本。在生产理论中资本指的主要是货币资本和物质资本。资本的价格是利息，这种价格和一般商品的价格不同，它仅仅是指经济主体取得资本使用权而要付出的代价。

土地（land）则被认为是农业社会的核心要素，是指生产中所使用的各种自然资源。在这里，它是个广义的概念，主要是指供给缺乏弹性的生产要素，往往是在自然界所存在的,如土地、海洋、自然矿藏、森林等。土地的价格是租金。

企业家才能(entrepreneur)是指企业家对整个生产过程的组织与管理工作,包括经营能力、组织能力、管理能力、创新能力。早期经济学者对生产要素的认识主要停留在劳动、资本和土地这三种,例如法国经济学家让·巴蒂斯特·萨伊的"三位一体"分配理论所说的就是资本获得利息、土地获得地租、劳动获得工资这三个方面。直到1890年,英国著名的经济学家阿尔弗雷德·马歇尔在其名著《经济学原理》中把企业家才能(管理)也纳入经济学的分析框架,认为只有具备才能的企业家,方可把劳动、土地、资本有效组织起来,进而使经营产生利润。

生产主要是以上四种生产要素结合的过程,产品则是这些要素共同作用的结果。

第二节 生产函数

生产过程中,要素的投入量和产品的产出量之间存在一定的关系,这种关系可通过生产函数来反映。所谓生产函数,是指在生产技术给定的条件下,一定时期内产品最大产出量与生产这种产品所需要投入的要素量之间的关系。生产函数可用以下形式表示:

$$Q = f(L, K, N, E, \cdots) \tag{4-1}$$

式中:L、K、N、E……表示产品生产过程中所使用的劳动、资本、土地、企业家才能等生产要素的数量,Q则是这些投入要素的组合所能生产出来的最大产量,也就是说,投入要素的使用是有效率的。式(4-1)表明,产量是关于生产要素的函数。

由于在传统经济学分析中,劳动和资本一向被认为是最重要的生产要素,所以生产函数的方程式一般又简化为:

$$Q = f(L, K) \tag{4-2}$$

式(4-2)表示在生产中只投入了劳动(L)和资本(K)这两种生产要素,而把其他的生产要素忽略掉,这对简化分析来说是必要的。

需要注意的是,生产函数所反映的产品产出量和要素投入量之间的依存关系在各种各样的生产过程中都普遍存在,而且有不同的形式,不同的生产函数代表着不同的生产技术。例如,同是生产课桌的两家厂商,假定他们在生产的过程中只投入劳动和资本两种要素且生产数量一样的课桌,其中一家通过多雇用工人,少投入资本(如只购买少量电动工具),而另一家则通过少雇用工人,多投入资本来进行生产,此时,两家厂商就会存在各自不同的生产函数。因此,对于生产某种产品,由于厂商可以选择不同的生产技术,所以厂商总是面临不同的生产函数。

案例 4-1

柯布-道格拉斯生产函数

柯布-道格拉斯（Cobb-Douglas）生产函数是由数学家柯布和经济学家道格拉斯在研究了美国1899—1922年间资本与劳动这两种生产要素对产量的影响后，于20世纪30年代初一起提出来的。由于该函数以较简单的形式描述了产业乃至经济发展的途径，因此，在经济学中使用较为广泛。其表达式为 $Q=AK^{\alpha}L^{\beta}$，其中 A 代表技术水平，K、L 分别代表资本与劳动；α、β 是常数，其中 α 表示产量增加中资本所做的贡献；β 表示产量增加中劳动所做的贡献；同时，A、α、β 是三个正的参数，且 $0<\alpha$、$\beta<1$，$\alpha+\beta=1$。柯布-道格拉斯经过研究后得出结论：产量增加中约有3/4是劳动的贡献（即 $\beta=0.75$），1/4是资本的贡献（即 $\alpha=0.25$）。由于 $\alpha+\beta=1$，因此，该生产函数是典型的线性齐次生产函数。

（资料来源：作者根据相关资料整理。）

一、短期生产函数

（一）一种可变生产要素的生产函数

式（4-2）反映了在生产的过程中，所投入的要素劳动 L 和资本 K 的数量都是可调整的，但实际上，在一定时间内，要快速改变所有要素的投入量并不现实。例如，短时间内要增加劳动的投入量可通过要求工人加班加点工作来实现，但像厂房、大型机器或生产流水线等设备的增加，则很难在一个较短的时间内实现。因此，在生产者行为理论中，必须要区分短期生产和长期生产的概念。

生产中所谓的短期（short run），指的是就单个企业而言，短到至少无法改变全部生产要素投入量的时间周期（即至少有一种投入要素是固定不变的）。这时候企业的生产要素分为两部分：一是无法改变投入量的部分，称之为固定投入（fixed input）或不变要素投入，例如厂房、机器设备等，在一定时期内，其数量一般不随产量变动而变化；二是可以改变投入量的部分，称为可变投入（variable input）或可变要素投入，例如劳动、原材料、易耗品等，其数量往往随产量变动而发生变化。由于此时投入的要素只可部分改变，因此，企业决策也只能做部分调整。

而生产中的长期（long run），指的是就单个企业而言，时间长到足以使所有投入要素成为变量的时期。因为在这段时期内企业可以改变所有生产要素的投入数量，所以也就没有固定投入和可变投入的区分，所有的生产要素都是可变的。此时，企业做决策具有完全调整的余地，例如，在长期内，企业完全可以根据市场的变化，缩小或者扩大生产规模，甚至进出一个行业。

因此，经济学中长短期的划分只跟生产要素投入数量的可调整性有关，而与具体时间的长短没多大关系。而且对于不同行业而言，长短期的实际时间长短可以有较大差异。如服装、食品等行业，无论是劳动工人，还是厂房以及机器设备，均可较易从市场上获取，投入要素的调整相对容易，因此，半年时间也可能是长期；而像汽车、大型机器制造等行业，由于投入资本规模庞大，生产技术要求高，难以迅速变动生产规模，所以对这些行业而言，一两年可能也只是短期而已。

在经济学中，通常以一种可变要素的生产函数考察企业的短期生产行为。在短期内，通常假定在一定的技术水平下，企业生产某产品的过程中，投入资本要素和劳动要素，且资本投入量是固定不变的，其既定的数量为 K^0，而劳动投入量是可变的，记作 L，于是式（4-2）可改写为：

$$Q = f(L, K^0) \quad 或 \quad Q = f(L) \qquad (4-3)$$

式（4-3）显示了在与产量的联系中，只有劳动投入可变，其他要素投入保持不变，经济学将其称为短期生产函数，用来分析可变投入的变动对产量的影响。该函数反映了在资本投入量固定时，由劳动投入量变化所带来的最大产量的变化。

（二）总产量、平均产量和边际产量

由上述内容可知，短期生产函数反映了劳动投入与产品产量之间的关系，并由此带来了劳动的总产量、平均产量以及边际产量三个概念。

总产量（TP）是指一定数量的生产要素可以生产出来的最大产量，即函数中的 Q。在资本不变的条件下，就是与一定劳动的投入量相对应的最大产量，公式为：

$$TP_L = Q = f(L) \qquad (4-4)$$

平均产量（AP）是指每单位可变生产要素所生产的产量，这里是指总产量与所使用的可变要素劳动的投入量之比。

$$AP_L = TP/L = Q/L \qquad (4-5)$$

边际产量（MP）是指增加一单位可变生产要素投入量所增加的产量，在这是指增加一单位劳动投入量所增加的产量，也就是总产量函数的一阶导数。

$$MP_L = \Delta Q/\Delta L \quad 或 \quad MP_L = dQ/dL \qquad (4-6)$$

例如，已知某制鞋厂的短期生产如表4-1所示。表中第一列"劳动投入量"与第二列"总产量"之间的关系就是该制鞋厂的短期生产函数；第三列为鞋厂工人的平均产量（Q/L）；第四列显示当劳动工人数量由0增加到1时，鞋子产量从0增加到3，因此，第一个工人的边际产量是3双鞋子，第二个工人的边际产量则是9双鞋子，以此类推。

表 4-1 总产量、平均产量和边际产量

劳动投入量/人 (L)	总产量/双 (TP_L)	平均产量/双 (AP_L)	边际产量/双 (MP_L)
0	0	0.0	—
1	3	3.0	3
2	12	6.0	9
3	36	12.0	24
4	56	14.0	20
5	70	14.0	14
6	78	13.0	8
7	84	12.0	6
8	84	10.5	0
9	81	9.0	-3

依据表 4-1，将劳动投入量与各种产量的关系反映在平面坐标中，可得到图 4-1。

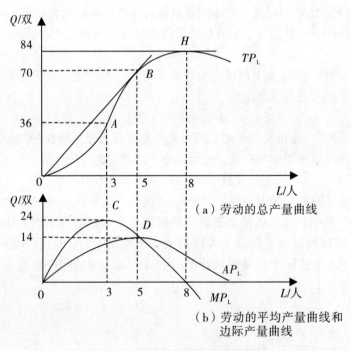

(a) 劳动的总产量曲线

(b) 劳动的平均产量曲线和边际产量曲线

图 4-1 短期生产函数的产量曲线

图 4-1 中的横轴表示劳动的投入量 L，纵轴表示产量 Q，TP_L、AP_L 和 MP_L 分别为劳动的总产量曲线、劳动的平均产量曲线和劳动的边际产量曲线。从其形状可看到这

三者均首先呈现上升趋势，先后达到各自的最大值后再呈下降趋势。从图中可以反映三者存在如下关系：

1. 总产量与平均产量

从图中观察，平均产量实际上就是总产量曲线上每一点与原点连线的斜率（Q/L），当该连线恰好是总产量曲线的切线 OB 时，其斜率最大，即平均产量达到最大值（D 点处的 AP 值），此时劳动投入量为5。

2. 总产量与边际产量

如前所述，边际产量函数为总产量函数的一阶导数，其几何意义为总产量曲线上各点切线的斜率。开始阶段由于边际产量 MP_L 递增，所以总产量曲线递增上升，形状为凸向横轴，在总产量曲线斜率最大处（A 点），MP_L 达到最大值（C 点）；之后由于 MP_L 递减但仍为正值，故总产量曲线转为递减上升，凹向横轴（TP_L 曲线的 AH 段）；直到边际产量曲线与横轴相交，MP_L 为 0 时，总产量达到最大值（H 点），此时劳动投入量为8；而当边际产量曲线延伸至横轴下方，MP_L 为负值时，说明增加劳动投入量反而会使总产量减少，总产量曲线往右下倾斜。

3. 边际产量和平均产量

当边际产量大于平均产量时（MP_L 曲线位于 AP_L 曲线上方），平均产量上升；边际产量小于平均产量时（MP_L 曲线位于 AP_L 曲线下方），平均产量下降；当两条曲线相交（D 点），即 $MP_L = AP_L$ 时，AP_L 达到最大值。两者关系可通过数学证明如下：

$$\frac{dAP_L}{dL} = \frac{d(TP/L)}{dL} = \frac{\frac{dTP}{dL} \cdot L - TP \cdot \frac{dL}{dL}}{L^2} = \frac{1}{L}\left(\frac{dTP}{dL} - \frac{TP}{L}\right) = \frac{1}{L}(MP_L - AP_L)$$

因此，当 $MP_L > AP_L$ 时，则 $dAP_L/dL > 0$，AP_L 递增；当 $MP_L < AP_L$ 时，则 $dAP_L/dL < 0$，AP_L 递减；当 $MP_L = AP_L$ 时，则 $dAP_L/dL = 0$，此时 AP_L 极大。

（三）边际报酬递减规律

从刚才鞋厂短期生产的例子中可以看到，在资本要素投入保持不变的条件下，随着劳动要素投入量的增加，其边际产量呈现先上升后下降的趋势，MP_L 曲线表现为倒 U 形，这一特征在经济学中被称为边际报酬递减规律（law of diminishing marginal returns），是指在技术给定和其他要素投入不变的情况下，连续等量增加某一种要素的投入量所带来的边际产量在开始阶段会上升，但迟早会出现下降的趋势。该规律有时也被叫作边际生产力递减规律或边际产量递减规律。

产品生产中之所以会出现边际报酬递减，是因为在短期生产过程中，固定要素投入和可变要素投入之间存在着一个最优的组合比例。生产开始阶段，由于固定要素投入量一定，可变要素投入量相对较少，因此增加可变要素的投入能使两者之间的组合比例趋于合理，此时边际产量递增；当固定要素与可变要素投入达到最优组合比例时，边际产量达到最大值；之后随着可变要素投入的增加，其数量显得相对过多，与固定要素投入的组合比例变得越来越不合理，边际产量就会递减，甚至为负数。

边际报酬递减规律是从生产实践中总结而来的一条基本规律，具有普遍适用的一般性，犹如数学中的公理一般无须理论证明。但如同一切规律一样，边际报酬递减规律的作用也是有条件的：首先，该规律以技术不变为条件；其次，它以其他生产要素固定不变，只有一种生产要素变动为前提（即只适用于短期生产）；再次，该规律在可变要素增加到一定程度才出现，也就是说要素的边际产量会经历一个递增、不变、递减的过程；最后，它假定所有可变投入要素是同质的，没有任何差异。

总而言之，边际报酬递减规律告诉我们：在其他条件不变的情况下，要素投入越多，产出不一定越大，并不是任何投入都能带来最大的产出。在一定的技术条件下，生产要素的投入量必须按照一定的比例进行优化组合，才能充分发挥各生产要素的效率；否则，片面地追加某一种生产要素的投入量，只能导致资源的浪费和生产报酬的减少。

（四）一种要素投入的经济区域

在经济学分析中，通常根据各种产量和可变要素投入量的变化，把短期生产分为三个阶段，如图 4-2 所示。

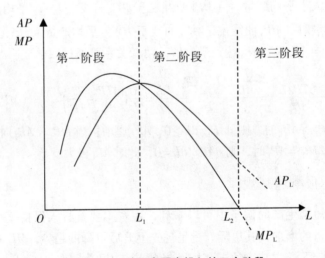

图 4-2　一种可变要素投入的三个阶段

第一阶段，从 0 到 L_1，该段中边际产量先递增达到最大，然后递减，但边际产量大于平均产量，总产量和平均产量都递增，厂商增加投入会带来产量更大比例上升，任何有理性的厂商通常不会把可变要素的投入限制在这一区域内，或在此阶段停留。

第二阶段，从 L_1 至 L_2，边际产量继续递减，且小于平均产量，使平均产量下降，但总产量还在上升。因此，厂商总是在第二阶段生产，具体选择投入多少，取决于要素成本。

第三阶段，L_2 以后，在其起点上，总产量达到最大值，边际产量为 0，在该段中，边际产量为 0 且继续下降，平均产量和总产量也不断下降，增加投入反而导致产量下降,显然,理性的厂商也不会在此阶段生产,如果达到了这个阶段,厂商要进行制度创新和技术改造等。

综上分析,一个理性的厂商必然要选择在第二阶段生产,这一区域称为生产要素的合理投入区域。

二、长期生产函数

以上所述的是关于一种可变要素投入的情况,现在进一步研究可变比例生产函数的多种要素投入。在长期,各种生产要素的配合比例可以变动的情况下,各种生产要素按什么比例配合最好呢?这就是所研究的生产要素最佳组合问题。

(一) 两种可变生产要素的生产函数

在生产理论中,通常以两种可变生产要素的生产函数来考察长期生产问题,即假定生产者在长期内,使用劳动 L 和资本 K 两种可变生产要素生产一种产品(其产量为 Q),然后分析两种变动投入的改变对产量的影响。两种变动投入要素的生产,仍然反映了要素的各种组合与从这些要素组合中能够得到的最大产量的关系,用生产函数表示为:

$$Q = f(L, K)$$

也就是前述的公式(4-2),式中:K、L 都可变动,且按不同比例变动。

研究两种可变投入要素按不同比例变动的生产函数,就是要研究厂商如何变动要素配置以实现资源的最佳组合。这种分析与消费者均衡分析是很相似的,分析方法也基本相同,采用了无差异曲线分析方法,以等产量曲线和等成本曲线为分析工具。下面我们先来了解等产量曲线。

(二) 等产量线

在长期中,假定生产某产品所投入的两种要素(劳动 L 和资本 K)都是可变的,且两者之间可以相互替代,那么,当总产量 Q 保持不变时,增加某一生产要素的投入的同时,就必须要减少另一种生产要素的投入量。等产量曲线(isoquant curve)就是表示在一定技术条件下,生产既定产品产量所需投入的生产要素的各种可能组合点的轨迹。

例如,现在假定在两种要素的各种组合中存在这样一些组合,尽管它们之间两种要素的组合比例不相同,但都能生产相同的产量,如表4-2所示。

表4-2 生产要素的各种组合

组合方式	劳动 (L)	资本 (K)	产量 (Q)
A	2	4	50
B	6	1	50
C	4	2	50
D	3	3	50

表中反映用劳动和资本两种生产要素的 A、B、C、D 四种组合方式都可以生产出相同的产量（$Q=50$）。据此，我们可以画出这两种生产要素组合的等产量曲线 Q_1（见图 4-3），该曲线为那些能够带来相同产量的两种可变投入要素的各种数量组合点的轨迹。在 Q_1 线上任意一点所表示的资本与劳动的不同数量的组合，都能生产出相等的产量。而当同时增加两种要素的投入量时，则会带来产量的增加，从而可得到另一条等产量曲线（Q_2 或 Q_3）。图 4-3 中每一条等产量曲线分别代表所有劳动和资本的可能组合所能产出的一定产量。

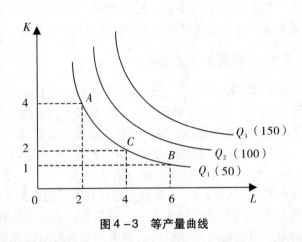

图 4-3 等产量曲线

从上述内容可以看到，等产量曲线和消费者行为理论中的无差异曲线极其类似，因此又被称为生产的无差异曲线，它也具有三个相类似的特征。

1. 离原点较远的等产量曲线代表着较高的产出水平

在同一坐标平面上，可以有无数条等产量曲线，其中每一条都代表着一个产量，因此，不同的等产量曲线就代表不同的产量水平，并且离原点越远的等产量曲线所代表的产量水平就越高。其原因在于离远点越远的等产量曲线也反映着较多的要素投入，因此能达到更大的产出水平。

2. 同一坐标平面上的任意两条等产量曲线不能相交

在图 4-4 中，假设两条等产量线 Q_1 和 Q_2 相交于 A 点，在 Q_1 上任取不同于 A 点的点 B，由于 A 点和 B 点处于同一条等产量线上，因此，A 点和 B 点代表的产量相同。在 Q_2 上任取不同于 A 点的点 C，由于 A 点和 C 点处于同一条等产量线上，因此，A 和 C 点所代表的产量相同，这样，可得出 B 点和 C 点所代表的产量也相同的推论，这与 B 点和 C 点处于两条不同的等产量线上相矛盾，所以任意两条等产量线不会相交。

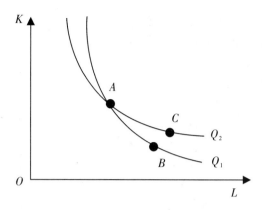

图 4-4　等产量曲线不能相交

3. 等产量曲线往右下方倾斜，凸向原点

等产量曲线往右下方倾斜的原因是，在技术和产量 Q 保持不变的条件下，增加某一生产要素的投入的同时，就必须要减少另一种生产要素的投入量；否则，原有的产量水平必然发生变动。而等产量线凸向原点则意味着其斜率的绝对值沿着横轴的方向递减，这与下述的边际技术替代率递减有关。

（三）边际技术替代率递减规律

等产量曲线意味着生产者可以通过对两种要素投入的相互替代来维持既定的产量。在经济学中，两种要素之间的这种相互替代关系可以用边际技术替代率（MRTS 或 RTS）来表示，即在保持产量水平不变的条件下，增加一单位某种要素投入可以相应减少的另一种投入要素的数量。

例如，如果把增加每一单位劳动（ΔL）所能够替代的资本数量（ΔK）称为劳动对资本的边际技术替代率，记为 $MRTS_{LK}$，那么，其定义公式可表示为：

$$MRTS_{LK} = -\frac{\Delta K}{\Delta L} \tag{4-7}$$

式中：ΔL 和 ΔK 分别为劳动投入的变化量和资本投入的变化量。由于劳动要素和资本要素变化的方向相反，公式中添加一个负号将其变为正值，是为了便于叙述和比较。当然，同样可以得到资本对劳动的边际技术替代率，方向发生变化，但实质没有变化。

显然，当 $\Delta L \to 0$ 时，边际技术替代率还可以用微分表示为：

$$MRTS_{LK} = \lim_{\Delta L \to 0} -\left(\frac{\Delta K}{\Delta L}\right) = -\frac{dK}{dL} \tag{4-8}$$

也就是说，等产量曲线上任一点的边际技术替代率就是等产量曲线在该点斜率的绝对值。

如前所述，等产量曲线往右下方倾斜且凸向原点，这表明在一条等产量曲线上，代表两种要素投入量组合比例的各点在自左上方往右下方移动的过程中，其斜率的绝对值是不断减少的，曲线形状也由陡峭趋向平缓。等产量曲线的这个特征反映了边际技术替代率递减规律（law of diminishing marginal rate of technical substitution），即在总产量保持不变的条件下，当一种生产要素的投入量不断增加时，每1单位的这种要素所能够替代的其他要素的数量是不断减少的，如图4-5所示。

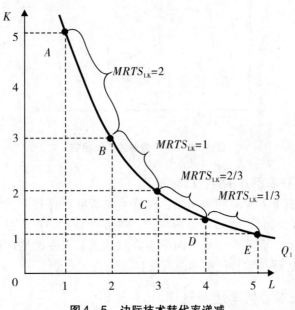

图4-5 边际技术替代率递减

图4-5中，等产量曲线Q_1上A、B、C、D、E各点代表了在产量为Q_1时，不同的劳动要素和资本要素投入组合情况。可以看到，从A点到B点，劳动要素投入由1单位增加到2单位，资本要素投入则从5单位下降到3单位，也就是说增加的1单位劳动可以替代2单位的资本，此时，劳动的边际技术替代率$MRTS_{LK}=2$；而从B点到C点，劳动继续增加到3单位，资本下降到2单位，此时，$MRTS_{LK}=1$；从C点到D点，$MRTS_{LK}$进一步下降到2/3……也就是说，随着劳动投入量的不断增加，在产量不变的前提下，每1单位劳动所能替代的资本数量在不断地减少，即劳动的边际技术替代率是递减的。

边际技术替代率递减的情形可以通过前面所说的边际报酬递减规律来解释。边际报酬递减规律表明，在保持其他要素投入不变的条件下，随着可变要素的投入量不断增加，其边际产量会越来越小。在上述边际技术替代率递减的过程中，当劳动投入不断增加时，其边际产量不断减少，劳动效率降低，需要更多的劳动要素来代替资本要素方可保持产量不变；与此同时，当资本投入不断减少时，其边际产量不断增加，资本效率提高，只要较少的资本便可使总产量保持不变。因此，在两种生产要素同时可以变动而产量不变的情况下，边际报酬递减规律就表现为边际技术替代率递减规律。

或者，我们可以从另一个角度来观察：对于任意一条给定的等产量曲线，当用劳动要素投入来替代资本要素投入时，在保持总产量不变的前提下，由增加劳动投入量（ΔL）所带来的总产量的增加量（MP_L）和由减少资本投入量（ΔK）所带来的总产量的减少量（MP_K）必然相等，即$\Delta L \cdot MP_L = -\Delta K \cdot MP_K$，由此可得：

$$-\frac{\Delta K}{\Delta L} = \frac{MP_L}{MP_K}$$

由边际技术替代率的定义公式（4-7）可得：

$$MRTS_{LK} = -\frac{\Delta K}{\Delta L} = \frac{MP_L}{MP_K} \tag{4-9}$$

上式表明，边际技术替代率实际上就是两种要素的边际产量之比。

而从式（4-9）可以知道，由于边际报酬递减规律，当劳动投入量增加时，分子 MP_L 递减，分母 MP_K 则随着资本投入量的减少而递增，因此，其比值随劳动 L 的增加而减少，也就是边际技术替代率 $MRTS_{LK}$ 递减。

案例 4-2

小麦的生产函数

农作物的生产可以采用多种不同的生产方式。美国的大农场通常采用资本密集型的生产方式进行生产，对建筑、机械设备投资很大，而对劳动的投入则较少。当然，粮食也可以用极少的装备（如锄头）和大量的劳动（如农民们）生产出来。运用等产量曲线描述农业生产过程是展示农业生产函数特点的常用方法之一。有人对小麦生产进行统计分析，估计出美国小麦生产的等产量曲线如下图所示。

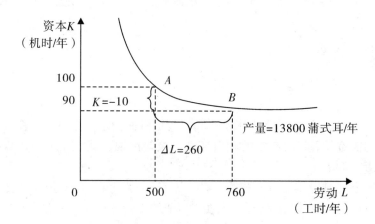

美国小麦生产的等产量曲线

美国农场主可以根据这条等产量曲线决定是多雇佣农业工人好，还是多使用农业机械好。假定该农场目前在点 A 处进行生产，投入劳动 500 工时/年与资本 100 机时/年，生产粮食产量为 13800 蒲式耳①/年。该农场主尝试着要少用些资本，但要维持原有的产量。他发现减少 10 个机时/年需要增加 260 个工时/年的投入。农场主的实验描

---

① 蒲式耳为英美国家计量单位，类似于我国旧时的斗、升等。1 蒲式耳（美）=35.23902 升。

述了小麦生产函数的特点。在上图中的等产量曲线上 A 点（$K=100$ 及 $L=500$）与 B 点（$K=90$ 及 $L=760$），农场主发现用劳动替代资本的边际技术替代率为 0.04，即：

$$MRTS_{LK} = -\frac{\Delta K}{\Delta L} = -\frac{-10}{260} = 0.04$$

这一 MRTS 值告诉农场主，在美国生产相同产量的小麦，要节省资本的投入所需要增加劳动投入的比例。农场主意识到除非劳动的成本大大低于机械的成本，他才考虑使用更多的劳动；否则，他应该维持原有的资本密集型的生产方式，因为多用 260 工时/年才能够节省 10 机时/年。

MRTS 使农场主知道增加劳动投入与减少机器使用之间的权衡关系。因为 MRTS 远小于 1，农场主明白当工人的工资等于机器运行的成本时，他将付出更多的资本（在目前的生产水平上，他必须以 260 单位的劳动去替代 10 单位的资本）。事实上，农场主知道，除非劳动的价格比机器单位时间的使用成本低廉得多，否则，他的生产方式应更趋向于资本密集型。

这个例子已经表明，了解等产量线和边际技术替代率对一个经理人员而言是十分有益的，它同时说明了为什么在劳动相对昂贵的加拿大和美国，生产大多处于 MRTS（资本－劳动比）比较高的阶段，而一些劳动力成本较低廉的发展中国家，则处于较低的 MRTS 阶段。因为发达国家资本的价格相对便宜，而发展中国家劳动的价格相对便宜。显然，要确定究竟采用什么生产方式，即位于等产量曲线上哪一点进行小麦生产最好，还需要掌握更多的信息，如机时与工时的市场价格。

（资料来源：R. S. 平狄克、D. L. 鲁宾费尔德《微观经济学》，中国人民大学出版社 1997 年版。）

（四）规模报酬

经济学分析中的规模主要是以一定的生产要素结合比例来表示的企业的大小。企业规模的变化是指企业在长期中所有生产要素投入量的同比例变化。相应地，规模报酬（returns to scale）则是指在技术水平和要素价格保持不变条件下，企业所有投入要素按同一比例变动所引起的产量的相对变动，换句话说，就是企业生产规模变动对产量或收益的影响。

规模报酬反映的是长期的生产规律，即用以衡量在长期内，企业规模（要素投入变化）与产量变化之间的关系，其变化分为三种类型（见图 4—6）。

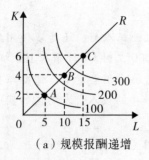
（a）规模报酬递增

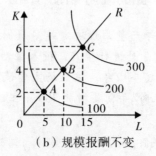
（b）规模报酬不变

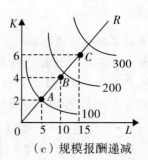
（c）规模报酬递减

图 4—6 规模报酬变化类型

(1) 规模报酬递增（increasing returns to scale）描述的是产出变化比例超过要素投入的一致变化比例的情况，即当劳动和资本等要素投入都增加 1 倍时，其产出增加超过 1 倍。如图 4-6（a）中，A 点到 B 点的两种要素投入量增加 1 倍（劳动由 5 增加到 10，资本由 2 增加到 4），产出增加超过 1 倍（等产量曲线代表的产量由 100 增加到超过 200）。

(2) 规模报酬不变（constant returns to scale）描述的是产出变化比例等于要素投入的一致变化比例，即当劳动和资本等要素投入都增加 1 倍时，其产出也增加 1 倍，如图 4-6（b）所示。

(3) 规模报酬递减（decreasing returns to scale）描述的是产出变化比例小于要素投入的一致变化比例，即当劳动和资本等要素投入都增加 1 倍时，其产出增加小于 1 倍，如图 4-6（c）所示。

规模报酬递增也称为内在经济，其主要原因是由于企业生产规模扩大所带来的生产效率的提高，主要表现为以下几个方面：首先，劳动分工使生产的专业化程度提高并趋于合理，从而提高劳动生产率；其次，生产要素具有不可分割的性质，某些生产要素如大批量生产的工艺和技术只有在产量达到一定水平时才能发挥最大的生产能力，生产规模较大的生产者比小规模的生产者能更有效地利用这些生产要素；最后，生产规模大的厂商在筹措资金、原材料采购、销售等方面有着较强的讨价还价能力，往往能以较低的代价筹措到外部资金以及购买到原材料，而且建立销售渠道的能力也较强，单位分销成本也较低。以上这些因素就是经济学中所谓的规模经济或批量生产优势。

而规模报酬递减（也称为内在不经济）的原因，一方面，是由于上述导致规模经济的各种因素的作用力均有其极限，当企业生产规模达到一定程度后，进一步享受规模经济的优势变得不太可能；另一方面，则是由于随着生产规模的扩大，企业在管理上会遭遇困难，效率下降，管理成本增加。企业规模过大，内部人际关系变得越来越复杂，信息流通不畅甚至失真，致使生产控制和经营管理的难度加大；同时，过大的企业规模也会导致灵活性缺乏，难以适应千变万化的市场。递减的规模报酬说明在某些情况下，大企业反而会比小企业的经济效益要低。

一般来说，在长期中，企业规模报酬的变化会表现出如下规律：企业从最初的较小规模开始逐渐扩大生产时，面临的是规模报酬递增阶段，然后经历规模报酬不变，最后随着生产规模的进一步扩大，就会进入规模报酬递减的阶段。企业长期生产中的规模报酬变化如图 4-7 所示。

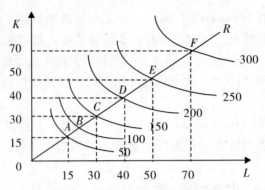

图 4-7 企业长期生产中的规模报酬变化

第三节 生产者均衡

在长期中,由于所有生产要素的投入量都可改变,因此,作为理性的生产者,必然选择最佳的生产要素组合进行生产。那么,生产过程中,各种要素按什么比例来组合才能达到最佳呢?这就是生产者均衡分析的对象。

一、等成本线

前面所说的等产量曲线只是反映了既定产量下两种生产要素投入量的不同组合,它尚未能说明企业采用哪一种要素组合来进行生产是最有效率的。在企业的生产过程中,生产者首先要到要素市场上购买需要的生产要素,这构成了企业的生产成本,而等成本线(isocost line)则反映了生产者在进行生产时确定最优要素组合的成本约束。它是指在要素价格给定条件下,生产者以一定的成本支出所能购买的两种生产要素最大数量的组合点的轨迹,也称为企业预算线。

假定生产者进行生产只需要投入劳动 L 和资本 K 两种要素,给定的劳动价格为工资 W(也可记作 P_L),资本价格为利率 r(也可记作 P_K),厂商既定的成本支出为 C,那么,可得成本方程为:

$$C = W \cdot L + r \cdot K \quad \text{或} \quad C = P_L \cdot L + P_K \cdot K \tag{4-10}$$

亦即

$$K = \frac{C}{r} - \frac{W}{r} \cdot L \tag{4-11}$$

据式(4-11)可得等成本曲线,如图 4-8 所示。

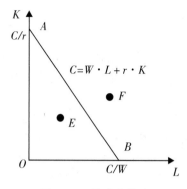

图 4-8 等成本曲线

图中，A 点表示厂商把既定的全部成本都用来购买资本时的数量 C/r，B 点表示既定的全部成本都用来购买劳动时的数量 C/W，连接 A 点和 B 点则为等成本线 AB。很明显，式（4-11）是一个直线方程，斜率为两种投入要素价格之比（$-W/r$），因此，等成本线向右下方倾斜，表明要增加某一种要素的投入量而保持总成本不变必须相应地减少另外一种要素的投入量。

等成本线表明了厂商进行生产的限制条件，即他所购买的生产要素的所有支付不能大于或小于他所拥有的货币成本。等成本线 AB 上的任意一点都是在货币成本与生产要素价格既定条件下，厂商能够购买到的劳动与资本的最大数量的组合。在线内的任何一点，如 E 点，表示所购买的劳动与资本的组合是可以实现的，但并不是最大数量的组合，即既定的货币成本没有用完。而在线外的任何一点，如 F 点，则表示所购买的劳动与资本的组合都大于线上任一点的组合，是无法实现的，因为所需要的货币超过了既定的成本。

如果生产者的成本支出变动或要素价格变动，则等成本线就会发生移动。如图 4-9（a）所示，原有的等成本线为直线 AB，现在其他条件不变，劳动要素的价格上涨，等成本线 AB 围绕纵轴上的 A 点做顺时针旋转，因为在原有的成本支出水平条件下，生产者能够购买到的劳动要素数量会由 C/W 减少为 C/W'。图 4-9（b）则表明在其他条件不变的前提下，生产者成本支出减少，因此，等成本线 AB 往左方平行移动到 $A'B'$，意味着生产者能够购买的两种生产要素的数量都减少了。

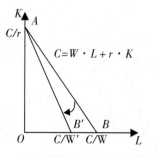
（a）劳动要素的价格上涨

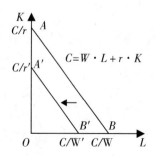
（b）生产者成本支出

图 4-9 等成本线的移动

二、生产者均衡分析

如果说前面消费者行为理论所述的消费者均衡是研究消费者如何把既定的收入分配于两种商品的购买与消费上,以达到效用最大化,那么,这里所讲的生产者均衡就是研究生产者如何把既定的成本支出分配于两种生产要素的购买与生产上,以达到产量最大,抑或是如何在产量既定的条件下使付出的成本达到最小。在生产的过程中,生产者无论是在成本既定的条件下实现产量最大,还是在产量既定的条件下实现成本最小,生产要素的组合比例都是最优的,经济学称之为生产者均衡,或者厂商均衡。

图4-10(a)反映了厂商在给定的成本支出条件下如何使其产量最大化的情况。假定厂商当前的既定成本为 C_0,由等成本线 C_0 表示,同时图中给出了三条等产量曲线 Q_1、Q_2 和 Q_3,代表着大小不同的产量($Q_1<Q_2<Q_3$)。此时可以看到,在成本为 C_0 的情况下,等产量曲线 Q_3 代表的产量虽然是较高的,但它与表示既定成本 C_0 的等成本线既无交点也无切点,意味着该产量是厂商在既定成本下无法实现的产量。再观察等产量曲线 Q_1,虽然厂商在既定成本下能生产该等产量曲线代表的产量(由两条线的交点反映),但由于等成本线与等产量曲线 Q_2 相切于 E 点,意味着该厂商在同等成本支出的条件下,可以生产出更高的产量 Q_2,因此,作为理性的生产者,此时绝不会生产等产量曲线 Q_1 代表的产量。所以,只有等成本线 C_0 与等产量曲线 Q_2 的切点 E 所代表的劳动和资本要素组合,才能实现既定成本条件下的最大产量,任何高于 Q_2 的产量都是既定成本支出条件下无法实现的,而任何低于 Q_2 的产量虽然在既定成本支出条件下能够实现,但都会存在资源的浪费。切点 E 在经济学分析中被称为生产者均衡点或者最优要素组合点。

图4-10(b)则反映了厂商在给定产量的条件下如何使其成本支出最小化的情况。图中的等产量曲线 Q_0 表示厂商给定的产量,同时也给出了三条代表不同成本支出水平的等成本线 C_1、C_2 和 C_3($C_1<C_2<C_3$)。因为劳动和资本要素的价格是给定的,二者的相对价格关系没有变化,所以三条等成本线的斜率相等。其中,等成本线 C_2 与等产量线 Q_0 相切于 E 点,为给定产量条件下的生产者均衡点。等成本线 C_1 代表的成本虽然较低,但它无法实现等产量线 Q_0 所代表的产量;而等成本线 C_3 虽然能生产 Q_0 所代表的产量,但成本过高,因为相同的产量完全可以通过付出较低的成本 C_2 来获得。

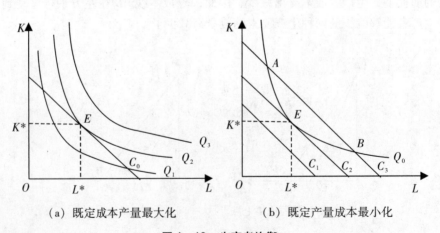

(a)既定成本产量最大化　　　(b)既定产量成本最小化

图4-10　生产者均衡

由此可见，无论是既定成本产量最大化，还是既定产量成本最小化，厂商都是在等成本线与等产量曲线的切点上实现均衡的。那么，在该点上又有着什么特点呢？

两条曲线相切意味着斜率相等，因此，在点 E 处，等成本线的斜率与等产量曲线的斜率正好相等。前面说过，等产量曲线上任意一点的斜率就是其边际技术替代率，边际技术替代率实际上就是两种要素的边际产量之比，即 $MRTS_{LK} = MP_L/MP_K$；而等成本线的斜率则等于两种投入要素的价格之比，即 W/r 或 P_L/P_K。所以，在切点 E 处应有：

$$MRTS_{LK} = \frac{MP_L}{MP_K} = \frac{W}{r} \quad \text{或者} \quad \frac{MP_L}{MP_K} = \frac{P_L}{P_K} \tag{4-12}$$

进一步可以有：

$$\frac{MP_L}{P_L} = \frac{MP_K}{P_K} \tag{4-13}$$

式（4-12）和式（4-13）所反映的就是生产者均衡或两种生产要素最优组合的条件，即当两种要素的边际产量之比等于两种要素的价格之比时，或者每一种要素的边际产量与它的价格之比相等时，厂商达到生产要素的最优成本组合。

也就是说，在劳动和资本这两种生产要素可以互相替代的前提下，厂商要实现两种要素的最优组合，必须使每 1 单位货币所能购买到的要素的边际产量相等。因为假若厂商在生产中未满足上述均衡条件，如 $MP_L/P_L > MP_K/P_K$，那就说明厂商花 1 元钱购买到的劳动所带来的边际产量要大于他花 1 元钱购买到的资本所带来的边际产量，那么，作为理性的生产者，厂商就会增加劳动的投入，同时减少资本的投入，在保持成本不变的情况下，带来更高的产量。同样地，如果 $MP_L/P_L < MP_K/P_K$，那么，厂商就会用购买劳动的 1 元钱成本来购买资本，以便在相同成本支出的情况下增加产量。因此，只要单位货币所获得的边际产量不等，厂商就会不断地调整两种要素的投入比例，使增加投入的要素边际产量下降，减少投入的要素边际产量上升，直到两者的边际产量与价格之比相等为止。此时，厂商再做任何要素组合比例的调整都无法在成本不变的前提下增加产量，或者说在产量不变的前提下降低成本，两种生产要素的组合比例达到最优。

三、生产扩展线

以上分析的生产者均衡情况是在技术水平和生产要素的相对价格不变的前提下得到的。那么，在其他条件不变的情况下，如果厂商成本支出或者产量发生变化时，其要素的最优组合又会有什么变化呢？现在我们假定厂商扩大生产规模，也就是厂商通过同比例增加生产要素的投入量以获得更大的产出，这时候厂商的等成本线往外移动（成本支出增加），新的生产要素最优组合点就会在更高的位置上形成，如图 4-11 所示。

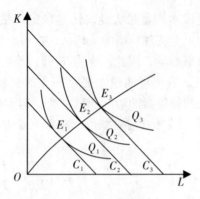

图 4-11 生产扩展线

图 4-11 中，等成本线 C_1 代表着厂商生产规模较小时的成本支出，此时投入的两种生产要素的数量较少，等成本线 C_1 与等产量曲线 Q_1 相切于点 E_1，该点代表着产量为 Q_1 时生产要素的最优组合。当厂商扩大生产规模时，成本支出增加，等成本线往外移动到 C_2 的位置，与反映更高产量水平的等产量曲线 Q_2 相切于点 E_2，该点为新的生产者均衡点，代表着新的生产要素最优组合。于是，随着生产规模的不断扩大，还可以得到更多的新的生产者均衡点 E_3、E_4、E_5……，连接点 E_1、E_2、E_3……而得的曲线被称为生产扩展线（expansion path）。该曲线是在要素价格、技术和其他条件不变的条件下，企业扩大生产规模所引起的生产要素最优组合点移动的轨迹，线上的任意一点都代表着在不同产量水平下所投入的生产要素的最优组合比例。

本章小结

1. 经济学分析中的生产者是指能够独立做出生产经营决策的单个经济单位。生产是指一切能创造或者增加价值的活动，也是生产者把投入转化为产出的过程。生产中所投入的生产要素是指进行社会生产经营活动时所使用的各种稀缺资源，主要包括劳动、资本、土地与企业家才能四种。生产者的目标是利润最大化。

2. 厂商的生产可以分为短期和长期生产，生产过程中要素的投入量和产品的产出量之间的关系可通过生产函数来反映；经济学通常以一种可变要素的生产函数考察企业的短期生产行为，以两种可变生产要素的生产函数来考察长期生产行为。

3. 短期生产的基本规律是边际报酬递减规律，该规律反映了在其他条件不变的情况下，任何一种可变要素的边际产量会经历先递增后递减的变化，其曲线呈现倒 U 字形的特征。根据各种产量的变化，可把短期生产分为三个阶段，其中第二阶段是生产要素的合理投入区域。

4. 长期生产理论的主要分析工具是等产量曲线和等成本线。前者反映在一定技术条件下生产既定产品产量所需投入的生产要素的各种可能组合，其斜率可用边际技术替代率表示，边际技术替代率是递减的，为两种要素的边际产量之比；后者则反映在要素价格给定的条件下，生产者以一定的成本支出所能购买的两种生产要素最大数量的组合，其斜率为两种要素的价格之比。长期生产中一个重要的概念是规模报酬，反映当所有投入的要素以一定比例增加时与产出的关系，其变化可分为规模报酬递增、规模报酬不变、规模报酬递减三种类型。

5. 生产者均衡是研究生产者如何实现既定成本产量最大的投入要素组合或者既定产量成本最小的投入要素组合的问题。生产均衡点为等产量曲线与等成本线的切点。当两种要素的边际产量之比等于两种要素的价格之比，或者每一种要素的边际产量与其价格之比相等时，厂商达到生产要素的最优成本组合。

课后练习

一、名词解释

1. 生产者
2. 生产要素
3. 生产函数
4. 长期
5. 短期
6. 边际报酬递减规律
7. 规模报酬递增、规模报酬不变及规模报酬递减
8. 等产量线
9. 等成本线
10. 生产者均衡
11. 生产扩展线

二、简答题

1. 以下为一种可变要素的短期生产函数的产量表

可变要素的投入量	总产量	平均产量	边际产量
1		2	
2			10
3	24		
4		12	
5	60		
6			6
7	70		
8			0
9	63		

(1) 请写出表中空白单元格的数据。

(2) 该生产函数是否出现边际报酬递减？如果出现，是从第几个单位的可变要素投入量开始的？

2. 用图表说明劳动的总产量曲线、平均产量曲线和边际产量曲线的特征以及它们相互间的关系。

3. 什么是边际报酬递减规律？厂商短期生产中为什么会出现该规律？

4. 在短期生产的三个阶段中，为什么厂商的理性决策应该在第二阶段？

5. 已知某厂商的短期生产函数为 $Q = f(L) = 35L + 8L^2 - L^3$，求：

(1) 厂商的平均产量函数和边际产量函数。

(2) 分别计算当总产量、平均产量和边际产量达到最大值时劳动要素的投入量。

(3) 当平均产量达到最大时，边际产量为多少？

(4) 如果厂商投入的劳动要素数量为 6，此时是否处于短期生产的合理区域？为什么？

6. 已知短期生产函数 $Q = f(L) = -L^3 + 24L^2 + 240L$，那么，在生产的三个阶段上，劳动 L 的投入量分别应为多少？

7. 请分别阐述规模报酬递增、规模报酬不变和规模报酬递减的情况。

8. 已知某厂商的生产函数为 $Q = f(L, K) = 2L^{0.5}K^{0.5}$，如何证明该厂商的生产是处在规模报酬不变的阶段？

9. 已知生产函数为 $Q = f(L, K) = AL^{1/3}K^{2/3}$，问：

(1) 在长期生产中，该生产函数的规模报酬属于哪一种类型？

(2) 在短期生产中，该生产函数是否受边际报酬递减规律的支配？

10. 已知某厂商的生产函数为 $Q = f(L, K) = L^{3/8}K^{5/8}$，同时假定两种要素价格 $P_L = 3$ 元，$P_K = 5$ 元。试求：

(1) 产量为 10 时的最低成本支出和 L、K 的使用数量。

(2) 如果厂商的成本支出为 160 元，厂商实现均衡时的 Q、L、K 的值各为多少？

11. 如果企业处于 $MRTS_{LK} > P_L/P_K$ 或 $MRTS_{LK} < P_L/P_K$，企业应该如何调整劳动和资本的投入量以达到最优的要素组合？

12. 运用图形说明厂商在既定成本条件下是如何实现生产均衡的。

13. 运用图形说明厂商在既定产量条件下是如何实现生产均衡的。

第五章 生产成本理论

学习目标

通过本章学习,学生主要掌握生产成本的相关概念,各种短期成本的定义、形状及相互关系,收益和成本的关系,了解长期总成本、长期边际成本和生产规模的选择。

生产成本理论研究生产成本随着产量变化而变化的规律。企业的目标是为了追求利润最大化,在制定生产决策时,不仅要考虑生产要素投入与产出之间的物质关系(即生产函数),还要考虑生产耗费与产出效益之间的经济关系(即成本函数),也就是说,要把生产的实物形态与价值形态结合起来。厂商在生产过程中按照成本最小化决定自己产品的供给,各个厂商的供给总和构成了行业供给。

第一节 生产成本的相关概念

一、显性成本与隐性成本

显性成本(explicit cost)也叫会计成本(accounting cost),是企业为使用他人拥有或控制的要素而支付的货币支出。如企业花 10 万元购买生产用的原材料,就是显性(会计)成本,其他如租用房屋、做广告和租用土地的成本也是显性成本。

隐性成本(implicit cost)主要指应当支付但没有支付的企业自有要素的成本,包括使用自有土地资本的机会成本和所有者在经营企业或为企业服务中的机会成本。

在经济学分析中:

$$\text{生产成本} = \text{显性成本} + \text{隐性成本} \tag{5-1}$$

$$\text{会计成本} = \text{显性成本} \tag{5-2}$$

二、机会成本与经济成本

机会成本(opportunity cost)指的是这种资源用于"次佳"用途所具有的价值,或者说是放弃的其他各种用途所能带来的最大收益。机会成本通常并不是实际发生的成本,而是在选择资源用途时所产生的观念上的成本。在经济分析中,人们之所以使用机会成本的概念,是因为用它能促使各种生产要素用于最佳用途,做到资源的最优配置。

经济成本（economic cost）是厂商实际使用的所有资源的机会成本的总和。从经济成本的角度出发，厂商显性成本与隐性成本之和应该正好等于投入要素的机会成本。

三、私人成本与社会成本

私人成本（private cost）是指一个厂商投入生产的一切资源导致的支出，包括自有的资源和购买、租赁的资源两部分。其价值就是该厂商的生产费用或经济成本，这也就是这家厂商的私人成本。因此，私人成本也就是会计成本和隐性成本之和。

社会成本（social cost）是整个社会为这项生产活动需要支付的一切成本，即：

$$社会成本 = 私人成本 + 外在成本 \tag{5-3}$$

对整个社会来说，全体厂商的机会成本就等于社会成本，所以：

$$社会成本 = 私人成本 + 外在成本 = 机会成本 \tag{5-4}$$

以上所说的显性成本、隐性成本仅仅是指私人成本，通常情况下，厂商生产某种产品的社会成本并不总是等于私人成本。例如，对于一个将废水排放到附近河流中去的纺织厂来说，其处理废水的私人成本只不过是把废水排放河中所需支付的费用，但别的厂商或消费者要使用具有一定纯净度的河水，就必须额外支付使河水净化所需的费用，这样，该纺织厂商排放废水的社会成本就大于私人成本。

四、固定成本与变动成本

固定成本（fixed cost）是厂商在短期内无法改变的固定投入带来的成本，通常和产量的多少没有联系，如厂房、生产设备投入产生的成本。例如，企业花100万元购置了一条生产线，如果该生产线闲置，产量为零，其固定成本是100万元；而生产1000件、10000件产品，其固定成本仍然是购买这条生产线的100万元。

变动成本（variable cost）是厂商在短期内可以改变的可变投入带来的成本，通常和产量的多少联系在一起，如原材料和劳动投入产生的成本。一般情况下，只有变动成本投入增加，产量才会增加。例如，要多生产面包，就必须投入面粉。

五、会计利润与经济利润

会计利润和经济利润见图5-1，其计算公式如下：

$$会计利润 = 收益 - 会计成本 \tag{5-5}$$

$$经济利润 = 收益 - 经济成本 \tag{5-6}$$

会计利润要大于经济利润。经济成本超过会计成本的部分被称为正常利润，则：

$$正常利润 = 经济成本 - 会计成本 \tag{5-7}$$

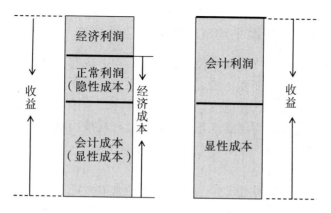

图5-1 会计利润和经济利润

正常利润通常是指社会通行的投资回报率或者资金的平均收益率。如果我们说厂商的利润为零，并不是说厂商没有盈利，而是指它处于一种正常的经营状况，没有超额利润。

例如，某裁缝几年前以每米5元的价格购买了一块布料，目前这种布料的市场价格为每米15元。该裁缝计划用这块布料做衣服，估计每套用料4米，用工时4个。按他的技术，每个工时可得到10元的报酬，每套衣服可按90元出售。假设加工服装所需要的缝纫机和辅料是闲置的，试计算每套衣服的会计利润和经济利润。

根据式（5-5）、（5-6），有：

会计利润 = 90 - (5×4 + 10×4) = 30元

经济利润 = 90 - (15×4 + 10×4) = -10元

第二节 短期成本分析

一、短期和长期的定义

经济学中，短期和长期划分的标准在于能否调整所有的生产要素。短期是指至少有一种生产要素的使用量（通常指资本设备）固定不变的时期。其中，不能在短期内调整的生产要素的费用，称为固定成本（FC），如厂房和设备的折旧、管理人员的工资等，固定成本不随产量的变动而变动。在短期内可以调整的生产要素的费用，如原料、燃料的支出和工人工资，称为变动成本（VC），变动成本随产量的变动而变动。总成本（TC）是固定成本与变动成本的总和。

在长期中，厂商可以根据他所要达到的产量来调整其全部生产要素，因此，一切成本都是可变的，不存在固定成本和可变成本的区别。要注意的是不能按时间长短划分短期和长期，比如一个豆腐厂调整全部要素可能只需要1个月，一个石油企业要调整全部生产要素可能要5年以上，因此，对石油企业来说，4年内无法调整全部生产要素，对其来讲是短期，而4年对豆腐厂而言则是长期。

二、短期总成本、短期平均成本和短期边际成本

短期总成本是指短期内厂商某些投入要素如厂房、机器、设备等固定不变的成本和其他一些要素随产量增减而变化的成本之和。在短期中，由于存在着固定生产要素与可变动生产要素之分，与此相适应，在短期中存在固定成本与可变成本、平均固定成本和平均可变成本之分。固定成本与可变成本之和构成短期总成本，由短期总成本可引出平均成本和边际成本。

1. 短期总成本

短期总成本（STC）由固定成本（FC）和变动成本（VC）两部分构成，是固定成本与变动成本的总和，即：

$$STC = FC + VC \tag{5-8}$$

固定成本不随产量的变动而变动，变动成本随产量的变动而变动。因此，在以产量为横坐标、成本为纵坐标的坐标系（见图 5-2）中，固定成本是一条与横坐标平行的直线，表明它是一个既定的数量，不随产量的增减而改变。变动成本线是一条从原点出发往右上方倾斜的先凹后凸的上升曲线，随着产量的增加而递增，该曲线先减速上升，后加速上升。其形状是由总产量线的形状决定的，在要素成本不变时，增加产量所带来的变动成本的变化（变动成本曲线）是增加可变投入所带来的产量变化（总产量线）的倒数，因此，变动成本与总产量线的变动方向相反。总成本曲线形状与变动成本曲线一样，它只不过是变动成本曲线向上平行移动一段相当于 FC 大小的距离，总成本曲线与变动成本曲线在任一产量水平上的垂直距离等于固定成本 FC，但 FC 不影响总成本曲线的斜率，因此，固定成本的大小与总成本曲线的形状无关，而只与总成本曲线的位置有关。

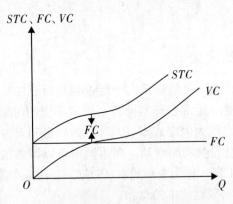

图 5-2　短期总成本、固定成本和变动成本

2. 短期平均成本

短期平均成本（SAC）是指短期内生产每一单位产品平均所需要的成本，即

$$SAC = \frac{STC}{Q} = \frac{FC+VC}{Q} = AFC + AVC \qquad (5-9)$$

式中：AFC 是平均固定成本，是每单位产品的固定成本，等于固定成本除以产量所得之商，即 $AFC = FC/Q$。随着产量的增加，AFC 逐渐变小，产量越大，分摊到单位产品上的固定成本额越少。AVC 是平均变动成本，是每单位产品的变动成本，它等于总变动成本除以产量所得之商，即 $AVC = VC/Q$。

如图 5-3 所示，平均变动成本曲线先下降然后上升，是由平均产量决定的，其变动和平均产量变动相反。假定只有一种投入要素劳动 L 可变，平均变动成本 AVC 等于该要素的价格除以要素的平均产量，即：

$$AVC = \frac{VC}{Q} = \frac{wL}{Q} = \frac{w}{AP_L} \qquad (5-10)$$

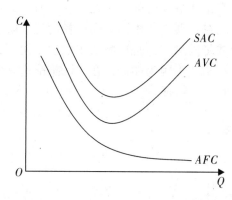

图 5-3 短期总平均成本、平均固定成本和平均变动成本

SAC 呈 U 形的原因是由于边际报酬递减规律的作用，在生产的初始阶段，随着可变要素的投入和产量的增加，固定要素生产效能的发挥和专业化程度的提高使边际产量增加，当产量增加到一定程度时，边际报酬递减规律开始发挥作用，使 SAC 曲线呈上升趋势。

3. 短期边际成本（MC）

在短期内，边际成本是厂商每增加 1 单位产品产量所增加的总成本量，用公式可以表示为：

$$MC(Q) = \frac{\Delta C(Q)}{\Delta Q} \qquad (5-11)$$

由于短期内的固定成本并不随产量的变动而变动，即 $\Delta FC = 0$，所以边际成本的变动实际上只与可变成本有关。故：

$$MC(Q) = \frac{\Delta VC(Q)}{\Delta Q} \qquad (5-12)$$

实际上边际成本是总成本函数对产量的导数或总成本曲线的斜率，即：

$$MC(Q) = \frac{dC(Q)}{dQ} = \frac{dVC(Q)}{dQ} \qquad (5-13)$$

如图 5-4 所示，短期边际成本曲线是一条先下降而后上升的 U 形曲线。开始时，边际成本随产量的增加而减少；当产量增加到一定程度时，就随产量的增加而增加。边际成本曲线呈 U 形的原因是边际收益递减规律在起作用。边际收益递减规律是指在短期生产过程中，在其他条件不变的前提下，随着一种可变要素投入量的连续增加，它所带来的边际产量先是递增的，达到最大的值以后再递减。我们也可以从产量变化所引起的边际成本变化的角度来理解。假定生产要素的价格是固定不变的，在开始时的边际报酬递增阶段，增加 1 单位可变要素投入所产生的边际产量递增，则意味着可以反过来说，在这一阶段增加 1 单位产量所需要的边际成本是递减的。在以后的边际报酬递减阶段，增加 1 单位可变要素投入所产生的边际产量递减，则意味着也可以反过来说，在这一阶段增加 1 单位产量所需要的边际成本是递增的。显然，边际报酬递减规律作用下的短期边际产量和短期边际成本之间存在着一定的对应关系。这种对应关系可以简单地表述如下：在短期生产中，边际产量的递增阶段对应的是边际成本的递减阶段，边际产量的递减阶段对应的是边际成本的递增阶段，与边际产量的最大值相对应的是边际成本的最小值。正因为如此，在边际报酬递减规律作用下的边际成本曲线 MC 表现出先降后升的 U 形特征。

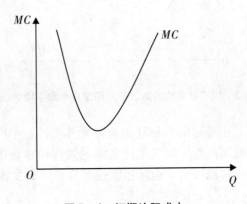

图 5-4 短期边际成本

边际成本曲线先下降然后上升，是由边际产量决定的，其变动和边际产量变动相反。假定只有一种投入要素劳动 L 可变，边际成本 MC 等于该要素的价格除以要素的边际产量，即：

$$MC = \frac{\Delta VC}{\Delta Q} = w \cdot \frac{\Delta L}{\Delta Q} = \frac{w}{MP_L} \qquad (5-14)$$

短期成本曲线的特征总结见表 5-1。

表 5-1　短期成本曲线的特征

短期成本	公式	曲线特征
TFC	$TFC = A$	和横轴平行的一条水平线
TVC	$TVC = C(Q)$	先以递减的速度增加、后以递增的速度增加的一条曲线
TC	$TC = TFC + TVC$	先以递减的速度增加、后以递增的速度增加的一条曲线。始终比 TVC 高出 TFC
AFC	$AFC = FC/Q$	自左上方向右下方倾斜下降
AVC	$AVC = VC/Q$	先下降后上升，呈 U 形
AC	$AC = TC/Q = AFC + AVC$	U 形曲线，始终比 AVC 高出 AFC
MC	$MC = dTC/dQ$	U 形曲线，和 AVC、AC 最低点相交

三、各种短期成本之间的关系

（一）平均成本、平均固定成本和平均变动成本

平均成本 AC 和总成本曲线相联系，把总成本曲线上任一点与原点连成射线，其斜率就是该点的平均成本。如图 5-5 所示，在总成本曲线上，A 点和原点连成的射线斜率最小，因此，对应的平均成本曲线上 H 点是平均成本的最低点。同样，把变动成本曲线上任一点与原点连成的射线的斜率就是该点的平均变动成本。在变动成本曲线上，B 点和原点连成的射线斜率最小，因此，对应的平均成本曲线上的 C 点是平均变动成本的最低点。

平均成本最低点的产量 Q_2 总是大于平均变动成本最低点的产量 Q_1，即产量增加时，厂商总是先到达平均变动成本的最低点，然后才到达平均成本的最低点，原因在于当平均变动成本到达最低点时，平均固定成本仍在下降，在 Q_1Q_2 之间，AFC 下降的幅度大于平均变动成本 AVC 上升的幅度，因此作为两者之和的平均成本 AC 仍在下降，在 H 点才达到最低。

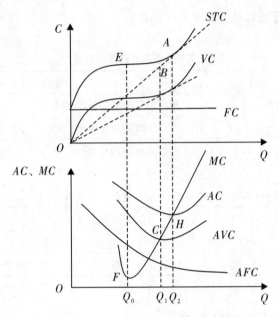

图 5-5 短期成本曲线之间的关系

（二）边际成本和平均成本、平均变动成本

边际成本曲线 MC 反映的是 STC 曲线上的各点切线的斜率。在总成本曲线 STC 上，过 E 点的切线斜率最小，因此，对应的边际成本曲线 MC 上的 F 点是边际成本曲线的最低点。

边际成本曲线 MC 与平均变动成本曲线 AVC 的交点 C 是平均变动成本曲线的最低点，在这一点，$MC = AVC$。$MC < AVC$，即在 C 点左边，平均变动成本下降；在 C 点右边，$MC > AVC$，平均变动成本上升。

边际成本曲线 MC 与平均成本曲线 AC 的交点 H 是平均成本曲线的最低点，在这一点，$MC = AC$。$MC < AC$，即在 H 点左边，平均成本下降；在 H 点右边，$MC > AC$，平均成本上升。

第三节 长期成本分析

一、长期总成本

所谓长期是指厂商能够根据所要达到的产量来调整其全部生产要素的时期。因此，在长期中，没有固定成本与可变成本之分，一切成本都是可变的，只有可变成本，没有固定成本。

长期总成本是长期中生产一定量产品所需要的成本总和。长期总成本随产量的变动而变动，在图形中表现为一条从原点出发，呈现陡峭—平坦—陡峭的形状（见图 5-

6)。没有产量时,总成本为零;随着产量的增加,总成本也增加。在开始生产时,要投入大量生产要素,而产量比较少时,这些生产要素无法得到充分利用,因此,成本增加的比率大于产量增加的比率,总成本增加的速度比较快。当产量增加到一定程度后,生产要素开始得到充分利用,这时成本增加的比率小于产量增加的比率,总成本增加的速度变缓,这也是规模收益递增的结果。最后,由于规模收益递减,成本的增加比率又大于产量增加的比率,总成本增加的速度又开始加快。

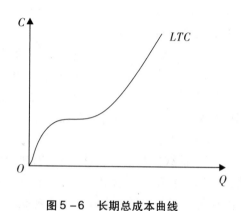

图 5-6　长期总成本曲线

图 5-6 显示的长期总成本曲线是从原点开始,表示长期内不再存在固定成本与可变成本之分,其形状与短期总成本曲线类似。长期总成本曲线的形状是由短期成本决定的,因为长期不过是很多短期的汇集。

根据对长期总成本函数的规定,可以由短期总成本曲线出发,推导长期总成本曲线。

在图 5-7 中,有三条短期总成本曲线 STC_1、STC_2 和 STC_3,它们分别代表三个不同的生产规模。由于短期总成本曲线的纵截距表示相应的总固定成本 TFC 的数量,因此,从图 5-7 中三条短期总成本曲线的纵截距可知,$TFC_1 < TFC_2 < TFC_3$,而固定成本(如厂房、机器设备等)的多少往往表示生产规模的大小。因此,从三条短期总成本曲线所代表的生产规模看,STC_1 曲线最小,STC_2 曲线居中,STC_3 曲线最大。

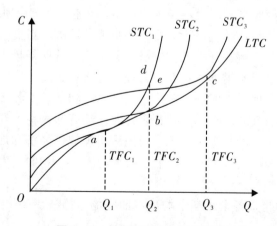

图 5-7　长期总成本曲线的形成

假定厂商生产的产量为 Q_2，在短期内，厂商可能面临 STC_1 曲线所代表的过小的生产规模或 STC_3 曲线所代表的过大的生产规模，于是，厂商只能按较高的总成本来生产产量 Q_2，即在 STC_1 曲线上的 d 点或 STC_3 曲线上的 e 点进行生产。但在长期，厂商可以变动全部的要素投入量，选择最优的生产规模，于是，厂商必然会选择 STC_2 曲线所代表的生产规模进行生产，从而将总成本降低到所能达到的最低水平，即厂商是在 STC_2 曲线上的 b 点进行生产。类似地，在长期内，厂商会选择 STC_1 曲线所代表的生产规模，在 a 点上生产 Q_1 的产量；选择 STC_3 曲线所代表的生产规模，在 c 点上生产 Q_3 的产量。这样厂商就在每一个既定的产量水平实现了最低的总成本。

虽然在图 5-7 中只有三条短期总成本线，但在理论分析上可以假定有无数条短期总成本曲线。这样一来，厂商可以在任何一个产量水平上找到相应的一个最优的生产规模，都可以把总成本降到最低水平，也就是说，可以找到无数个类似于 a、b 和 c 的点，这些点的轨迹就形成了图中的长期总成本 LTC 曲线。显然，长期总成本曲线是无数条短期总成本曲线的包络线。在这条包络线上，在连续变化的每一个产量水平上，都存在着 LTC 曲线和一条 STC 曲线的相切点，该 STC 曲线所代表的生产规模就是生产该产量的最优生产规模，该切点所对应的总成本就是生产该产量的最低总成本。所以，LTC 曲线表示长期内厂商在每一产量水平上由最优生产规模所带来的最小生产总成本。

二、长期平均成本和长期边际成本

（一）长期平均成本

长期平均成本（LAC）是长期中平均每一单位产品的成本，在数值上等于长期总成本除以产量，即：

$$LAC = \frac{LTC}{Q} \tag{5-15}$$

随着产量增加，长期平均成本曲线呈先下降后上升的 U 形，这种形状和短期平均成本曲线很相似。但是，两者形成 U 形的原因并不相同。短期平均成本曲线呈 U 形的原因是短期生产函数的边际报酬递减规律的作用，长期平均成本曲线的 U 形特征主要是由长期生产中的规模经济和规模不经济所决定。在企业生产扩张的开始阶段，厂商由于扩大生产规模而使经济效益得到提高，这叫规模经济。当生产扩张到一定的规模以后，厂商继续扩大生产规模，就会使经济效益下降，这叫规模不经济。或者说，厂商产量增加的倍数大于成本增加的倍数，为规模经济；相反，厂商产量增加的倍数小于成本增加的倍数，为规模不经济。显然，规模经济和规模不经济都是由厂商变动自己的企业生产规模所引起的，所以，也被称为内在经济和内在不经济。一般来说，在企业的生产规模由小到大的扩张过程中，会先后出现规模经济和规模不经济。正是由于规模经济和规模不经济的作用，决定了长期平均成本 LAC 曲线表现出先下降后上升的 U 形特征。

长期平均成本曲线是各个短期平均成本曲线的包络线。LAC 曲线表示在长期内，厂商在每一个产量水平上都会选择最优的生产规模进行生产,从而将生产的平均成本降到最低水平。在这条包络线上,连续变化的每一个产量水平都存在 LAC 曲线和一条 SAC 曲线的相切点,该 SAC 曲线所代表的生产规模就是生产该产量的最佳生产规模,该切点所对应的平均成本就是相应的最低平均成本。

LAC 曲线上的每一点都代表了与某一定规模的 SAC 曲线相切之点。包络线不是短期平均成本曲线最低点的连接,LAC 仅在最低点与 SAC 的最低点相切,如图 5-8 中的 H 点。在 LAC 最低点 H 左边,LAC 切于 SAC 最低点左边,LAC 递减,处于生产规模递增阶段;在 LAC 最低点 H 右边,LAC 切于 SAC 最低点右边,LAC 递增,处于生产规模递减阶段。两者的差异在于长期平均成本曲线较为平坦,这表明长期平均成本的变动幅度要小于短期;所有短期曲线都在长期曲线之上,即在其他条件相同的情况下,短期成本一般都要高于长期成本。

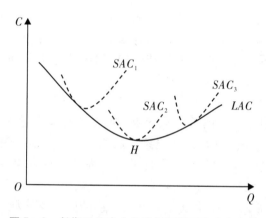

图 5-8　长期平均成本曲线与短期平均成本曲线

(二) 不同行业的长期平均成本

如果考虑到生产要素价格变动的影响,可以根据长期平均成本变动的情况把生产行业分为三种情况:成本不变、成本递增、成本递减。

1. 成本不变的行业

成本不变的行业指各厂商的长期平均成本不受整个行业产量变化的影响,无论产量如何变化,长期平均成本是一个常数(见图 5-9)。成本不变行业产生的原因主要有两个:第一,这类行业在国民经济中所占的比重很小,因此,它所需要的生产要素在全部生产要素中所占的比例也很小,它的产量变化不会导致生产要素的价格发生改变,使厂商的长期平均成本不变;第二,这类行业所使用的生产要素的种类、数量与其他行业呈反方向变动,这样,它的产量的变动也就不会引起生产要素价格的变动,从而保持长期平均成本不变。成本不变的行业并不多见,比如一些小商品生产或特殊行业就属于此类。

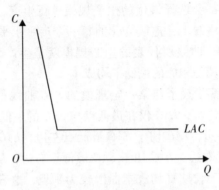

图5-9 长期平均成本不变

2. 成本递增的行业

成本递增行业的各个厂商的长期平均成本随整个行业产量的增加而增加。导致这些行业成本递增的原因是由于生产要素是有限的,所以整个行业中产量的增加会使生产要素价格上升,从而引起各厂商的长期平均成本增加,长期平均成本曲线往右上方倾斜。比如矿业的生产就属于此类行业。

3. 成本递减的行业

在这种行业中,各个厂商的长期平均成本随整个行业产量的增加而减少,这也就是以前所说的规模经济中的外在经济现象。例如,在同一地区建立若干汽车制造厂,各厂商就会由于在交通、辅助服务等方面的节约而产生成本递减。但应该指出的是,这种成本递减的现象只是在一定时期内存在。在长期中,外在经济必然会由于行业生产规模过大转化为外在不经济。因此,一个行业内的成本递减无法长期维持下去。

(三) 长期边际成本

长期边际成本(LMC)是长期中增加每一单位产品所增加的成本。长期边际成本也是随产量的增加先减少而后增加的,因此,长期边际成本曲线也是一条先下降而后上升的U形曲线,但它比短期边际成本曲线要平坦很多。长期边际成本与长期平均成本的关系和短期边际成本与短期平均成本的关系一样,即在长期平均成本下降时,长期边际成本小于长期平均成本;在长期平均成本上升时,长期边际成本大于长期平均成本;在长期平均成本的最低点,长期边际成本等于长期平均成本。这一点可用图5-10来说明。

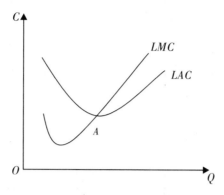

图 5-10　长期边际成本曲线与长期平均成本曲线

图 5-10 中，LMC 为长期边际成本曲线，与长期平均成本曲线 LAC 相交于 LAC 的最低点 A。在 A 点，$LMC=LAC$，即长期边际成本等于长期平均成本。在 A 点的左侧，LAC 曲线在 LMC 曲线之上，LAC 一直递减，$LAC>LMC$，即长期边际成本小于长期平均成本。在 A 点右侧，LAC 曲线在 LMC 曲线之下，LAC 一直递增，$LAC<LMC$。

三、生产规模的选择

长期决策和短期决策的一个重要区别就是长期内厂商可以选择生产规模而短期内不行。

如图 5-11 所示，假设短期中厂商的固定投入有三种规模可供选择，其成本分别为 SAC_1、SAC_2 和 SAC_3。规模大小与产量有关，更多的产量意味着更多的固定投入，因此，产量越大意味着规模越大。短期内固定投入不可改变，厂商没有选择的余地，其规模是固定的；长期中所有要素都可以改变，厂商可以根据对未来产量的估计选择生产规模。如果厂商估计未来产量在 O 至 Q_0 之间，比如 A 点，则第一种规模带来的成本 SAC_1 最低，虽然第二种规模也可以提供同样产量，但其成本 SAC_2 高于 SAC_1。同样，如果厂商估计未来产量在 Q_0 至 Q_1 之间，比如 B 点，则第二种规模带来的成本 SAC_2 低于第三种规模的成本 SAC_3。当产量大于 Q_1 时，SAC_3 是最优的成本选择。因此，长期成本是在所有要素可变条件下可以达到的最低短期成本的集合。图 5-11 在只有三种规模选择时，长期平均成本曲线 LAC 就由这三条短期平均成本曲线相连的最低部分组成，即图中的实线部分。如果厂商有无数个规模选择，则有无数条 SAC 曲线，每一条 SAC 曲线都有一点和 LAC 曲线相切，于是 LAC 曲线就是由无数条 SAC 曲线与其切点连接成的平滑曲线，即上面所讲的 LAC 曲线是 SAC 曲线的"包络线"。

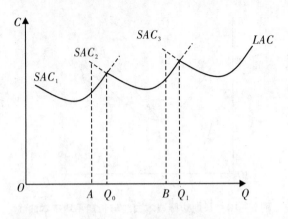

图5-11 生产规模的选择

第四节 生产者的收益及利润

一、收益的含义、分类及变动

(一) 收益的含义

微观经济学中的收益 (R) 是指厂商出售产品所得到的收入,在数量上等于销售量和产品价格的乘积,包括成本和利润。

$$R = P \cdot Q \tag{5-16}$$

(二) 收益的分类

收益分为总收益、平均收益和边际收益。

总收益 (TR) 是厂商按一定价格出售一定量产品所获得的全部收入,即:

$$TR = P \cdot Q \tag{5-17}$$

平均收益 (AR) 是指厂商销售单位产品所获得的收入,即:

$$AR = \frac{TR}{Q} = \frac{P \cdot Q}{Q} = P \tag{5-18}$$

因此,总收益 TR 也可以表示为 $TR = AR \cdot Q$。

边际收益 (MR) 是指增加一单位产品的销售所增加的收益,即最后一单位产品的售出所取得的收益,它可以是正值或负值:

$$MR = \frac{\Delta TR}{\Delta Q} \tag{5-19}$$

(三)收益的变动

1. 价格不变

价格不变即厂商无论销售多少产品都按相同价格出售,此时,总收益随着销售量增加而增加,平均收益和边际收益不会变化,始终等于价格。表5-2是价格不变条件下的收益情况。

表5-2 价格不变条件下的收益情况

销售量(Q)	价格(P)	总收益(TR)	平均收益(AR)	边际收益(MR)
1	10	10	10	10
2	10	20	10	10
3	10	30	10	10
4	10	40	10	10
5	10	50	10	10
6	10	60	10	10

由表5-2画成图5-12。

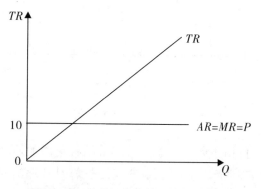

图5-12 价格不变条件下的厂商收益

图5-12中,价格P与边际收益MR、平均收益AR为同一水平直线,总收益TR随销售量Q的变动而同向变动。

2. 价格变化

价格变化一般出现在市场存在垄断的情况下,此时随着厂商销售产品数量的增加,销售价格会下降。总收益随着销售量增加呈现先增加然后下降的倒U形,平均收益等于价格,但和边际收益不会相等。表5-3是价格不变化条件下的收益情况。

表5-3 价格变化条件下的收益情况

销售量（Q）	价格（P）	总收益（TR）	平均收益（AR）	边际收益（MR）
1	10	10	10	10
2	8	16	8	6
3	6	18	6	2
4	5	20	5	2
5	4	20	4	0
6	3	18	3	-2

由表5-3画成图5-13。

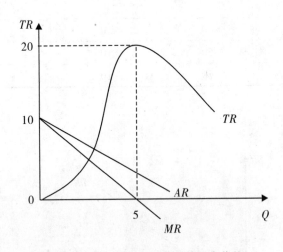

图5-13 价格可变条件下的厂商收益

图5-13说明，在价格下降时，总收益随着销售量增加而增加，增加到一定数量时，转而随着销售量增加而减少，总收益曲线是一条倒U形曲线。平均收益和边际收益随着销售量增加而减少，都往右下方倾斜，边际收益曲线在平均收益曲线的下方，说明边际收益的下降幅度比平均收益更大，当边际收益等于零时，总收益达到最大。

二、厂商的利润最大化

利润最大化指的是经济利润最大化，即在一定的生产技术和市场需求约束下，厂商实现利润最大或亏损最小。在数值上，利润等于总收益减去总成本的差额，即：

$$\pi(Q) = TR(Q) - TC(Q) \tag{5-20}$$

厂商利润最大化的原则就是产量的边际收益等于边际成本，即 $MR = MC$，此时的产量 Q 便为最佳产量。如果厂商选择的产量小于 Q，那么厂商处于 $MR > MC$ 的阶段，这表明厂商每增加一个单位的产量所得到的收益大于其所付出的成本增量，此时厂商会选择继续增加产量以获得更多的利润,一直到 $MR = MC$ 为止;相反,如果厂商选择的产量大于 Q,那么厂商处于 $MR < MC$ 的阶段,这表明厂商每增加一个单位的产量所得到的收益增量小于其所付出的成本增量,此时厂商将不断减少产量以增加利润,直到 $MR = MC$。由此可见,无论是增加产量还是减少产量,厂商始终都在寻找一个最优的产量点,只要厂商实现了这一最优产量,便可能从产量的调整过程中得到利润增加的全部好处,或者可能避免利润减少带来的损失。这个最优产量点便是 $MC = MR$ 的均衡产量点。

可以用数学公式推导厂商的利润最大化原则:

$$\pi(Q) = TR(Q) - TC(Q) \tag{5-21}$$

利润最大化的条件是 π 对 Q 的一阶导数等于零,即

$$\frac{d\pi(Q)}{dQ} = \frac{dTR(Q)}{dQ} - \frac{dTC(Q)}{dQ} = 0 \tag{5-22}$$

TR 对 Q 的一阶导数 $\frac{dTR(Q)}{dQ}$ 就是边际收益,TC 对 Q 的一阶导数 $\frac{dTC(Q)}{dQ}$ 是边际成本。当 $MR = MC$ 时,利润达到最大。

本 章 小 结

1. 生产成本包括显性成本和隐性成本、机会成本与经济成本、私人成本与社会成本、固定成本与变动成本。其利润可以用会计利润和经济利润表示。

2. 经济学中,短期和长期划分的标准在于能否调整所有的生产要素。短期指至少有一种生产要素的使用量(通常指资本设备)固定不变的时期。在长期中,厂商可以根据他所要达到的产量来调整其全部生产要素,因此,一切成本都是可变的,不存在固定成本和可变成本的区别。

3. 短期成本是指短期内厂商某些投入要素如厂房、机器、设备等固定不变,这些固定不变的成本和其他一些要素随产量增减而变化的成本之和。在短期中存在固定成本与可变成本,以及平均固定成本和平均可变成本之分,固定成本与可变成本之和构成短期总成本;由短期总成本可引出平均成本和边际成本。

4. 长期总成本是长期中生产一定量产品所需要的成本总和,长期总成本随产量的变动而变动。长期平均成本是长期中平均每一单位产品的成本,在数值上等于长期总成本除以产量。随着产量增加,长期平均成本曲线呈先下降后上升的U形。短期平均成本曲线和长期平均成本曲线都呈U形。短期平均成本曲线呈U形的原因是短期生产函数的边际报酬递减规律的作用,长期平均成本曲线的U形特征主要是由长期生产中的规模经济和规模不经济所决定。长期平均成本曲线是各个短期平均成本曲线的包络线。长期决策和短期决策的一个重要区别就是长期内厂商可以选择生产规模而短期内则不行。

5. 微观经济学中的收益是指厂商出售产品所得到的收入,在数量上包括成本和利润。价格不变时,厂商的总收益随着销售量增加而增加,平均收益和边际收益不会变

化，始终等于价格；销售价格下降时，总收益随着销售量增加呈现先增加后下降的倒U形，平均收益等于价格，但和边际收益不会相等。

6. 厂商的利润等于总收益减去总成本的差额，厂商利润最大化原则就是产量的边际收益等于边际成本的原则，即 $MR=MC$。

课后练习

一、名词解释

1. 总成本
2. 平均成本
3. 边际成本
4. 平均固定成本
5. 平均变动成本
6. 总收益
7. 边际收益
8. 平均收益
9. 成本不变行业
10. 成本递增行业
11. 成本递减行业

二、单项选择题

1. 经济学中短期与长期划分取决于（　　）。
   A. 时间长短　　　　　　　B. 可否调整产量
   C. 可否调整产品价格　　　D. 可否调整生产规模
2. 不随产量变动而变动的成本称为（　　）。
   A. 平均成本　B. 固定成本　C. 长期成本　D. 总成本
3. 在长期中，下列成本中哪一项是不存在的？（　　）
   A. 可变成本　B. 平均成本　C. 机会成本　D. 隐性成本
4. 使用自有资金也应计算利息收入，这种利息从成本角度看是（　　）。
   A. 固定成本　B. 隐性成本　C. 会计成本　D. 生产成本
5. 由企业购买或使用生产要素所发生的成本是（　　）。
   A. 显性成本　　　　　　　B. 隐性成本
   C. 变动成本　　　　　　　D. 固定成本
6. 假定某机器原来生产产品 A，利润收入为 200 元，现在改为生产产品 B，所花的人工、材料费为 1000 元，则生产产品 B 的机会成本是（　　）。
   A. 200 元　　B. 1200 元　　C. 1000 元　　D. 无法确定

7. 短期平均成本曲线成为 U 形的原因与（　　）有关。
   A. 规模报酬
   B. 外部经济与不经济
   C. 要素的边际生产率
   D. 固定成本与可变成本所占比重
8. 长期平均成本曲线成为 U 形的原因与（　　）有关。
   A. 规模报酬
   B. 外部经济与不经济
   C. 要素的边际生产率
   D. 固定成本与可变成本所占比重
9. 在从原点出发的直线（射线）与 TC 曲线的切点上，AC（　　）。
   A. 是最小的
   B. 等于 MC
   C. 等于 AVC + AFC
   D. 上述都正确
10. SAC 绝不会小于 LAC，这说法（　　）。
    A. 总是对的　　B. 常常对　　C. 绝不对　　D. 有时对
11. 当 LAC 曲线下降时，LAC 曲线切于 SAC 曲线的最低点，这说法（　　）。
    A. 总是对的　　B. 绝不对　　C. 有时对　　D. 不能判断
12. 假如增加一单位产量所带来的边际成本大于产量增加前的平均可变成本，那么，在产量增加后平均可变成本（　　）。
    A. 减少　　B. 增加　　C. 不变　　D. 都有可能
13. 随着产量的增加，平均固定成本（　　）。
    A. 在开始时下降，然后趋于上升
    B. 在开始时上升，然后趋于下降
    C. 一直趋于上升
    D. 一直趋于下降
14. 机会成本的经济含义是（　　）。
    A. 使用一种资源的机会成本是放弃这种资源另一种用途的收入
    B. 使用一种资源的机会成本是放弃这种资源在其他用途中所得到的最高收入
    C. 使用一种资源的机会成本是将其用于次优用途的收入
    D. 使用一种资源的机会成本是保证这种资源在现用途继续使用而必须支付的费用
15. 某厂商每年从企业的总收入中取出一部分作为自己所提供的生产要素的报酬，这部分资金被视为（　　）。
    A. 显性成本
    B. 隐性成本
    C. 经济利润
    D. 正常利润
16. 如果边际成本在一定的产出范围以内大于平均成本，那么，在这一范围内，产出的增加将会使平均成本（　　）。
    A. 上升　　B. 下降　　C. 保持不变　　D. 不能确定
17. 经济成本和经济利润具有以下特征：（　　）。
    A. 前者比会计成本大，后者比会计利润小
    B. 前者比会计成本小，后者比会计利润大

C. 两者都比相应的会计成本和会计利润小

D. 不能确定

18. 企业使其利润最大意味着（　　）。

　　A. 使它的亏损最小化

　　B. 使总的收益和总的成本之间的差额最大

　　C. 根据边际收益和边际成本相等来决定产出的水平

　　D. 以上都是

19. 短期边际成本曲线与短期平均成本曲线的交点是（　　）。

　　A. 平均成本曲线的最低点

　　B. 边际成本曲线的最低点

　　C. 平均成本曲线下降阶段的任一点

　　D. 平均成本曲线上升阶段的任一点

20. 当产量为 3 单位，固定成本为 120 元，变动成本为 90 元时，平均成本为（　　）。

　　A. 10 元　　　　B. 30 元　　　　C. 210 元　　　　D. 70 元

三、简答题

1. 试用图说明短期成本曲线相互之间的关系。

2. 为什么厂商利润最大化的条件是 $MR = MC$？

3. 假定李某有一块空地，附近幼儿园愿意每年出 3000 元的租金租下以供学生进行体育锻炼。李某也可以用这块地种植蔬菜，假设种子、肥料和其他费用的总和是 2300 元，而预计卖掉全部蔬菜的年收入是 5500 元。请问李某种蔬菜的显性成本和隐性成本分别是多少？他将选择种蔬菜还是出租土地？

四、计算题

1. 假定某企业的短期成本函数是 $TC(Q) = Q^3 - 10Q^2 + 17Q + 66$。

（1）指出该短期成本函数中的可变成本部分和不变成本部分。

（2）写出下列相应的函数：$TVC(Q)$、$AC(Q)$、$AVC(Q)$、$AFC(Q)$、$MC(Q)$。

2. 已知某企业的短期总成本函数是 $STC(Q) = 0.04Q^3 - 0.8Q^2 + 10Q + 5$，求最小的平均可变成本值。

3. 已知 $MC = 9Q^2 + 4Q + 5$，$Q = 10$，$TC = 3000$，分别求 TC、AC、VC 和 AVC 的函数形式。

4. $Q = 6750 - 50P$，总成本函数为 $TC = 12000 + 0.025Q^2$。求：

（1）利润最大的产量和价格分别是多少？

（2）最大利润是多少？

第六章 市场结构理论

学习目标

通过本章的学习，使学生对市场结构有一定的了解和认识，理解各类市场结构的基本特征，掌握各类市场结构的厂商和行业的均衡情况，并能运用均衡条件对其生产进行决策。

我们在前面的章节中分析了生产者行为和成本函数，并讨论了生产者如何根据既定的条件使生产达到最佳效益，但是成本函数只是表明了厂商生产各种产量所支付的最低成本，并不能说明厂商将选择什么样的产量水平，厂商最优产量的确定还要取决于其所面临的市场结构。本章将分析不同类型的市场环境中商品的均衡价格和均衡数量的决定，即生产者在外部条件下是如何进行决策，从而达到短期和长期均衡的。

第一节 市场与市场结构

一、市场

市场，用最简单的语言概括，就是买者与卖者进行交易的场所。其形式多种多样，既可以是有形的买卖物品和劳务的交易场所，也可以是利用现代化通信工具进行物品和劳务交换的无形载体和手段。其实质是买卖双方相互作用并得以决定其交易价格和交易数量的一种组织形式或制度安排。与企业内部成员上下级的权威关系不一样，在市场中只有价格的高低，作为市场参与主体的买者和卖者，是没有上下高低之分的。买卖双方之间的交易建立在平等自愿的基础上，代表着一种平等的交易关系。

需要注意的是，虽然市场理应包括供求双方的关系，但本章分析的对象主要集中在生产或供给方面，研究的是厂商和行业的均衡问题。前者是指能够独立做出经营决策的单个经济单位；后者则是指按生产同类产品或提供同类劳动服务来划分的经济活动类别，如饮食行业、服装行业等。两者反映着成员与集体的关系。经济学上也常常把一个行业作为一个市场来看待，如彩电行业构成彩电市场，汽车行业就是汽车市场。

二、市场结构

市场结构主要是指一个行业内部厂商数目的多寡、产品差异程度的高低以及进出行业的难易程度等方面的综合状态,集中反映市场竞争的激烈程度。作为商品生产和供给主体的厂商,在对生产规模、产品价格水平以及营销策略进行决策时,除了要考虑技术条件及相应的成本条件之外,还必须考虑自身所处的外部市场环境,分析市场竞争状态。因为在不同市场结构之中,厂商之间的竞争具有不同的特性,同样的竞争手段在不同的市场结构中会产生不同的效果。

经济学中划分市场结构类型的主要依据是市场上企业之间竞争(或垄断)的程度,而影响市场(行业)竞争程度的因素主要体现为三个方面。

1. 行业内部的生产者数目或厂商数目

一般地,我们会把市场上某种商品的供给者数量的多寡与市场竞争程度的高低联系起来,因为厂商数目的多寡会直接关系到其影响市场价格的能力,即市场势力(market power)。一般来说,厂商数目越多,市场竞争程度就越高;否则竞争程度就可能很低。如果一个行业内厂商数目很多,那么每个厂商的产品交易量所占市场总交易量的份额或比重都很小(几乎可以忽略),因而对市场价格的影响能力微乎其微,自然竞争能力就比较小,相互之间的竞争就相对比较激烈;相反,如果行业内部只有一家企业,就不会存在竞争。因此,一个行业内厂商数目越多,其竞争程度就越激烈;反之,一个行业内厂商数目越少,其垄断程度就越高。

2. 产品的差异程度

产品的差异程度即行业内厂商所提供的商品是同质的还是异质的,同质产品意味着同类产品在质量、性能、外形、包装乃至售后服务等方面不存在差别。经济学认为,产品差异会引起垄断,产品差异越大,垄断程度越高;产品之间的差异越小甚至雷同,相互之间替代性越强,竞争程度就越激烈。对于替代性较强的无差异产品,每个市场参与者不可能或无法凭借自己的产品控制市场价格,因此,在同一个行业中,各厂商提供的产品越是相似,竞争就越激烈。

3. 厂商进出行业的难易程度

厂商进出行业的难易程度即市场进出壁垒的高低,是指一个厂商在进入或退出某一行业时所遇到的阻力的大小,也可以理解为资源流动的难易程度。如果生产某种产品的资源(生产要素)被个别生产者所控制,又没有适当的替代品,那么其他生产者就不容易进入这个行业,在这个行业中市场竞争程度就比较低。因此,一个行业的进入障碍越小,其竞争程度越高;反之,一个行业的进入障碍越大,其垄断程度就越高。

根据这三个方面因素的不同特点,可以将市场划分为完全竞争市场、垄断竞争市场、寡头垄断市场和完全垄断市场四种市场结构类型(见表6-1)。

表 6-1　市场结构类型及其基本特征

市场结构类型	厂商数目	产品差异程度	个别厂商控制价格的能力	厂商进出行业的难易程度	现实中较接近的行业
完全竞争	很多	无差异	没有	很容易	农产品
垄断竞争	很多	有些差异	有一些	比较容易	化妆品、零售业
寡头垄断	几个	有或没有差异	相当有	比较困难	钢铁、汽车制造
完全垄断	一个	唯一产品且无替代品	很大，但常受政府管制	非常困难，几无可能	公用事业

表 6-1 所列明的四种市场结构中，完全竞争市场上的竞争最为充分。例如，传统经济理论认为，农业中的生产者大多是规模不大的家庭农户，任何人可以自由地办农场，也可以弃农经商，小麦这类农产品也不存在什么产品差别，所以，农产品市场上很难形成垄断，是现实中比较接近完全竞争市场的一个行业。而像供水、供电这类公用事业在现实中往往由一家企业经营，集中率可高达百分之百，其他企业根本无法进入，市场上不存在竞争，无论有无产品差异都属于垄断市场。另外两者——垄断竞争市场和寡头垄断市场，则具备不同程度的竞争但竞争又不充分。像化妆品这类产品的市场上，产品差异特别重要，它是引起垄断的原因，但由于其产品差异是同类产品的差异，相互之间存在较强的替代性，所以，垄断并不排除竞争，这就是垄断竞争市场。在钢铁、汽车这些市场上，由于行业特征决定了只有批量生产才有经济效益，即存在规模经济，所以，几家大企业的集中率相当高。这就形成寡头市场——这种市场上的少数几个寡头每个都有一定垄断程度，但相互之间又可能存在激烈竞争。它们的产品可以无差别（如钢铁），也可以有差别（如汽车）。

为什么在经济学研究中要区分不同的市场结构呢？根据前面的章节内容我们知道，市场的均衡价格和均衡数量取决于市场的需求和供给。消费者追求效用最大化的行为决定了市场的需求曲线，厂商（生产者）追求利润最大化的行为决定了市场的供给曲线，而厂商的利润则取决于收益和成本的比较。其中，厂商成本取决于其生产技术方面的因素，而厂商的收益则取决于市场对其产品的需求状况。在不同的市场结构中，厂商所面临的对其产品的需求状况是不同的，所以，在分析厂商的利润最大化的决策时，必须区分不同的市场结构。

现实中，不同行业的企业在市场营销中的做法是不同的，这不同的营销方式取决于企业所在行业的市场结构特点。例如，农产品市场上很少有广告，化妆品市场上各厂商通过大量的广告要使自己的产品不同于其他同类产品，石油市场上存在各大企业之间的勾结，自来水、电力之类市场上往往是一家说了算，可以说，市场结构是市场营销的理论基础。

第二节 完全竞争市场

一、完全竞争市场的特点

经济学意义上的完全竞争（perfect competition）又叫纯粹竞争，是指竞争充分而不受任何阻碍和干扰的一种市场结构。它必须具备四个条件。

1. 市场上存在大量的买者与卖者

由于市场上买卖双边都存在大量的参与者，所以每一个参与者的个别需求量和供给量对于市场总体而言都是微不足道的，都不会在市场上占有显著的份额，因此，任何一个买者或卖者都无法通过自己的买卖行为来影响市场的总交易量或商品的价格水平，都是价格接受者（price taker），即市场中的每一个人都只能被动地接受由供求力量决定的既定的市场价格。

2. 市场上的商品是完全同质的

完全竞争市场上，各个厂商所提供的商品，无论是质量、性能，还是销售条件、包装等所有方面都毫无差别，是一种标准化产品。因此，对于购买商品的消费者来说，购买任何一个厂商的产品都是一样的，他们没有理由偏爱某一厂商的产品，也不会为得到某一厂商的产品而必须支付更高的价格；而对于厂商来说，由于产品没有差别，因此，没有任何一家厂商能拥有市场优势去影响商品的价格，如果它销售商品时定价比别的厂商高，那么，它面临的结果就是一件商品也无法卖出去。当然，单个厂商也没必要通过降价来刺激销售，因为其销售份额在市场上只占极其微小的一部分，完全可以按照既定的市场价格把自家的产品都卖出去。也就是说，单个厂商既不能单独提价，也不会单独降价，他们将以既定的市场价格出售自己的产品。可见，同质产品的条件既是完全竞争市场上统一价格的前提，也进一步印证了在完全竞争市场上每一个参与者都是被动的既定市场价格接受者的说法。

3. 资源可以自由流动

在完全竞争市场上，所有的资源都能够在各个厂商和行业之间完全自由地流动，不存在任何的阻碍。这也意味着任何厂商想要进入或者退出一个行业时是完全自由的，没有任何的困难和成本。其实资源的自由流动性也是市场能够有效配置资源的前提，因为在这样的条件下，任何一种稀缺资源才能及时地流向能赚取最大利润的生产，也才能及时地从亏损的生产中退出。这样，效率较高的企业可以吸引大量的投入，缺乏效率的企业会被市场淘汰，资源的使用效率才能得以发挥。

4. 信息是完全的

这里所说的完全信息是指市场中的每一个卖者和买者都掌握与自己决策、与市场交易相关的全部信息。这一条件保证了消费者不可能以较高的价格购买商品，生产者也不可能高于现行价格出卖产品，每一个经济行为主体都可以根据所掌握的完全信息，确定自己最优购买量或最优生产量，从而获得最大的经济利益。

符合以上四个假定条件的市场就是完全竞争市场。要注意的是，从这些特点来看，经济学意义上的完全竞争可能跟现实经济生活中的竞争的意义相去甚远。因为在这个市场中，符合四个条件的所有厂商其实都是相同的，毫无差异，在市场中都是无足轻重的，不必考虑自己的行动会对整个市场带来什么影响，也不具备任何的市场优势，相互之间也意识不到竞争的存在。

显然，理论分析上所假设的完全竞争市场的条件是非常严苛的，在现实的经济中，没有一个市场真正具有以上四个条件，通常只是将某些农产品市场看成比较接近的完全竞争市场类型。一个较典型的例子就是大米市场：没有一个大米买者可以影响大米价格，因为相对于市场规模，每个买者购买的数量很少；同样，每个大米卖者对价格的控制是有限的，因为其他卖者也提供基本相同的大米。由于每个卖者可以在现行价格时卖出他想卖的所有量，所以他没有什么理由收取较低价格，而且，如果他收取高价格，买者就会到其他地方买。因此，买卖双方都是市场价格的接受者。

虽然现实生活中并不存在完全竞争市场，但一般认为，完全竞争模型作为一个理想经济模型，仍是微观经济理论中最关键的部分。它有助于人们了解经济活动和资源配置的一些基本原理，解释或预测现实经济中厂商和消费者的行为；同时，该模型也为其他类型市场的经济效率分析和评价提供了一个参照对比。

二、完全竞争的短期均衡

（一）完全竞争厂商的需求曲线和收益曲线

1. 完全竞争厂商的需求曲线

市场上对行业中的单个厂商所生产的商品的需求状况，可用该厂商所面临的需求曲线来反映，而厂商的均衡则与其面对的需求曲线有直接的关系。

在任何一个商品市场中，市场需求是针对市场上所有厂商组成的行业而言的，消费者对整个行业所生产的商品的需求称为行业所面临的需求，相应的需求曲线称为行业所面临的需求曲线，也就是市场的需求曲线。它一般是一条从左上方向右下方倾斜的曲线，如图 6-1（a）中的 D 曲线。该曲线反映着某一商品的需求量与其价格之间的负相关关系。

而就市场中的某个厂商而言，由于它是市场价格的接受者，所以它面临的需求曲线是一条由既定的市场均衡价格出发的水平线。如前文所述，由于完全竞争市场中产品具有同质性，且消费者有完全信息，单个厂商一旦把价格定得略高于市场价格，那么将没有人购买它的产品，它所面临的需求会下降为零。同时，由于厂商数目众多的条件，单个厂商的供给量相对市场的总供给量来说是无足轻重的，无论厂商供应多少，价格都不会受到影响而发生变化，这意味着在既定的市场价格下，单个厂商可以销售完它所生产的任意数量的商品。因此，在完全竞争市场上，厂商既不能提高价格，又不会降低价格，是市场价格接受者，它所面临的需求是完全富有弹性的，即价格趋近于零的上升，需求降为零，价格趋近于零的下降，购买者会蜂拥而至，厂商面对的需求会变成无穷大。需求曲线从形态上看如图6-1（b）所示，是一条由既定的市场均衡价格出发的水平线。

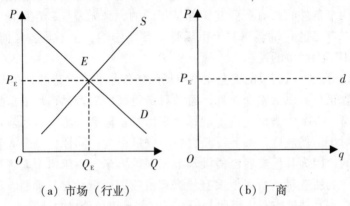

(a) 市场（行业）　　　　(b) 厂商

图6-1　完全竞争市场和厂商的需求曲线

2. 完全竞争厂商的收益曲线

厂商的收益就是厂商的销售收入，是指厂商通过出售产品所获得的包括成本和利润在内的收入，一般分为总收益、平均收益和边际收益。

总收益（TR）就是厂商按照一定价格出售一定数量产品时所获得的全部收入，等于产品价格乘以销售量。如以 P 表示商品的市场价格，q 表示单个厂商产品销售量，则厂商的总收益为：

$$TR(q) = P \cdot q \tag{6-1}$$

平均收益（AR）是指厂商销售每一单位产品所得到的平均收入。由于市场价格就是单位商品所带来的收入，因此，厂商的平均收益也就等于商品的单位价格，即：

$$AR(q) = \frac{TR(q)}{q} = \frac{P \cdot q}{q} = P \tag{6-2}$$

边际收益（MR）指厂商每增加销售一单位产品所带来的总收入的增量。即：

$$MR(q) = \frac{\Delta TR(q)}{\Delta q} \quad \text{或者} \quad MR(q) = \frac{dTR(q)}{dq} \tag{6-3}$$

可见每一销售量水平上的边际收益值就是相应的总收益曲线的斜率。同时，由于完全竞争市场上的商品价格为既定价格，所以，实际上，厂商的边际收益也是每单位商品的卖价，即：

$$MR(q) = \frac{dTR(q)}{dq} = \frac{d(P \cdot q)}{dq} = P \tag{6-4}$$

从以上分析可知，在完全竞争市场上，厂商的平均收益与边际收益相等，且都等于既定的价格，或者说在任一销售量水平上都有：

$$AR = MR = P$$

这是完全竞争市场的特例，也是完全竞争市场的一大特征。据此，相应地可以绘出完全竞争厂商的收益曲线，如图6-2所示。

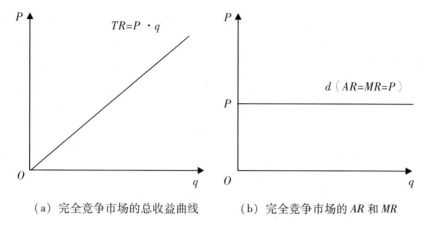

(a)完全竞争市场的总收益曲线　　(b)完全竞争市场的 AR 和 MR

图 6-2　完全竞争厂商的收益曲线

由图 6-2 中可见,完全竞争厂商的平均收益曲线 AR、边际收益曲线 MR 和需求曲线 d 三者重叠,是同一条从既定价格出发的平行于横轴的水平线。其理由是完全竞争市场上,厂商在任何销量水平上都有 $AR=MR=P$,且厂商面临的需求曲线就是一条从既定价格水平出发的水平线;同时,由于在每一个销量水平上,边际收益值就是相应的总收益曲线的斜率,且 MR 等于既定不变的市场价格,所以厂商的总收益曲线 TR 是一条由原点出发的斜率不变的上升的直线。

(二)完全竞争厂商的利润最大化条件

厂商进行生产的目标是利润最大化,那么,它实现利润最大化的条件是什么呢?下面以厂商的短期生产为例来推出其利润最大化的均衡条件。我们知道,厂商的利润(一般记作 π)来自其总收益与总成本的比较,在数值上等于总收益(TR)减去总成本(TC),即:

$$\pi(q) = TR(q) - TC(q) \tag{6-5}$$

三者关系可以用图 6-3 来反映。

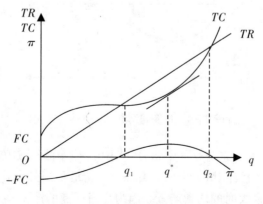

图 6-3　厂商利润最大化条件(一)

如图6-3所示,当厂商产量为0时,总收益 TR 也为0,因为总成本 TC 中的固定成本 FC 无法收回,所以此时厂商利润为负数;由于总成本曲线先减速后加速上升,而总收益曲线为斜率不变的匀速上升的直线,所以当产量增加 q_1 时,总收益曲线与总成本曲线相交,即 TR = TC,此时利润为0;当产量继续增加到 q^* 时,总收益曲线与总成本曲线的斜率相等(MR = MC),前者与后者在该点上的切线平行,两者的垂直距离达到最大,此时利润达到极大值,q^* 为厂商的均衡产量;当产量继续增加,大于 q^* 时,总成本加速上升,超过总收益的上升速度,利润开始下降;当产量增加到 q_2 时,总成本再次等于总收益,利润为0;之后随着产量的进一步增加,利润再次转为负数。

因此,由以上分析可知,当边际收益等于边际成本(MR = MC)时,厂商实现利润最大化。该条件也可用数学方法来推导。

厂商利润函数为:

$$\pi(q) = TR(q) - TC(q)$$

满足厂商利润最大化的必要条件是上式的一阶导数为0,即:

$$\frac{d\pi(q)}{dq} = \frac{dTR(q)}{dq} - \frac{dTC(q)}{dq} = MR(q) - MC(q) = 0 \quad (6-6)$$

即:

$$MR(q) = MC(q) \quad (6-7)$$

也就是说,厂商要实现最大的利润,应根据边际收益等于边际成本的原则来确定产量。又因为在完全竞争市场上,厂商的平均收益与边际收益相等,且都等于既定的价格,故完全竞争厂商利润最大化的条件为:

$$MR = MC = AR = P \quad (6-8)$$

完全竞争厂商利润最大化的情况除了可以用图6-3反映以外,还可以用图6-4来表示。

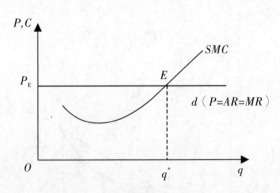

图6-4 厂商利润最大化条件(二)

如图6-4所示,单个完全竞争厂商的短期边际成本曲线 SMC 与其面临的需求曲线 d 相交于点 E,在该点上有 MR = SMC = AR = P,满足利润最大化的条件,对应的产量 q^* 就是厂商实现利润最大时的均衡产量。因为,当厂商的产量小于 q^* 时,其边际收益曲线处于边际成本曲线的上方,即有 MR > SMC,这表明厂商增加 1 单位产量所带来的收益要大于其所付出的成本,此时增加产量能使利润增加,厂商必然会增加产量;而当厂商的产量大于 q^* 时,其边际收益曲线处于边际成本曲线的下方,即有 MR < SMC,这表明厂商增加 1 单位产量所带来的收益要小于其所付出的成本,此时增加产量会使利润减少,对其不利,厂商必然会减少产量。由此可见,只有在 MR = SMC 时,厂商既不扩大也不缩小产量,而是维持产量,表明该赚的利润都已赚到,即实现生产者利润最大化。

需要说明的是,以上利润最大化的均衡条件虽然是以完全竞争厂商的短期生产为例推导出来的,但此条件对长期生产以及其他不完全竞争市场的厂商也是适用的,通常写为 MR = MC。

(三) 完全竞争厂商的短期均衡

生产者行为理论中说过,在短期生产过程中,厂商所投入的不变要素数量是固定的,即生产规模是给定的。因此,完全竞争厂商此时可以通过调整可变要素投入量来调整产量以实现利润最大化的短期均衡。要注意的是,厂商实现利润最大化并不意味着它就一定能够获得正的利润,即厂商实现利润最大化时也存在亏损的可能。完全竞争厂商短期均衡的具体情况分为四种。

1. 有超额利润

短期中,如果完全竞争厂商实现利润最大化的均衡时,市场价格高于其生产的平均成本,那么,厂商就可以获取到超额利润,如图 6-5 所示。

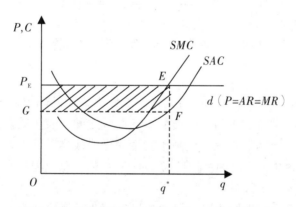

图 6-5 有超额利润的完全竞争厂商的短期均衡

图 6-5 中,横轴表示完全竞争厂商的产量,纵轴表示价格或成本。根据利润最大化条件 MR = MC,厂商利润最大化的均衡点为 MR 曲线与 SMC 曲线的交点 E,对应的均衡产量为 q^*。在该产量点上,厂商的平均收益 AR(也等于边际收益 MR 和既定市场价格 P_E)为 Eq^*,平均成本 SAC 为 Fq^*,即平均收益要大于平均成本,因此,厂商能获取利润。其单位产品的利润为 EF(等于 AR - AC 或 P - AC),于是其总利润为 (P -

$AC) q^*$,相当于图中阴影部分的矩形面积。该部分的利润也就是成本理论中谈到的经济利润,在此一般也称为超额利润。

2. 盈亏平衡

厂商之所以能获取超额利润,是因为其边际收益曲线与边际成本曲线的交点位于平均成本曲线的上方,市场价格大于其生产的平均成本,所以,一旦市场价格下降或者厂商生产成本上升,使 $P=AC$,那么厂商将无法获得超额利润。

如图 6-6 所示,完全竞争厂商面临的需求曲线 d 刚好相切于 SAC 曲线的最低点,而平均成本曲线的最低点刚好也是它与边际成本曲线的交点,因此,该点也是 $MR=MC$ 的利润最大化的均衡点 E。此时,在均衡产量 q^* 上,平均收益等于平均成本,或者说 $P=AC$,厂商利润为 0,处于盈亏平衡的状态(要注意的是,此时厂商仍能赚取正常利润)。由于在该均衡点上,厂商既无利润,也无亏损,所以一般也把其称为盈亏平衡点或者收支相抵点(break-even point)。

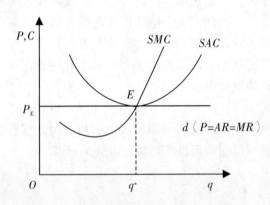

图 6-6 盈亏平衡的完全竞争厂商短期均衡

3. 亏损但继续生产

如图 6-7 所示,厂商实现利润最大化的均衡点 E(MR 曲线与 MC 曲线的交点)落在了平均成本 SAC 曲线和平均可变成本 AVC 曲线之间,表明完全竞争厂商实现短期均衡时,市场价格低于其平均成本但高于其平均可变成本,那么,在均衡产量 q^* 上,厂商将出现亏损,每单位产品的亏损量为 $FE=P-AC$,总亏损为图中阴影部分的面积。此时,厂商该如何决策呢?

我们说,此时厂商应继续生产。因为如果厂商此时停止生产,它将损失全部的固定成本,也就是图中矩形 $IGFH$ 的面积(注意 SAC 与 AVC 之间的垂直距离 FH 为单位产品的固定成本 AFC);而厂商选择继续生产的话,每销售 1 单位产品不但能收回全部的可变成本(Hq^*),而且多出的部分(EH)还能弥补部分固定成本,因此,虽然亏损,但厂商此时选择继续生产比停止生产的损失要小一些。也就是说,这时候厂商按利润最大化的原则继续生产,能使其亏损达到最小化。

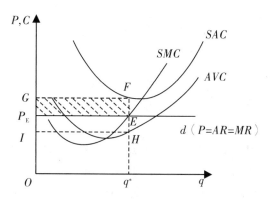

图6-7 亏损最小化的完全竞争厂商的短期均衡

4. 停止营业

在什么情况下,完全竞争厂商才会停止生产呢?根据前面的分析可知,一旦厂商在实现短期均衡时,市场价格等于或者小于厂商的平均可变成本,厂商就可以选择停止营业了。

如图6-8所示,完全竞争厂商面临的需求曲线 d 切于平均可变成本曲线 AVC 的最低点,也就是 MC 曲线与 AVC 曲线的交点,此时 $MR=MC=AR=P$,厂商实现利润最大化的短期均衡,对应的均衡产量为 q^*。此时,由于平均收益等于平均可变成本,即 $AR=P=AVC$,厂商可以继续生产,也可以不生产。因为如果厂商生产的话,收益只是刚够弥补可变成本,固定成本得不到任何的弥补,与不生产的损失大小一样。因此,该均衡点也被称为停止营业点(shut-down point),即厂商关闭的临界点。

而一旦 $MR=MC$ 所决定的均衡点位于 AVC 曲线最低点的下方,则意味着厂商继续生产的话,所获得的收益连可变成本都弥补不了,所以厂商应立即停止生产。

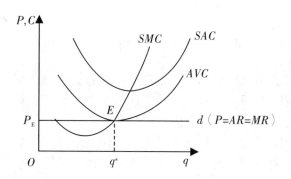

图6-8 完全竞争厂商的短期停止营业点

综上所述,在短期中,完全竞争厂商是否实现均衡取决于 MR 与 MC 的比较,如果 $MR=MC=AR=P$,厂商实现均衡,利润达到最大或亏损达到最小。而厂商在实现短期均衡时是盈余还是亏损,取决于 P 与 AC 的比较,若 $P>AC$,有盈余;若 $P<AC$,有亏损。厂商停止生产与否,则取决于 P 与 AVC 的比较,若 $P>AVC$,应生产;若 $P<AVC$,

应停产。

(四) 厂商和行业的短期供给曲线

从以上分析可知,由于供给曲线表示在不同价格水平下生产者愿意而且能够提供的产品数量,所以,单个完全竞争厂商的短期供给曲线其实就是在 AVC 之上的 MC 曲线。

如图6-9所示,SMC 曲线上的每一个点都代表着厂商在一定价格水平上实现利润最大化的产量,也是它所愿意提供的产品的数量。例如,图中 SMC 与 SAC 的交点 E_1 对应的价格水平为 P_1,对应的产量为 q_1,由于在该产量点上满足利润最大化 $P=MR=MC$ 的条件,所以产量 q_1 能使厂商实现最大的利润,q_1 也是厂商所愿意提供的产品数量。因此,厂商的 SMC 曲线恰好准确地反映了商品价格与厂商供给量之间的关系,只不过,当商品的市场价格下降到 P_0 以下,即 $P<AVC$,理性的厂商将会停止生产,此时产量为 0。所以,厂商的短期供给曲线 s 实际上就是 SMC 曲线上大于和等于 AVC 曲线最低点的部分,即图中 SMC 曲线的实线部分。

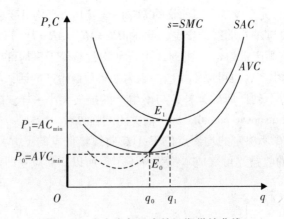

图6-9 完全竞争厂商的短期供给曲线

由此可见,完全竞争厂商的短期供给曲线是往右上方倾斜的,表示商品价格与厂商供给量之间的正相关关系,同时也反映了厂商在每一价格水平上的供给量都是能够给它带来最大利润或者最小亏损的最优产量。

而对整个行业而言,在任何价格水平上,其供给量等于行业内所有单个厂商的供给量的总和。因此,将行业内所有厂商的短期供给曲线进行水平加总,就可以得到完全竞争行业的短期供给曲线,如图6-10所示。

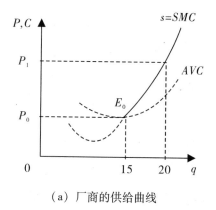 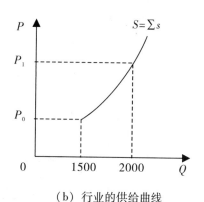

(a) 厂商的供给曲线　　　　　　(b) 行业的供给曲线

图 6-10　完全竞争行业的供给曲线

假设完全竞争行业中有 100 个厂商，每个厂商都具有相同的短期成本曲线和相应的短期供给曲线 s，如图 6-10（a）所示，那么，将行业中这 100 个厂商的短期供给曲线进行水平加总，就可以得到图 6-10（b）中行业的短期供给曲线 S。很明显，在每一个价格水平上，行业的供给量等于所有厂商的供给量的总和。例如，当价格为 P_0 时，单个厂商的供给量为 15，行业的总供给量则为 1500；当价格上升到 P_1 时，单个厂商的供给量为 20，行业的总供给量则为 2000。

三、完全竞争的长期均衡

（一）完全竞争厂商的长期均衡

在长期中，厂商利润最大化的条件仍然是要求边际收益与边际成本相等，但由于在生产中投入的所有要素都是可变的，所以其成本反映为长期成本曲线而不再是短期成本曲线。而就需求方面而言，在完全竞争的市场中，厂商仍是价格的接受者，其面对的需求曲线仍是一条水平线；在成本方面，应考虑长期边际成本。因此，厂商长期利润最大化的原则为：

$$P = AR = MR = LMC \tag{6-9}$$

图 6-11 反映了完全竞争厂商长期利润最大化的决策。假定市场价格为 P_0，此时如果从短期生产的角度考虑，假定其既定的生产规模（短期内无法变动）以短期平均成本曲线 SAC 和短期边际成本曲线 SMC 来表示，依据短期利润最大化条件 $MR = SMC$，厂商选择的最优产量为 q_1，这时它能获取到的超额利润为较小的矩形 P_0ABE_1（阴影部分）的面积；而从长期生产的角度看，厂商尚未达到长期利润最大化的实现条件 $MR = LMC$，故其必然会扩大生产规模，将产量调整到 q_2，以满足长期利润最大化的条件，这时它能获取的超额利润为较大的矩形 P_0FGE_2 的面积。显然，在长期内，由于全部投入要素可变，厂商通过对生产规模的调整，获得了比在短期内更大的利润，使自己的状况得到改善。

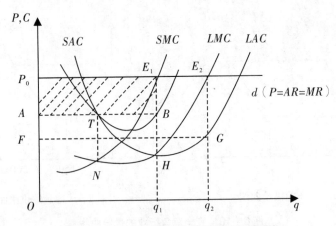

图 6-11 完全竞争厂商的长期利润最大化

需要注意的是，图中短期平均成本曲线 SAC 与长期平均成本曲线 LAC 的切点 T 和 SMC 曲线与 LMC 曲线交点 N 所代表的产量相等（在一条垂线上）。因为在该产量水平上，厂商的短期平均成本等于长期平均成本，其边际成本也应相等。同时，由于长期内不存在固定成本，因此，当市场价格降到长期平均成本最低点 H 或以下时，厂商没有必要继续生产，厂商的长期供给曲线是长期边际成本曲线 LMC 在长期平均成本曲线 LAC 以上的部分。

以上所述的完全竞争厂商的长期利润最大化是否就是其长期均衡的情况呢？答案是否定的。因为前面我们指出过，完全竞争市场的一个条件是资源可以在不同部门之间完全自由流动，这意味着厂商可以自由地进入或退出该行业。实际上，在这样的条件下，生产要素必然总是流向能获得更多利润的行业，也总是会从亏损的行业中退出，那么，在信息完全充分，别的生产者都能获悉图 6-11 所反映的厂商能获取超额利润的情况下，自然会有大量的新厂商涌入该行业，从而改变市场上的供给状况，在需求不变的前提下，市场价格必然发生改变，进而影响单个厂商所获得的利润情况。

如图 6-12（a）所示，假定市场初始的供给曲线为 S_0，P_0 和 Q_0 分别为初始的均衡价格和均衡总产量；此时，图 6-12（b）中，由 P_0 与 LMC 曲线的交点决定的厂商利润最大化产量为 q_0，在该产量点上，由于 $P_0 > LAC$，厂商能获得超额利润。由于完全竞争市场没有进出壁垒，必然有大量新厂商进入，因此，整个行业的供给会增加，当需求不变时，价格将下降，在图 6-12（a）中表现为供给曲线由 S_0 往右移动到 S_1，此时，新的均衡价格为 P_E。在图 6-12（b）中，由既定价格水平 P_E 出发的水平线（也就是单个厂商所面临的需求曲线）与厂商的长期平均成本曲线 LAC 相切于最低点，即 $P_E = LAC$，厂商的超额利润消失，整个行业和厂商才真正达到长期均衡，此时，单个厂商的均衡产量为 q^*，行业的均衡总产量为 Q_E。

为什么市场价格不是位于 P_E 以下的水平呢？原因很简单，因为一旦市场价格进一步下降，小于厂商的长期平均成本 LAC，意味着厂商出现亏损，这时候，部分厂商就会退出该行业，整个行业的供给会减少，在需求不变的情况下，市场价格会回升，直到与 LAC 相等，使厂商的亏损消失为止。

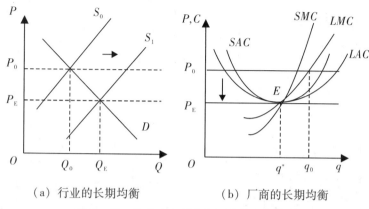

(a) 行业的长期均衡　　　　(b) 厂商的长期均衡

图 6-12　完全竞争行业和厂商的长期均衡

综上所述，我们可以知道，完全竞争行业的长期均衡有三个特点。

第一，在长期均衡价格下，行业内每个厂商都将产量调整到利润最大化产量，即厂商总在 $P = LMC$ 处生产。

第二，厂商数目的调整会使长期均衡价格 P_E 达到与长期平均成本 LAC 最低点相等的水平，此时，厂商既无利润，也无亏损，所获得的收益正好补偿投入要素的全部机会成本，即单个厂商的经济利润为零，只能赚取正常利润。因此，在长期均衡下，新老厂商没有进入或退出该行业的动机，行业内的每个厂商都实现了长期均衡。

第三，在完全竞争厂商的长期均衡点 E 上，单个厂商所面临的需求曲线与 LAC 曲线的最低点相切，相应的 LMC 曲线经过该点；同时，根据前面的章节内容可知，该点也是相应的短期平均成本曲线 SAC 与短期边际成本曲线 SMC 的交点。因此，完全竞争厂商长期均衡的条件为：

$$MR = AR = P = SMC = SAC = LMC = LAC \tag{6-10}$$

（二）完全竞争行业的长期供给曲线

在进行短期分析的时候，我们通过对厂商短期供给的简单水平加总得到了行业的短期供给曲线，其实该推导隐含了一个假定条件，那就是生产要素的价格保持不变。那么，行业的长期供给曲线是否也可以通过这种方法得到？答案是否定的。

一方面，即使生产要素价格在长期中不发生变化，也不能通过对单个厂商供给的简单加总得到行业的供给曲线，因为当厂商可以自由地进出一个行业时，我们不知道应该对哪些企业的供给进行加总；另一方面，在长期内，随着厂商数目的调整，整个行业总产量的变化很可能对生产要素市场的需求产生影响，进而影响要素的价格。

根据行业产量变化对生产要素价格所可能产生的影响，我们将完全竞争行业分为成本不变行业、成本递增行业以及成本递减行业三种情况，分别讨论行业的长期供给曲线。

1. 成本不变行业的长期供给曲线

成本不变行业（constant-cost industry）指的是该行业的产量变化所引起的生产要素需求的变化不会对要素的价格产生影响，即整个行业的产量扩张不会带来投入要素价格的上升或下降。原因可能是该行业对生产要素的需求量只占整个要素市场的很小一部分。在这种情况下，行业的长期供给曲线是一条水平线，如图 6-13 所示。

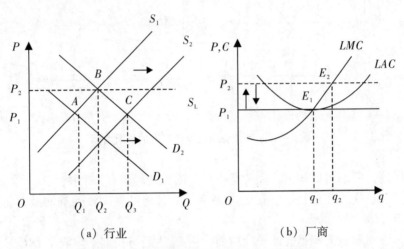

图 6-13 成本不变行业的长期供给曲线

图 6-13 中，从均衡状态出发，假定行业短期需求曲线 D_1 与供给曲线 S_1 决定的均衡价格为 P_1，并假定行业内每个厂商均在这个价格下达到均衡，E_1 为其均衡点，此时，市场价格 P_1 正好等于厂商的最低平均成本 LAC，均衡产量为 q_1。由于单个厂商的利润为 0，行业内不会再有厂商进入或退出，所以图 6-13（a）中的点 A 为行业的一个长期均衡点。

现在假定某种外生因素导致该产品的市场需求增加，需求曲线 D_1 右移至 D_2 的位置，新的均衡点为 B，市场价格由 P_1 上升至 P_2，厂商利润最大化产量由 q_1 提高到 q_2，由于价格高于平均成本，厂商有超额利润。从整个行业看，在供给曲线不变的前提下，所有厂商产量增加导致行业总产量由 Q_1 提高到 Q_2。

但从长期来看，由于单个厂商能获取超额利润，新的厂商就会被吸引到该行业中来，导致市场供给增加，引起供给曲线 S_1 右移，从而使市场价格回落，直到单个厂商没有超额利润为止。由于在成本不变行业中，行业扩张不会导致要素价格的升降，因此，厂商的长期成本曲线不会移动，最后价格又回落到原来的均衡价格 P_1 的水平。此时，供给曲线移动到 S_2 的位置，与 D_2 相交于点 C，成为行业的又一个长期均衡点，对应的行业总产量为 Q_3。注意，在这个过程中，行业总产量从 Q_1 增加到 Q_2 是由原有厂商产量增加所导致，而从 Q_1 增加到 Q_3 则完全是由新加入行业的厂商所提供的。

将点 A 和点 C 这两个行业的长期均衡点连接起来就可以得到行业的长期供给曲线 S_L。由于单个厂商的生产成本在行业的扩张中保持不变，所以该行业的长期供给曲线是一条水平线，表明市场需求的变化会引起行业均衡产量的同方向变化，但长期均衡价格不会发生变化。

2. 成本递增行业的长期供给曲线

成本递增行业（increasing-cost industry）指的是该行业的产量增加所引起的生产要素需求的增加会导致生产要素价格的上升。成本递增行业是现实中较为普遍的情况。由于要素价格的上升会导致厂商生产成本的增加，因此，该类型行业的长期供给曲线是一条往右上方倾斜的曲线，其推导过程与成本不变行业相类似，如图 6-14 所示。

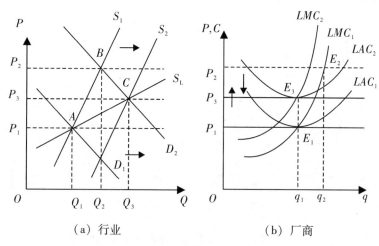

图 6-14 成本递增行业的长期供给曲线

图 6-14 中，开始时，单个厂商的长期均衡点 E_1 和行业的一个长期均衡点 A 相互对应，表示在市场均衡价格水平 P_1 时，厂商在 LAC_1 曲线的最低点实现长期均衡，经济利润为零，行业也处于长期均衡状态。

需求扩大后，市场需求曲线向右移动到 D_2 的位置，市场短期均衡点为 B 点，均衡价格上升到 P_2，在此价格水平上，单个厂商利润最大化的均衡点由 E_1 移动至 E_2，产量由 q_1 增加到 q_2，行业总产量也由 Q_1 增加到 Q_2，此时厂商能获取超额利润。于是，在长期中，新厂商由于利润的吸引而加入该行业，使市场供给曲线向右移动。与成本不变行业不同的是，成本递增行业厂商的生产成本因为生产要素价格的上升而增加，因此，成本曲线往上移，即图中的 LAC_1 曲线和 LMC_1 曲线分别向上移动到 LAC_2 曲线和 LMC_2 曲线的位置。在这种情况下，供给曲线往右移动使市场价格下降的幅度不再像成本不变行业那样，会回落到原来的 P_1 水平，而是只能回到新的平均成本曲线 LAC_2 的最低点，此时均衡价格为 P_3，单个厂商利润为零。市场供给曲线则向右移动到 S_2 的位置，与 D_2 相交于新的行业长期均衡点 C，对应的行业总产量为 Q_3。

将点 A 和点 C 这两个行业的长期均衡点连接起来就可以得到行业的长期供给曲线 S_L。由于单个厂商的生产成本随着行业的扩张而上升，所以成本递增行业的长期供给曲线是往右上方倾斜的，这表明在长期中，行业的产品价格与供给量同方向变动，市场需求的变化会引起行业长期均衡产量和长期均衡价格的同方向变化。

3. 成本递减行业的长期供给曲线

成本递减行业（decreasing-cost industry）指的是该行业的产量增加所引起的生产要素需求的增加反而会导致生产要素价格的下降。成本递减行业在现实中较为罕见，这种行业的扩张反而引起成本的下降可能是由行业的规模经济引起的，也可能是由于外在经济的作用，如生产要素厂商效率提高使所生产出来的要素价格下降。与上述两种情况相类似，由于要素价格的下降会导致厂商生产成本的下降，因此，该类型行业的长期供给曲线是一条往右下方倾斜的曲线，如图 6-15 所示。（读者可自行推导）

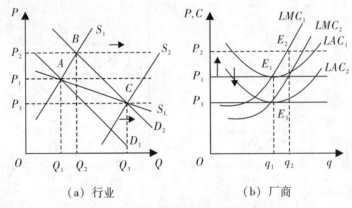

图 6-15 成本递减行业的长期供给曲线

图 6-15（a）中的曲线 S_L 就是成本递增行业的长期供给曲线。它表明在长期中，行业的产品价格与供给量反方向变动，市场需求的变化会引起行业长期均衡产量的同方向变化和长期均衡价格的反方向变化。

要注意的是，这里所讨论的成本不变行业、成本递增行业和成本递减行业与之前在生产理论中所讨论的规模报酬不变、规模报酬递增和规模报酬递减属于不同的概念范畴。成本不变行业、成本递增行业和成本递减行业是就整个产业进行讨论的，而规模报酬不变、规模报酬递增和规模报酬递减往往是就某个厂商进行讨论的。况且，即使把行业与厂商结合起来分析，规模报酬不变也并不意味着成本不变，规模报酬递减也不一定产生成本递增，规模报酬递增也并不总是导致成本递减。以规模报酬不变与成本不变这两个概念来讲，即使厂商的生产是在规模报酬不变的阶段中进行，只要产业规模的调整会引起生产要素价格的变化，也会引起厂商长期平均成本的变化，从而导致行业长期供给价格的变化。这种情况下，行业长期供给曲线不是水平的。相反，即使厂商的长期平均成本曲线是 U 形曲线，但是只要行业的扩张不会引起生产要素的价格发生变化，厂商的长期平均成本就不会发生变化，行业的长期供给价格将是一个常数，长期供给曲线是水平的。

第三节 垄断市场

一、垄断市场的特点及成因

(一) 垄断市场的特点

垄断（monopoly）又称为完全垄断、独占、卖方垄断或纯粹垄断，是与完全竞争相反的一种市场结构，是指某种产品只有唯一的一家生产者，而且这种商品没有良好的替代品，也就是说市场上由一家厂商控制了某种产品的全部供给，该厂商被称为垄断者。

事实上，在完全垄断市场上，具有与完全竞争市场结构截然相反的三个特点。

1. 厂商唯一，不存在任何相近的替代品

这意味着完全垄断市场上由一家厂商独自控制了某种产品的全部供给，没有其他企业可以生产替代品来代替垄断企业的产品，因而市场上不存在任何的竞争对手。因为整个行业仅存在唯一的供给者，所以厂商也就是行业。

2. 垄断厂商是市场价格的制定者

由于垄断企业控制了整个行业的供给，也就控制和操纵了整个市场的价格，因而成为价格的制定者（price maker）。当然，垄断厂商作为市场价格的制定者，并不是说它在销售产品时能制定任意高水平的价格，因为其产品需求仍要受需求定律的约束，当价格过高时，垄断厂商所面临的消费者对其产品的需求量会变得极小。

3. 要素资源难以流动

垄断行业存在很高的进入壁垒，即使垄断厂商享有超额利润，其他任何厂商要想进入该行业都极为困难或者不可能，这是厂商能成为长久垄断者的重要原因。

(二) 垄断市场的成因

带来进入壁垒的主要因素有三个。

1. 独占生产资源

独占生产资源即垄断资源，也就是一个经济主体完全占有一种关键资源，这是垄断产生的最简单的方法。如果一家厂商控制了用于生产某种产品的全部资源或基本资源的供给，其他厂商就不能生产这种产品，从而该厂商就可能成为一个垄断者。例如，一个边远的山区小镇上没有自来水，只有一口井，而且从其他地方不可能得到水，那么，井的所有者就垄断了水。虽然关键资源的排他性所有权是垄断的潜在原因，但实际上垄断很少产生于这种原因。现实经济如此巨大，资源一般由许多人拥有，而且还有国际贸易，商品市场的自然范围往往很广泛；因此，拥有没有相近替代品资源的企业的例子极少。

案例 6-1

戴比尔斯（DeBeers）的钻石垄断

通过控制未加工钻石的供给，戴比尔斯公司已经维持了60多年的全球垄断。该公司通过谨慎地限制供给和利用广告扩大市场需求来维持较高的价格水平。珠宝商们愿意持有大量的钻石存货，因为他们相信，由于戴比尔斯的供给控制和营销努力，未来价格不会猛跌。戴比尔斯的口号是"钻石恒久远"，不仅意味着钻石保值，而且意味着钻石应该珍藏在家里。这一口号有助于使旧钻石离开市场，不然它们会增加供给，降低价格。戴比尔斯每年花费2亿多美元进行宣传，以便使人们确信钻石是稀有而珍贵的。

但是，戴比尔斯最近失去了对一些未加工钻石供应商的控制，而且钻石的平均价格也跌了。像戴比尔斯那样的垄断企业，一旦失去对资源的控制，就会丧失它的垄断地位。某些钻石价格最近下跌，而戴比尔斯估计在1997年年终至1999年4月间下跌了40%，这或许反映了这种垄断控制的日益增长的不确定性。

（资料来源：参见崔东红、陈晶《微观经济学原理与实务》，北京大学出版社、中国农业大学出版社2009年版。）

2. 特许权和专利

在许多情况下，垄断的产生是因为政府给予一个人或一个企业排他性地生产、出售某种商品或服务的权利。例如，政府有时通过颁发执照的方式限制进入某一行业的人数，如大城市出租车驾驶执照等。此外，政府通常是为了公共利益而赋予垄断，如邮政、公用事业等。例如，美国政府赋予Network Solutions公司垄断权限，让其保存所有网上数据库与因特网地址，理由是这些数据需要集中与全面。作为政府给予企业特许权的前提，企业同意政府对其经营活动进行管理和控制。

专利和版权法是政府为公共利益创造垄断的另一个例子。专利权是为促进发明创造，发展新产品和新技术而以法律的形式赋予发明人的一种权利。例如，一家公司投入大量人力、物力发明一种新的原创性产品，它可以向政府申请专利，以便能在未来的一定期限内排他性地生产和销售这种产品；某位作家创作一本新书后可以获得书的版权，以保证其他人不能在未得到作者同意的情况下印刷并出售其作品。这些法律使专利和版权的所有者成为垄断者，允许他们收取较高价格并赚取较多利益（这或许会使社会成本较高），以便激励创造性活动（鼓励他们进行医药研究和写出更多更好的书，带来更大的社会效益）。不过，专利权带来的垄断地位是暂时的，因为专利权有法律时效。

3. 规模经济

如果某种商品的生产具有十分明显的规模经济性，需要大量固定资产投资，规模报酬递增阶段要持续一个很高的产量水平，此时，大规模生产可以使成本大大降低。

那么,由一个大厂商供给全部市场需求的平均成本最低,两个或两个以上的厂商供给该产品就难以获得利润。这种由于一个企业能以低于两个或更多企业的成本向整个市场供给一种商品或服务而产生的垄断,我们称之为自然垄断(natural monopoly)。电力供应、煤气供应、地铁等公用事业都是典型的自然垄断行业。例如,为了向城市居民供水,供水企业必须铺设遍及全城的供水管网。如果是两家或者更多企业在同时提供这种服务,那么,每个企业都必须支付铺设供水管网的固定成本;而如果只由一家企业为整个市场服务,水的平均成本就会降低。

当然,和完全竞争市场一样,完全垄断市场的假设条件也十分严苛,在很大程度上都只是一种理论假定,是对实际中某些产品的一种抽象,现实中绝大多数产品都具有不同程度的替代性。但在经济学分析中,如果说完全竞争市场模型的经济效率被认为是最高的,那么,完全垄断市场模型就提供了最低经济效率的参照标准。

二、垄断厂商的均衡

由前面所述的垄断市场的特点可知,垄断厂商是市场上的唯一供给者,它的产量就是行业的产量。因此,与上一节分析完全竞争市场均衡情况的不同之处在于,分析垄断市场均衡无须区分厂商均衡与行业均衡,因为厂商的均衡就是行业或者市场的均衡。

(一)垄断厂商的需求曲线和边际收益曲线

1. 垄断厂商的需求曲线

与完全竞争厂商所面临的需求曲线不同的是,完全垄断条件下,市场上只有一家企业,企业和行业合二为一,因此,垄断厂商面临的需求曲线是整个市场的需求曲线,这是垄断厂商的重要特征。

和其他市场的需求曲线一样,垄断厂商面临的整个市场的需求曲线是一条往右下方倾斜的曲线,斜率为负,反映销售量与价格之间的反比关系。为分析方便,我们通常假设需求函数为线性需求函数:

$$P = a - bQ \qquad (6-11)$$

式中:a、b 为常数,且 a、$b>0$,该需求曲线如图 6-16(b)所示。

一方面,因为完全垄断厂商是价格的制定者(这一点与完全竞争市场上厂商是价格的被动接受者不同),所以它可以通过减少销售量来提高市场价格;而在其产量水平较高时,市场价格也随之下降。另一方面,作为垄断市场的消费者,则只能被动地影响商品的价格,那就是当价格较低时,消费多一点;价格较高时,消费少一点。

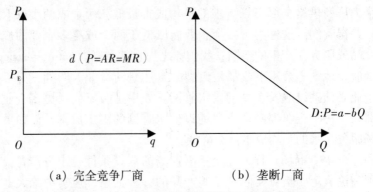

(a) 完全竞争厂商　　　　　　(b) 垄断厂商

图 6-16　完全竞争厂商与垄断厂商的需求曲线

要注意的是，与完全竞争厂商一样，由于垄断厂商的总收益 $TR = P \cdot Q$，所以，其平均收益 $AR = TR/Q = P$，即厂商的平均收益曲线与需求曲线重合。AR 曲线（需求曲线）向右下方倾斜，说明 AR 随着垄断厂商产量的提高呈递减趋势。

2. 垄断厂商的边际收益曲线

前面我们假定垄断厂商的需求函数形式为 $P = a - bQ$，所以其总收益为：

$$TR = P \cdot Q = aQ - bQ^2 \qquad (6-12)$$

则可得垄断厂商边际收益

$$MR = dTR/dQ = a - 2bQ \qquad (6-13)$$

由此可见，垄断厂商边际收益曲线的斜率为 $-2b$，是其需求曲线斜率的 2 倍。两条曲线在纵轴上的截距相等，且 MR 曲线在横轴上的截距是需求曲线在横轴上截距的一半，如图 6-17 所示。

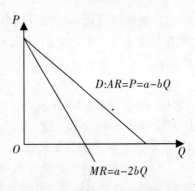

图 6-17　垄断厂商的需求曲线与边际收益曲线

图 6-17 也表明，MR 曲线在 AR 曲线（需求曲线）的下方，这意味着当厂商销量增加，产品价格会下降，每单位销量带来的收益的增量即边际收益也要下降，并且比价格下降速度更快。

此外，当厂商面临的需求曲线往右下方倾斜时，其边际收益不仅与商品价格有关，还与需求的价格弹性有关，三者之间的关系可证明如下：

$$MR = \frac{dTR}{dQ} = \frac{d(P \cdot Q)}{dQ} = P + Q \cdot \frac{dP}{dQ} = P(1 + \frac{dP}{dQ} \cdot \frac{Q}{P}) = P(1 - \frac{1}{E_D}) \quad (6-14)$$

式中：E_D 为需求的价格弹性，即 $E_D = -\frac{dQ}{dP} \cdot \frac{P}{Q}$。

从式（6-14）可以看出：①当需求富有价格弹性，即 $E_D > 1$ 时，$MR > 0$，表明产量的增加将使总收益增加；②当需求缺乏价格弹性，即 $E_D < 1$ 时，$MR < 0$，表明产量的增加将使总收益减少；③当需求具有单位价格弹性时，即 $E_D = 1$ 时，$MR = 0$，此时总收益达到最大。

图 6-18 中，由于线性需求弹性的中点为单位弹性，上半部富有弹性，下半部缺乏弹性。因此，当产量 Q 小于点 A 时，边际收益大于 0；当产量 Q 大于点 A 时，边际收益小于 0。

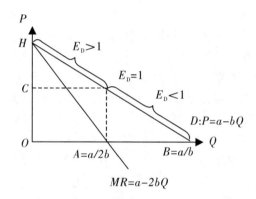

图 6-18 垄断厂商的边际收益与需求的价格弹性

需要指出的是，以上对垄断厂商的需求曲线和边际收益曲线所做的分析，同样适用于其他不完全竞争市场的厂商，只要不完全竞争市场条件下的厂商所面临的需求曲线是往右下方倾斜的，那么，类似分析的结果就具有以上所分析的基本特征。

（二）垄断厂商的短期均衡

与完全竞争市场类似，垄断厂商利润最大化条件为 $MR = MC$（注意此时 MR 不再和 P 以及 AR 相等），这也是垄断厂商实现均衡的条件。于是，把边际收益曲线与边际成本曲线放在一起，就可以分析垄断厂商的均衡，如图 6-19 所示。

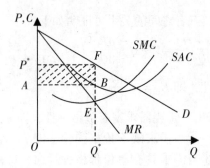

图 6-19 垄断厂商的均衡（一）

图 6-19 中，边际收益曲线 MR 与边际成本曲线 SMC 的交点 E 决定了垄断厂商的利润最大化产量为 Q^*。在该产量之前，MR 曲线位于 SMC 曲线上方，即 $MR > MC$，表明厂商增加 1 单位产量所得到的收益增量大于其付出的成本增量，增加产量就能增加利润；相反，如果产量大于 Q^*，$MR < MC$，表明厂商减少产量可以增加利润。因此，垄断厂商在 E 点对应的产量上实现均衡，利润达到最大值。

从图 6-19 中可以看出，垄断厂商按照利润最大化原则 $MR = MC$ 调整产量的同时，也决定了商品的市场价格水平为 P^*，这表明了垄断厂商与完全竞争厂商的一个重要区别：前者是价格的制定者，后者则只能被动地接受市场的既定价格。

图 6-19 还显示出在该厂商实现均衡时，其平均收益（$AR = P$）为 FQ^*，平均成本为 BQ^*，平均收益大于平均成本，因此，厂商能获得每单位产品为 FB 的超额利润，总利润量为图中阴影部分的矩形面积。由于在垄断市场上存在进入壁垒，别的厂商无法进入分享利润，所以，超额利润在垄断市场可成为长久现象，因而经济学中的超额利润又往往被称为垄断利润。

那么，垄断厂商作为市场上唯一的供给者，是不是就意味着它在任何时候都能获取到超额利润呢？答案是否定的。如图 6-20 所示，垄断厂商在 $MR = MC$ 的均衡点上，由于平均成本曲线位于平均收益曲线的上方，$AC > AR$，因此，出现亏损，亏损量相当于图中阴影部分的面积。造成垄断厂商短期亏损的原因，可能是既定生产规模的成本过高（表现为相应的成本曲线的位置过高），也可能是厂商所面临的市场需求过小（表现为相应的需求曲线的位置过低）。

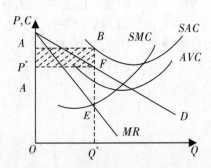

图 6-20 垄断厂商的均衡（二）

因此，垄断厂商在实现短期均衡时，可能获得超额利润，也可能是盈亏平衡或者是蒙受最小亏损的。至于垄断厂商的长期均衡，与其短期均衡分析相类似，只不过在成本方面需要考虑长期成本而不是短期成本。

（三）垄断厂商的供给曲线

垄断厂商不存在明确的供给曲线，供给曲线只属于那些接受既定价格的厂商，它表示在一定价格水平上厂商愿意提供的产量。垄断厂商是价格制定者，在直接决定其利润最大化产量的同时，也间接决定了市场价格。问这种企业在任意一个既定价格时生产多少是没有意义的，垄断厂商利润最大化的产量和价格没有供给量与价格之间一一对应的函数关系。

三、价格歧视

到目前为止，我们都是假设垄断企业对所有顾客收取同样的价格，但在许多情况下，由于垄断这一得天独厚的条件，厂商便会在追求利润最大化的动机之下努力地以不同的价格把同一种商品卖给不同顾客，尽管它们的生产成本是相同的。这种做法被称为差别定价或价格歧视（price discrimination）。具体来说，就是同一成本的产品对不同顾客规定不同价格，或者不同成本的产品对不同顾客规定同一价格，或者同一成本的产品对同一顾客在不同时间、不同地点、不同数量规定不同价格，都可以看作价格歧视的行为。例如，电影院对学生和成人收取不同价格的电影票；旅游景点对老人实行门票优惠，而对一般成人收取全额门票；超市里一种商品针对消费者购买不同数量给出的价格折扣；高等院校针对贫困学生提供奖学金，对其他学生收取满额学费；等等。

一般来说，价格歧视分为三个等级：一级价格歧视（first-degree price discrimination）、二级价格歧视（second-degree price discrimination）和三级价格歧视（third-degree price discrimination）。

（一）一级价格歧视

一级价格歧视又被称为完全价格歧视（perfect price discrimination），指厂商销售每一单位产品都以消费者所愿意支付的最高价格出售，即每一单位产品的销售价格都不一样，不同消费者获取商品的价格是不同的。

一级价格歧视实际上把所有消费者剩余转化成了垄断收益，如图6-21所示。

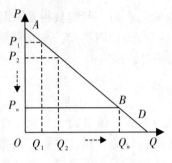

图 6-21 一级价格歧视

图 6-21 中，市场需求曲线为 D，如果厂商不实施价格歧视，那么，它将按最后一件商品的价格 P_n 来销售所有产品，获得的总收益为矩形 OP_nBQ_n 的面积。根据消费者行为理论中的内容，我们知道此时消费者剩余为三角形 AP_nB 的面积。现在假设厂商实施价格歧视，根据第一个消费者的支付意愿 P_1 将第一件产品 Q_1 出售给消费者，根据第二个消费者的支付意愿 P_2 将第二件产品 Q_2 出售……以此类推，直到出售最后一件产品 Q_n 为止。这时候厂商的总收益为梯形 $OABQ_n$ 的面积。也就是说，通过一级价格歧视，垄断厂商把全部消费者剩余转化为了自己的收益。

一级价格歧视实际上是垄断厂商实施价格歧视时的理想情况，因为它要求垄断厂商能够区分不同消费者对产品的支付意愿（willingness to pay）或保留价格（reservation price），从而对支付意愿高的消费者收取高价，支付意愿低的收取低价。例如，与世隔绝的山村只有一个老医生，他在救治病人时可依贫富差异索取不同价格。但实际上要真正实施一级价格歧视很困难：消费者人数太多；难以估计不同消费者的保留价格或最高支付意愿。

（二）二级价格歧视

二级价格歧视是指垄断厂商根据消费者不同的购买量确定不同的价格。此时，每一个消费者获得的价格因其购买数量的变化而变化。

在现实生活中，二级价格歧视比较普遍，如商场中规定买五送一、买十送三。二级价格歧视主要适用于那些容易度量和记录的劳务，如煤气、电力、水、电话通信等的出售。一般情况是购买量越多，定的价格就越低。这种情况下，垄断厂商可以把部分消费者剩余转变为垄断收益。

（三）三级价格歧视

三级价格歧视指垄断厂商对同一种产品在不同的市场上（或对不同的消费者群体）制定不同的价格。或者说，同一产品在不同的市场上的价格不一样，但在同一市场上则只有一个价格。

这是最常见的价格歧视方法。实际中的例子很多，如同一种产品，国内市场和国际市场价格不一样，国内市场不同的城市定的价格也不一样。下面通过对最简单的两个子市场的情况进行分析，所得结论很容易推广到多个市场的情况。

如图6-22所示，先假定厂商把市场划分为子市场A和子市场B，两个市场上的需求曲线分别为D_A和D_B。可以看出，A市场的需求曲线较陡峭，反映该市场的需求弹性较小；B市场的需求曲线较平坦，市场的需求弹性较大。又假定垄断厂商的规模报酬不变，则其边际成本曲线MC为一水平线。按照利润最大化原则，当$MR=MC$时，厂商利润最大。此时，A市场的均衡产量为Q_A^*，价格为P_A；B市场的均衡产量为Q_B^*，价格为P_B。由图中可以看出$P_A>P_B$，这说明厂商可以根据不同的市场需求状况制定不同的价格，即对需求弹性较小的市场制定较高价格，对需求弹性较大的市场制定较低的价格。

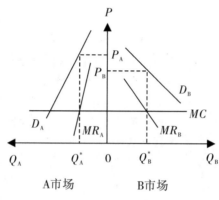

图6-22　三级价格歧视

以上分析反映出三级价格歧视要求厂商将消费者区分为不同组别，不同组别消费者具有各自需求函数且需求弹性各不相同。也就是说，不同子市场的消费者要能被充分隔绝，否则在有利可图的情况下，会诱使中间商从低价市场买进商品，转而到高价市场售出；而需求弹性不同则说明不同市场的消费者对垄断厂商的产品具有不同的偏好，否则在成本相同的情况下，厂商很难实行差别定价。

三级价格歧视可按不同的条件进行市场划分，如时间、地理位置等。例如，许多新产品在刚刚进入市场时定价相当高，但在进入市场一段时间之后却以较大的幅度降价销售，这就是针对两种不同类型的消费者实行了价格歧视，这种定价方法在营销学中被称为"撇脂定价法"。

四、垄断和政府管制

与完全竞争市场相比，垄断市场中边际收益小于价格（在完全竞争市场中边际收益等于价格），且垄断厂商通常在平均成本递减阶段生产（完全竞争厂商总是在平均成本最低点生产），所以垄断市场中价格过高，产量不足，即垄断厂商提供较少的产品而索取较高价格的。经济学中一般认为这是垄断市场在资源配置中低效率的表现，对社会总福利有着不利影响。因此，政府往往会对市场垄断做出反应，如通过反托拉斯法来增强竞争，认为引入竞争就能降低产品价格，增加产量，提高资源配置效率；又或者是对垄断厂商实行价格管制,即政府对垄断厂商的定价做出规定,并要求垄断厂商只能按照这个价格销售它的产品,尤其是对由于规模经济性所引起的自然垄断。

图 6-23 所示,厂商的平均成本曲线反映出平均成本 AC 在较高的产量水平上仍随着产量的增加而递减,也就是说,存在着规模经济。这时,可能整个市场的需求由一个厂商来满足反而成本是较低的,其经济效果比几家厂商同时经营要强。这种情形经济学上称为自然垄断。

图 6-23 中,厂商的平均成本曲线 AC 与市场的需求曲线交于 A 点时仍处在下降的阶段,厂商数目越少,生产成本越低。因为这样的行业在生产的过程中需要大量的固定投资,从而使不变成本很大而可变成本相对较小,所以在很高的产量水平上,平均成本仍然是下降的。现实中像供电、供水、通信等行业都具备这种特征。例如供电行业,发电厂建成后,每生产 1 度电所增加的可变成本是非常小的。

而自然垄断作为垄断的一种形式,厂商同样可能会在索取较高价格的同时,提供较少的产量,从而造成经济效率的损失。如图 6-23 所示,自然垄断厂商按照利润最大化的原则 $MR = MC$,将产量调整到 Q^*,价格为 P^*。显然这个价格水平要比完全竞争市场中的价格等于边际成本 MC 的水平高得多。因此,在许多国家,政府往往都会对公用事业这类型的自然垄断厂商实行价格管制。

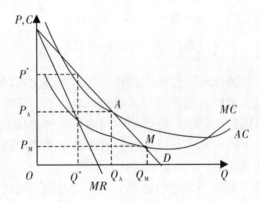

图 6-23 自然垄断厂商与价格管制

价格管制的方式主要有两种:一是按边际成本定价,二是按平均成本定价。

(一) 边际成本定价

如上所述,垄断厂商按利润最大化原则所索取的价格一般都高于边际成本。而很多经济学家认为,垄断厂商的价格不应该定得过高,价格应该正确地反映生产的边际成本,由此,便有了边际成本定价法。

按边际成本定价,是要求垄断厂商把价格定在边际成本曲线与市场需求曲线交点处。如图 6-23 所示,在政府管制的情况下,按边际成本定价使得 $P = MC$,厂商的价格由 P^* 下降为 P_M,产量则由 Q^* 增加到 Q_M。如果把垄断厂商的边际成本曲线视为多个厂商的边际成本曲线水平加总而成，那么，这条曲线 MC 就相当于完全竞争市场的供给曲线，边际成本定价相当于把价格定在完全竞争的水平，也是效率最高的水平。

但这样定价随之而来的问题是，由于自然垄断厂商是在 AC 曲线下降的规模经济阶段进行生产，所以，MC 曲线必然处于 AC 曲线的下方。也就是说，按边际成本 MC 所决定的价格 P_M 一定小于平均成本 AC（图 6-23 中 M 点位于 AC 曲线下方）。因此，在管制价格下，此时厂商是亏损的，厂商会退出生产。这样一来，管制机构便陷入了两难困境，要么放弃边际成本定价法，要么由政府资助被管制的企业。

从控制价格的角度说，可以采取另外的定价方法来代替边际成本定价法，从而走出边际成本定价法困境。于是就有了另外一种定价方法——平均成本定价法。

（二）平均成本定价

按平均成本定价就是使管制价格等于平均成本（$P = AC$）。在图 6-23 中，就是由平均成本曲线 AC 与市场需求曲线 D 的交点来决定市场价格与产量。按此定价，管制价格将确定为 P_A，相应的产量为 Q_A。此时，由于 $P_A = AC$，厂商可得到正常利润（超额利润为零），不再亏损，厂商会继续经营，但市场效率较边际成本定价为低。

总而言之，当政府对垄断厂商实行价格管制时，无论是按边际成本定价，还是按平均成本定价，其结果与厂商实现利润最大化的均衡比较，都是降低了市场价格的同时，也扩大了产量，因此，对消费者来说都是有利的。

第四节 垄断竞争市场

一、垄断竞争市场及其特点

完全竞争市场与垄断市场是市场结构理论分析中的两个极端。现实生活中，通常存在的是垄断竞争市场与寡头市场这两种处于中间的市场结构，其中前者更靠近完全竞争市场，而后者则更靠近垄断市场。

垄断竞争（monopolistic competition）是指市场中有许多生产、出售相似而不相同的产品的厂商的市场结构。在这种市场中，既存在着激烈的竞争，又具有垄断的因素，同时具备三个特征。

第一，行业存在数目众多的厂商，单个厂商所占市场份额都很小。厂商认为自己的产量在整个市场中只占有一个很小的比例，因此，改变自身产量和价格时，不会招致其竞争对手的相应行动。

第二，厂商所生产的产品是有一定差别的异质商品，但相互间又有着较强的替代性。这是垄断竞争市场与完全竞争市场的主要区别。这种产品的差别可以是真实的，也可以是心理上的，包括产品在价格、外观、性能、质量、构造、颜色、包装、形象、品牌、服务和商标广告等方面的差别以及以消费者想象为基础的虚构的差别。例如，不同品牌的两种方便面在实质上没有差别，但消费者心理上却认为 A 品牌要比 B 品牌好一些。

第三，要素资源流动性较强，厂商可以自由地进入或退出该行业。这意味着在达到长期均衡时，行业内单个厂商的经济利润应该为零。

在经济学分析中，第二个条件是决定垄断竞争市场中存在垄断性的重要原因。一般说来，产品的差异化程度越高，厂商的垄断程度也越高。各家垄断竞争厂商的产品是有一定差别的，使得这些产品成了带有自身特点的"唯一"产品，也使得消费者有了选择的可能；同时，由于大量产品间都具有较强的替代性，而且行业外的厂商很容易进入该行业，这使得每家厂商在行业中具有一定垄断地位的同时，又面临十分激烈的竞争。化妆品、洗涤品、牙膏市场等都具有典型的垄断竞争性质。

二、垄断竞争厂商的需求曲线

和完全竞争的厂商只是被动地接受市场的价格不同，由于垄断竞争厂商生产的是有差别的产品，因而对自己的产品都具有一定的垄断能力，或者说，对价格有一定的影响力。垄断竞争厂商如果将它的产品价格提高一定的数额，习惯于消费该物品的消费者可能不会放弃该物品的消费，该产品的需求不会大幅度下降；但若厂商大幅度提价的话，由于存在着大量相近的替代品，消费者就可能舍弃这种偏好，转而购买该商品的替代品。因此，垄断竞争厂商所面临的需求曲线相对于完全竞争厂商而言要更陡一些，是一条往右下方倾斜的曲线，即更缺乏弹性；而这条右倾的曲线相对于垄断厂商的需求曲线来讲，则要更平坦，即更富有弹性。

由于在垄断竞争行业中厂商生产的产品都是有差别的替代品，因而市场对某一厂商产品的需求不仅取决于该厂商自身的价格－产量决策，还取决于其他厂商对该厂商的价格－产量决策是否采取对应的措施。比如一个厂商采取降价行动，如果其他厂商不降价，则该厂商的需求量可能上升很多；但如果其他厂商也采取降价措施，则该厂商的需求量不会增加很多。在分析垄断竞争厂商的需求曲线时，就要分两种情形进行讨论（见图6-24）。

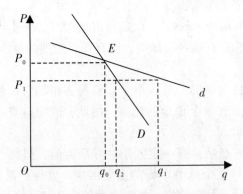

图6-24 垄断竞争厂商的两条需求曲线

第一种情形是，单个垄断竞争厂商降价时，其他厂商不降价，则降价厂商既能增加对原有顾客的销量，还能吸引其他顾客，销售量可望有较大幅度的增加，其需求曲线为图 6-24 中的 d 曲线。d 曲线反映单个垄断竞争厂商改变价格时自己预期的销售量，形状较为平坦，表示需求弹性较大，一旦降价可以增加较大的产品销量。图中反映为当价格由 P_0 下降到 P_1 时，厂商认为其销售量能从 q_0 增加到 q_1。因为它是单个厂商主观认为自己的行动不会引起其他厂商的反应而发生的产品价格与销售量之间的对应关系，所以称为主观需求曲线，也可称之为理想线。

第二种情形是，实际上垄断竞争市场中单个厂商降价时，其他厂商为了保持自己的市场份额，势必也会跟着降价。此时，率先降价的厂商就无法吸引其他厂商的顾客，只会扩大自己原有顾客的销量，总的需求量的上升不会如厂商想象的那么多。因而还存在着另外一条需求曲线 D，它被称为客观需求曲线。该曲线与厂商想象的需求曲线相比较为陡峭，表示其需求弹性较小，单个厂商就算降价所带来的销量增加也极为有限。即当价格由 P_0 下降到 P_1 时，厂商的销售量只能从 q_0 增加到 q_2。事实上，如果行业内所有厂商的销量都以同等幅度增加，每家厂商所占的市场份额不会改变，因此，D 也被称为市场份额需求曲线。

因为 d 曲线表示单个厂商改变价格时预期的产量，而 D 曲线表示单个厂商在每一价格水平实际面临的市场需求量或销售量，所以，d 曲线与 D 曲线相交，意味着垄断竞争市场的供求平衡状态。

三、垄断竞争厂商的短期均衡和长期均衡

（一）垄断竞争厂商的短期均衡

和其他类型的厂商一样，垄断竞争厂商在短期内会按照 $MR=MC$ 的原则调整它的产量来实现其利润最大化目标，但由于厂商所面临的需求曲线有两条，因此，达到均衡的过程与其他类型的市场又有所区别，如图 6-25 所示。

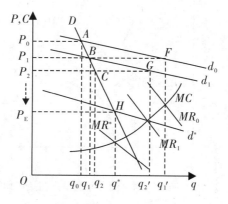

图 6-25 垄断竞争厂商的短期均衡

MC 是代表性垄断竞争厂商的边际成本曲线，D 是厂商面临的客观需求曲线。假定

厂商一开始处于 A 点，此时产品初始价格为 P_0，销量为 q_0。d_0 是厂商认为其他厂商对其行动没反应的主观需求曲线，相应的边际收益曲线为 MR_0。厂商为了实现利润最大化，会按照 $MR_0 = MC$ 的原则来调整其价格和产量，即沿着主观需求曲线调整至 F 点，此时价格是 P_1，厂商预期销量会大幅度增加为 q_1'。但实际上，行业中的其他厂商也面临着相同的情况，也会降价，于是率先降价的厂商实际的需求量不能增加到 q_1'，而只能是客观市场需求曲线 D 上的 B 点所对应的销售量 q_1。此时，厂商产量未能达到 $MR_0 = MC$ 的均衡点，即没有实现利润最大化。于是，厂商的主观需求曲线也要修正到通过 B 点的 d_1，相应的边际收益曲线也调整至 MR_1。按照厂商新的利润最大化条件 $MR_1 = MC$，为了实现最大利润，厂商必须进一步做出调整，把价格进一步降低至 P_2，并预期自己的需求量将会增加至 q_2'。但是由于其他厂商采取同样的行动，厂商在 P_2 价格下仍无法实现最大利润。依次类推，厂商反复地降价，其主观需求曲线也将沿客观需求曲线不断移动。直到 $MR^* = MC$ 时，厂商销量为 q^*，价格为 P_E，两条需求曲线的组合点为 H，厂商才真正实现了均衡。

上述调整过程实际是一个"试错"的过程，这一"试错"过程不断进行，一直持续到实现短期均衡状态为止。由此可见，垄断竞争厂商要实现短期均衡，必须满足两个条件：一是厂商的产量 q^* 符合 $MR = MC$ 的原则，从而实现利润最大化，因而厂商没有动力改变目前的状态；二是厂商此时的产量和价格决策恰好位于主观需求曲线与客观需求曲线的交点 H，即厂商按自己的主观需求曲线所做出的价格产量决策恰好和其他厂商所做出同样调整的价格产量决策相一致，或者说厂商计划中的产量和按客观需求曲线所确定的产量完全一致。

那么，当垄断竞争厂商实现短期均衡时，其利润是多少？这就如同前面所分析的其他类型厂商的短期均衡一样，需要把垄断竞争厂商的平均成本考虑进去，如图 6-26 所示。

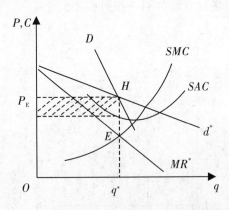

图 6-26　有超额利润的垄断竞争厂商短期均衡

图 6-26 中，垄断竞争厂商实现短期均衡时的价格为 P_E，位于其短期平均成本曲线 SAC 的上方，表明在均衡产量点 q^* 上，平均收益大于平均成本，厂商能获取超额利

润，利润总量如图中阴影部分面积所示。当然，和垄断厂商、完全竞争厂商一样，垄断竞争厂商达到短期均衡并不意味着它一定能赚取超额利润，它可能获得经济利润，也可能经济利润为零，甚至是亏损，经济利润为负。这取决于市场价格水平与厂商的成本状况，即主要取决于厂商所面临的需求曲线与其平均成本曲线的位置，如果厂商的平均成本曲线位于需求曲线之上，也就是说，厂商的平均成本太高或者需求太低，则厂商在短期内无论如何调整其价格和产量，都无法摆脱亏损的命运。

（二）垄断竞争厂商的长期均衡

图 6-26 描述的情况不会持续太久。由于垄断竞争行业没有进出壁垒，在长期中，利润会鼓励新厂商加入该行业。在市场总需求不变的条件下，新厂商的加入使得单个厂商所面临的需求（市场份额）减少，利润下降；而当单个厂商出现亏损时，则会导致部分厂商退出行业，留下的厂商面临的需求增加，亏损减少。这个进入和退出行业的过程一直持续到市场上所有厂商的经济利润正好为零时为止。一旦市场上达到了这种均衡，新企业没有进入的动机，原有企业也没有退出的动机，即市场达致长期均衡。具体可从通过图 6-27 和图 6-28 来进行分析。

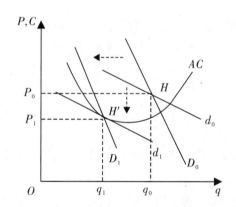

图 6-27　垄断竞争厂商市场份额线的移动

图 6-27 中，假定初始均衡产量为 q_0，相应均衡价格为 P_0，垄断竞争厂商主观需求曲线 d_0 和客观需求曲线 D_0 相交于点 H。在此均衡点上，价格 P_0 高于平均成本 AC，厂商能获取超额利润，因此，会吸引新的厂商进入该行业。于是，厂商市场份额线由 D_0 往左移至 D_1，销量也由 q_0 下降到 q_1，此时的产量会偏离厂商依据 d_0 进行决策的利润最大化的产量。厂商为建立新的均衡而做出降价反应，以实现利润最大化的目标，结果使 d_0 曲线下移到 d_1。在新的均衡点 H' 上，由于 D_1 曲线和 d_1 曲线相交于 AC 曲线，相应的价格 P_1 和平均成本 AC 相等，厂商的超额利润为 0，此时新老厂商均没有进入或退出该行业的动机，厂商和市场同时达到长期均衡，需求曲线也不会再移动。

为了进一步理解垄断竞争厂商的长期均衡状况，我们可以在图 6-27 中加入边际收益曲线 MR 和边际成本曲线 MC 来分析，如图 6-28 所示。

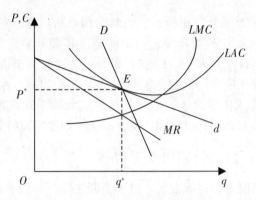

图 6-28 垄断竞争厂商的长期均衡

图 6-28 中，均衡价格为 P^* 时，市场份额需求曲线 D 与理想线 d 在 E 点相交，表明厂商实际产量与计划产量一致，E 点对应的产量 q^* 恰好也是厂商利润最大化条件（$MR = MC$）下所确定的产量，表明厂商实现利润最大化，这与短期均衡一样。与短期均衡不同的是，此时需求曲线 d 与平均成本曲线 AC 相切于 E 点，表示在长期均衡中，厂商超额利润为零。

由上述分析过程可知，垄断竞争厂商的长期均衡条件为：
$$MR = LMC, \quad AR = P = LAC \tag{6-15}$$

四、垄断竞争与完全竞争

（一）垄断竞争与完全竞争的比较

从长期均衡的条件看，垄断竞争厂商与完全竞争厂商类似，但实际上却存在着较大不同，主要体现在四个方面。

（1）完全竞争厂商的 D、AR、MR 曲线三线合一，均为水平线；垄断竞争厂商 d、AR 曲线重合，向右下方倾斜，并且 $MR < AR$。

（2）完全竞争厂商长期均衡时的产量所对应的平均成本处于最低点；垄断竞争厂商长期均衡时的产量所对应的平均成本高于最低点。

（3）完全竞争厂商长期均衡时的价格低于垄断竞争厂商的均衡价格，且 $P = MC$；垄断竞争厂商长期均衡时的价格高于完全竞争厂商的价格。

（4）完全竞争下长期均衡的产量高于垄断竞争时的均衡产量。

（二）垄断竞争市场长期均衡的特点

由以上完全竞争市场与垄断竞争市场长期均衡条件的比较，可以得出后者长期均衡的三个特点。

1. 生产能力过剩

这主要是指在完全竞争市场中，厂商能将产量调整到长期平均成本曲线最低点进行生产，使生产设备的利用达到最高效率。而与完全竞争市场比较，垄断竞争的均衡价格虽然也等于平均成本，但由于垄断竞争厂商的需求曲线往右下方倾斜，其长期均衡总是处在长期平均成本下降的阶段中，厂商没办法达到平均成本最低点，每个厂商的市场份额不足以充分利用生产设备，存在生产能力过剩。

纯粹从经济意义上来说，一般认为生产能力过剩是垄断竞争市场的一个缺陷，因为它意味着稀缺资源的闲置。但从消费者的角度来看，生产能力过剩有一定的可取之处，或许这是我们在现实中为获取一个多样化、丰富多彩的消费社会所必须付出的代价。因为垄断竞争与完全竞争的差别就在于垄断竞争厂商面临的是一条向下倾斜的需求曲线，而这条曲线的倾斜是因为产品差别而产生的。

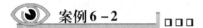

案例 6 - 2

过剩生产能力是一个社会问题吗

正如我们所说明的，垄断竞争企业生产的产量低于平均成本最小时的水平。与此相比较，完全竞争市场上的企业使生产达到平均成本最小的产量。这种完全竞争与垄断竞争之间的对比，过去曾使一些经济学家认为，垄断竞争者的过剩生产能力是无效率的一个来源。

现在，经济学家们都明白垄断竞争者的过剩生产能力与评价经济福利并没有直接关系。没有什么理由认为社会应该希望所有企业生产平均成本最低的产出。例如，一个出版企业生产一本小说需要固定成本 5 万元（支付给作者）和可变成本每本 5 元（印刷成本）。在这种情况下，一本书的平均成本随其数量增加而减少，因为固定成本分摊到越来越多的单位上。因此，可以通过印刷无限量的书来使平均成本最小化。但对社会而言，生产书的正确数量为无限是毫无意义的。

简而言之，垄断竞争者有过剩的生产能力，但这个事实并没有告诉我们市场结果的合意性。

(资料来源：N. G. 曼昆《经济学原理》，机械工业出版社 2003 年版。)

2. 效率并非最优

我们知道，完全竞争企业的价格等于边际成本，而垄断竞争市场均衡价格则与垄断市场相同，要大于边际成本（向右下方倾斜的需求曲线使边际收益小于价格，而利润最大化要求边际收益等于边际成本）。这样一种高于边际成本的价格加成会带来无效率，主要反映在由于边际成本小于产品价格，这时候扩大产量的边际成本也就小于带给消费者的边际效用，因此，提高产量有助于社会总福利的增加。由于价格加成，一些对产品的评价高于生产的边际成本（但小于价格）的顾客没有购买，从而造成无谓损失。

3. 非价格竞争

厂商之间的竞争一般采取两种手段：一是价格竞争，二是非价格竞争。前者是厂商通过压低价格争夺市场;后者则是厂商通过提高产品的质量,改进产品的性能,改变产品的设计、包装、装潢,或者通过大量的广告推销产品。价格竞争会影响每一个厂商产品的需求曲线,非价格竞争只会影响厂商的成本。

在完全竞争市场上,产品都是同质的,所以,非价格竞争自然无从谈起;而在垄断竞争市场上,厂商可以通过努力压低价格来吸引顾客,但由于其他厂商也可以通过同样手段打击报复,从而造成两败俱伤。事实上,垄断竞争厂商更倾向于采用非价格竞争手段来扩大市场销售,主要手段包括:

(1) 品质竞争。品质竞争即产品差异化竞争,包括提高质量、改进性能和结构、增加功能、完善服务等,以减轻替代品的威胁,吸引更多消费者;也可通过市场细分、产品定向来争取局部市场的竞争优势。

(2) 营销竞争或广告竞争。营销竞争是品质竞争的补充,它将差异化的作用通过营销特别是广告得以充分发挥,包括广告宣传、销售网点、委托代理、售后服务等。如果说制造产品差别(品质竞争)是努力使产品适应消费者需要的话,那么开展市场营销则是努力使消费者的需要适应产品的差别,也就是所谓的"广告创造需求"。

案例 6-3

广告→成本增加→价格上升

做广告是垄断竞争的一个自然而然的特征。当企业销售有差别的产品,并收取高于边际成本的价格时,每个企业都有以做广告来吸引更多自己特殊产品购买者的倾向。

销售略有差别的消费品企业,例如成药、香水、软饮料等,通常把收益的10%~20%用于广告。出售工业品的企业,例如钻探机与通信卫星设备企业,一般用于广告的支出很少。而出售同质产品的企业,例如小麦、花生或原油企业,几乎没有广告支出。

经济学家李·宾哈姆在1972年发表于《法与经济学杂志》的一篇文章中检验了广告的这两种观点。20世纪60年代的美国,各州政府有权对配镜师做广告进行不同的规定。一些州允许,一些州禁止。宾哈姆把各州法律的差别作为检验两种广告观点的一个自然实验。结果令人惊讶:在那些禁止广告的州里,配一副眼镜支付的平均价格是33美元;在那些不限制广告的州中,平均价格是26美元。因此,广告使平均价格下降了20%以上。这说明广告促进了竞争并使消费者得到了较低的价格。

(资料来源:作者根据相关资料整理。)

第五节 寡头市场

一、寡头市场的特点

"寡头"在词典里是掌握政治、经济大权的少数头子的意思。放在经济学分析中，寡头（oligopoly）市场是指少数几个厂商控制整个市场的生产和销售的市场结构，也称为寡占市场或者寡头垄断市场。和垄断竞争市场一样，寡头市场也是介于垄断竞争与完全垄断之间的一种比较现实的混合市场，市场中的少数的这几个厂商被称为寡头厂商。寡头市场具有四个特征。

1. 厂商数目极少

这是寡头市场的基本特征，即少数几家大规模的厂商占据了整个行业或行业的大部分产出。

寡占市场上的厂商只有一个以上的少数几个，每个厂商所提供的产品数量很大，在市场中都具有举足轻重的地位，因此，寡占市场上的厂商对其产品价格具有相当的影响力。这与完全垄断和垄断竞争市场不同。完全垄断市场只有一家厂商，这家厂商的供给和需求就是一个行业的供给和需求；垄断竞争市场则有较多的厂商。

2. 产品同质或异质

寡头厂商生产的产品可能是同质的，也可能是有差别的。产品没有差别，彼此依存程度很高的，称为纯粹寡头，主要存在于钢铁、尼龙、水泥等行业；产品有差别，彼此依存关系较低的，称为差别寡头，主要存在于汽车、重型机械、石油产品、电气用具、香烟等行业。

3. 要素流动性很低，存在较高的进入壁垒

寡头市场的进入壁垒主要来源于规模经济。而且由于寡头厂商相互依存、休戚相关，某些情况下，行业内的厂商还刻意构筑较高的进入壁垒以阻止其他厂商的进入。这是少数厂商能够占据绝大部分市场份额的必要条件。

4. 厂商之间相互依存

与别的市场结构不同的是，寡头市场的厂商存在着相互依存关系，即寡头间的行为相互不独立，这是寡头市场最突出的特征。

在前面所述的完全竞争市场、垄断市场以及垄断竞争市场这三种市场结构中，厂商的行为是相互独立的，每个厂商在做决策时都无须考虑其他厂商会做出什么反应。而在寡头市场上，由于少数几个厂商生产整个行业的全部或绝大部分产量，单个厂商通过产品降价或新产品的推出扩大自己产品的市场份额，会使其他寡头产品的需求量下降，所以，当一个厂商采取某种对策扩大自己的产量时，会遇到其对手的反对策行为。因此，寡头市场上单个厂商进行决策时，都必须把竞争对手反应的估计和猜测考虑在内。也就是说，各寡头之间存在比较紧密的相互依存性。这种特性也给厂商决策带来很大的不确定性。例如，一个厂商通过降价来扩大自己的市场份额时必然会明显影响其他厂商的销量,其他厂商不可能对此无动于衷,但其反应却是无法预测的。

总之,由于寡头市场厂商的相互依存关系,使得寡头厂商经常处于合作与利己的矛盾中。少数寡头合作起来可以像一个垄断者那样行事,生产较少量产品并收取高于边际成本的价格,使得寡头组织的整体状况变得更好,因此,寡头之间很可能不是通过竞争而是通过合作(勾结)的方式共同谋取好处。但由于单个寡头是一个独立的经济主体,有着追求自身利益最大化的倾向,各个寡头之间的行为目标是存在矛盾冲突的,这就决定了合作或勾结不能代替或取消竞争,寡头之间的竞争往往会更加激烈,这也使得寡头组织很难维持长久垄断。

二、寡头市场的效率问题

寡头市场之所以形成,普遍认为其原因和垄断市场相类似,也与规模经济、对资源的控制或者政府的扶植和支持有关。那么,寡头市场是不是也是和垄断市场一样,有着较低的效率呢?

答案是"并不一定"。因为寡头市场很可能是市场选择的结果。一些比较著名的寡头厂商,像美国汽车业的通用、福特和克莱斯勒,投资银行业的美林、高盛和摩根士丹利等,它们之所以能成为寡头,是因为自身拥有较高的生产效率,从而在市场竞争中突围而出的。正如芝加哥大学著名学者 Harold Demsetz 指出的那样,高效率的企业可以占有较大的市场份额,并伴随着产业集中度的提高,优秀企业的良好绩效是因为效率而不是因为市场垄断造成的,也就是说,寡头垄断的市场结构其实是非常有效率的。

事实上,垄断虽然是竞争的矛盾对立面,但它的存在并没有消灭竞争,尤其是寡头垄断,它改变的只是竞争形式,而非竞争本身。如美国汽车市场一直呈现寡头垄断的格局,通用、福特和克莱斯勒三大制造商之间存在着激烈的竞争。此外,当今国际市场上激烈的竞争也促使寡头垄断厂商尽可能努力地进行研究和开发,提高效率,降低产品的价格,而不是像传统的经济学理论认为的垄断会破坏和降低有效的市场竞争,阻碍经济和技术的发展。

事实证明,很多时候寡头垄断的形成反而可以因为避免了无序竞争而减少资源浪费。20 世纪 90 年代初,我国地方航空公司如雨后春笋,上海、厦门、四川等 16 家地方航空公司相继冒出。民航公司从原来民航总局直属的 9 家一下子增加到 20 多家,最多时曾达到 34 家。于是,由于竞争主体过多,此后的几年,市场上以机票打折为代表的价格战长久地扮演了无序竞争中的主角,直接导致行业利润大幅度下降甚至亏损的严重后果,行业发展遭受极大打击。1998 年,这一矛盾激化到顶点,国内民航业发展出现全线负增长,企业出现大面积亏损。面对残酷的现实,民航也开始形成寡头垄断的格局。

如果说寡头垄断企业在缺乏竞争的环境中,一般不会自觉地追求高效率,从而导致实际效率往往与最大可能效率之间存在巨大偏差,而高效率只是寡头垄断企业自身天然优势带来的一种可能性的话,那么,寡头垄断企业并非真正独占市场,这一点就使寡头垄断企业不得不追求高效率,从而使其高效率具有现实性。

三、寡头厂商的均衡

由于寡头厂商之间的相互依存性,使得寡头厂商的价格和产量决定,也就是均衡问题变得很复杂,不像前三种市场结构中的厂商那样,只要按利润最大化原则 $MR = MC$ 进行决策就可以了。寡头厂商的决策必须要考虑其他寡头的反应,如果不知道竞争对手的反应方式,那么,均衡分析的模型就无从建立。因此,根据不同的竞争对手之间反应方式的设定,寡头厂商的决策模型也五花八门,到目前为止,尚没有一个经济模型能对寡头市场的均衡做出一般的理论总结。下面介绍几个比较有代表性的常见模型。

(一) 古诺模型

古诺模型(Cournot model)是法国经济学家古诺于 1838 年提出的,属于早期的寡头垄断模型,也通常被认为是寡头理论分析的出发点。由于古诺模型是一个只有两个寡头厂商的简单模型,因此,也被称为"双头模型",但该模型的结论可以很容易地推广到 3 个或 3 个以上的寡头厂商的情况中去。

古诺模型假设:①两个寡头厂商生产一种同质产品,价格取决于两寡头产量之和;②每位厂商在做出决策时都假定另一个厂商行为不变;③假设需求函数是线性的,并且边际成本为零。

设市场需求函数为:

$$Q = a - \frac{a}{b} \cdot Q \tag{6-16}$$

两厂商生产的产量分别为 Q_1、Q_2,市场总供给量为 Q,$Q = Q_1 + Q_2$,因此,需求函数可写成:

$$P = b - \frac{b}{a}(Q_1 + Q_2) \tag{6-17}$$

厂商 1 的利润函数为:

$$\pi_1 = P \cdot Q_1 = \left[b - \frac{b}{a}(Q_1 + Q_2)\right] Q_1 \tag{6-18}$$

由于假设厂商 1 在做出决策时厂商 2 行为不变,有 $dQ_2/dQ_1 = 0$,令厂商 1 的利润函数的一阶导数结果为 0,可得其利润最大化产量,即:

$$\frac{d\pi_1}{dQ_1} = b - \frac{2b}{a} \cdot Q_1 - \frac{b}{a} \cdot Q_2 = 0 \tag{6-19}$$

$$Q_1 = \frac{1}{2}(a - Q_2) \tag{6-20}$$

式(6-21)即为厂商 1 的反应函数,也就是当厂商 2 的产量为 Q_2 时厂商 1 的利润最大化产量。同理可得厂商 2 的反应函数为:

$$Q_2 = \frac{1}{2}(a - Q_1) \tag{6-21}$$

将式 (6-21) 代入式 (6-20)，可得：

$$Q_1 = \frac{1}{3}a \tag{6-22}$$

同理可得：

$$Q_2 = \frac{1}{3}a \tag{6-23}$$

由此可知，当 $Q_1 = Q_2 = \frac{a}{3}$ 时，厂商达到利润最大化，市场达到均衡，均衡总产量为 $\frac{2}{3}a$，均衡价格为 $\frac{1}{3}b$。

古诺模型的均衡过程可以通过双寡头的反应函数直观地反映出来，如图6-29所示。

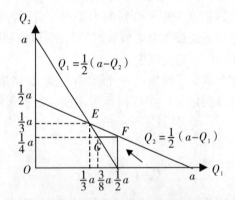

图6-29 古诺双寡头的反应函数

图6-29中，平面坐标的横轴和纵轴分别表示厂商1和厂商2的产量，两条斜线分别为两家厂商的反应函数。假定最初厂商2的产量为0，那么，据厂商1的反应函数可得出其利润最大化产量为 $\frac{1}{2}a$。按照该产量，厂商2在其反应函数曲线上的 F 点达到利润最大化，其产量为 $\frac{1}{4}a$。这样，当厂商2的产量为 $\frac{1}{4}a$ 时，厂商1的利润最大化产量变为其反应函数曲线上的 G 点对应的 $\frac{3}{8}a$。同样道理，当厂商1的产量改变后，厂商2的利润最大化产量也要做出调整。这个过程一直持续下去，直到收敛于图中两家厂商的反应函数曲线的交点 E 为止。此时，两家厂商根据对方产量都不再改变自身产量，双方产量相容达到均衡，均生产 $\frac{1}{3}a$ 的产量。

（二）斯威齐模型

由于寡头厂商之间通过价格战来进行竞争的结果往往是两败俱伤，竞争的双方利润都趋向于零,所以在寡头市场上,厂商在争夺市场时倾向于采用非价格竞争方式,产品的价格往往比较稳定,即便采用价格战的方式也是非常慎重的。寡头厂商不轻易变动产品价格,使其能够维持较稳定状态的情形,一般被称为价格刚性。美国经济学家保罗·斯威齐于20世纪30年代所建立的斯威齐模型(Sweezy model)就是用来解释在寡头市场上所出现的这种价格刚性现象的。

斯威齐模型假定:当市场上单个寡头厂商降低价格的时候,其他厂商会跟着降价;而当单个寡头厂商提高价格的时候,其他厂商会保持价格不变。因此,模型认为,在寡头市场上,价格一般较稳定,厂商之间主要采取非价格竞争的方法。

做这样的假定的理由是当一个厂商降低它的产品价格的时候,其他厂商如果不跟着降价,那么它们的市场份额就会减少,从而导致产量下降,利润下跌,所以,其他厂商只好跟着降价,打价格战的结果往往是两败俱伤;同时,因为厂商之间竞相降价,所以对于率先降价的厂商来说,降价不会带来销售额的显著扩大,即其需求弹性较小。

而当一个寡头厂商提高它的产品价格的时候,如果其他厂商价格保持不变,那么,提价的厂商就会失去很多顾客,其市场份额将会自动被其他厂商瓜分,其他厂商的产量会上升,利润会增加。此时,对提价的厂商而言,其需求弹性较大。

如图6-30所示,假定市场初始价格为P_0,此时如果单个寡头厂商提价,其他厂商不提价,它会失去很多顾客,需求量将会下降很多,即产品富有弹性,相当于图中AB段这条相对平坦的需求曲线;若该厂商降价,其他厂商也跟着降价,先降价的厂商不会带来销量的显著增加,产品缺乏弹性,相当于图中BD段这条相对陡峭的需求曲线,即寡头厂商的需求曲线D在原价格水平的B点发生拐折。

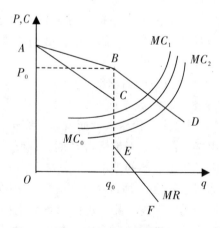

图6-30 斯威齐模型

在寡头厂商面临的需求曲线在B点出现拐折的情况下,其对应的边际收益曲线也同样由两部分构成,边际收益的AC部分对应于需求曲线的AB部分,EF部分则对应于需求曲线的BD部分,并且在C点与E点间出现一个较大的缺口。

如果寡头厂商目前的边际成本曲线为MC_0,则利润最大化产量应为q_0,相应价格

为 P_0。由于 C 点至 E 点间留有余地,边际成本曲线上升至 MC_1 或降至 MC_2,只要不超过 C 点或 E 点之间的缺口,利润最大化产量依然是 q_0,价格也依然为 P_0,也就是说,只要是在点 C 和 E 之间,都符合最大利润原则 $MR=MC$,厂商没有改变产量和价格的冲动,仍将保持稳定。所以在寡头行业中,除非成本发生大幅度变化,否则,厂商轻易不会变动产量和价格。

斯威齐模型较好地解释了寡头市场价格相对稳定的现象,被认为是寡头市场分析的基础模型和一般理论。由于其中寡头厂商面临的需求曲线呈现弯折的形状,所以也被称为拐折的需求曲线(kinked demand curve),斯威齐正是用这种具有特殊形状的需求曲线来说明寡头市场中的价格刚性的。

(三)价格领先模型

价格领先模型(price leadership model)是研究寡头市场上先行者价格对市场的影响的模型,它假设在寡头行业中由某个寡头厂商充当价格领袖,率先制定价格,其他厂商则以该"领导者"的价格为基准实行价格跟随。这时候,按照自身利润最大化的原则率先确定价格而不考虑其他厂商反应的寡头往往是行业的主导厂商,在行业中占据支配地位,其他价格跟随者都是一些规模较小的厂商。

"领导厂商"一般由以下几种情况产生:一是低成本厂商的价格领导,即作为领导者的厂商是行业中成本最低的厂商;二是支配型厂商的价格领导,指作为领导者的厂商是市场份额最大、地位稳固、具有支配力量的厂商;三是晴雨表型的价格领导,即作为领导者的厂商能较准确地预测市场行情的变化趋势,合理而准确地反映整个行业基本的成本和需求状况的变化。

价格领先模型的特点是领导厂商可以根据自身利润最大化的准则来制定价格和产量,其余的厂商只能同完全竞争市场中的厂商一样,被动地接受领导厂商制定的价格,并以此决定能使各自利润最大化的产量。

如图 6-31 所示,曲线 D 为行业的需求线。S_F 为价格追随者(较小规模厂商)的供给曲线,由各价格追随者各自边际成本曲线经水平加总而成。S_F 与纵轴交于 P_2 处,表明如果价格在 P_2 或 P_2 以下时,由于价格太低而没有一家价格追随者愿意提供任何产量,领导厂商将面对整个市场的需求。当价格为 P_1 时,曲线 S_F 与 D 曲线相交,表明价格追随者的供给可以完全满足整个市场的需求,对领导厂商的需求量为 0。

领导厂商面临的需求曲线表示在各种价格水平之下,扣除了所有价格追随者愿意提供的产量后,领导厂商还能销售多少产品,可由市场需求曲线 D 与曲线 S_F 水平相减后得到,即图中 P_1AB 这条折线。与领导厂商面临的需求曲线相应的边际收益曲线为 MR,MR 与领导厂商的边际成本曲线 MC 的交点可确定其利润最大化的产量 Q_L,此时,相应价格为 P^*。

从图 6-31 中可看到,当价格为 P^* 时,整个市场需求量是 Q_T,其中 Q_L 部分由领导厂商生产,其余部分 Q_F 由价格追随者生产,即 $Q_F+Q_L=Q_T$。

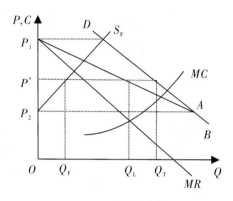

图 6-31 价格领先模型

（四）卡特尔模型

1. 卡特尔与共谋

前面我们所讨论的几个模型都是寡头厂商之间没有合谋或者勾结的情况。实际上，占据同一市场的少数几家厂商为了避免两败俱伤，在一定情况下，往往会达成协议（共谋），这样卡特尔（Cartel）就形成了。所谓卡特尔，是指寡头厂商通过公开或正式的方式进行互相勾结的一种形式，就是若干厂商为了垄断市场，通过对有关价格、产量和市场划分等事项达成明确的协议而建立的联盟组织。

卡特尔是一种正式的串谋行为，它能使一个竞争性市场变成一个垄断市场，属于寡头市场的一个特例。卡特尔以扩大整体利益作为它的主要目标，为了达到这一目的，在卡特尔内部将订立一系列的协议，来确定整个卡特尔的产量、产品价格，指定各企业的销售额及销售区域等。这样一种寡头行业中的主要厂商通过明确的、通常是正式的协议协调其各自的产量、价格或其他诸如销售地区分配等事项，我们称其为正式串谋行为（collusion）。

寡头厂商的这种行为在有些国家是合法的，但在大多数私有制市场经济国家都是非法的，如美国。因为这些国家认为卡特尔是一种不正当竞争行为，是违反"反垄断法"和"反不正当竞争法"的。在我国，卡特尔也被视为违反价格法和反不正当竞争法。

卡特尔常常是国际性的。如果成员厂商能结成牢固的联盟，卡特尔可以像一个垄断者那样追求整体总利润最大化。卡特尔的主要任务是规定统一的价格，例如石油输出国组织（OPEC，欧佩克）就是典型的卡特尔。欧佩克卡特尔就是产油国政府间的一个国际协定，它在十多年间成功地将世界石油价格提高到远远高于本来会有的水平。

其他成功地提高了价格的国际卡特尔还有：在20世纪70年代中期，国际铝矾土联合会将铝矾土价格提高到4倍；而一个秘密的国际铀卡特尔提高了铀的价格；一个被称为水银欧洲的卡特尔将水银价格保持在接近于垄断水平；而另一个国际卡特尔一直都垄断着碘市场。

案例 6-4

欧佩克和世界石油市场

世界上大部分石油是少数国家（主要是中东国家）生产的，这些国家在一起组成一个寡头市场。同时，大部分的生产国家形成了一个卡特尔，称为世界石油输出国组织（OPEC）。在 1960 年最初成立时，欧佩克包括伊朗、伊拉克、科威特、沙特阿拉伯和委内瑞拉。到 1973 年，又有卡塔尔、印尼、利比亚、阿联酋、阿尔及利亚、尼日利亚、厄瓜多尔和加蓬等 8 个国家加入。这些国家控制了世界石油储藏量的 3/4。

与任何一个卡特尔一样，欧佩克力图通过协调减少产量来提高产品价格，并努力地确定每个成员国的生产水平。但是，由于卡特尔的每个成员都受到增加生产以得到更大总利润份额的诱惑，欧佩克成员虽常常就减少产量达成协议，但私底下又常常各自违背协议。

1973—1985 年，欧佩克最成功地维持了合作和高价格，原油价格从 1972 年的每桶①2.64 美元上升到 1974 年的 11.17 美元，然后在 1981 年又上升到 35.10 美元。但在 20 世纪 80 年代初，由于各个成员国开始扩大生产水平，欧佩克在维持合作方面变得无效率了。1986 年，原油价格又回落到了每桶 12.52 美元。之后，欧佩克成员虽然仍继续定期开会，但这个卡特尔在达成和实施协议上再也不那么成功了。根据总体通货膨胀调整的原油价格仍然远远低于欧佩克在 1981 年达到的水平。这种缺乏合作的状况损害了产油国的利润而有利于全世界的消费者。

（资料来源：作者根据相关资料整理。）

可是，大多数卡特尔都没能有效提高价格。一个国际铜卡特尔一直运作到今天，但它从未对铜价有过显著的影响；还有试图抬高锡、咖啡、茶和可可等产品价格的卡特尔也都失败了。

卡特尔是个不稳固的组织。由于许多原因，一般来说，卡特尔协议的寿命比较短暂。这不仅是因为从长期看，会不断出现新的产品，会有新的生产者，而且因为卡特尔内部成员之间总是钩心斗角，明争暗夺，联合起来谋求最大利润固然谁都不反对，但是如何分配利润，则矛盾很大。它们往往是表面遵守协议，但暗中都有违背盟约的冲动，都想偷偷降价扩大自己的产量，使卡特尔协定的条款很难得到遵守，最后导致盟约自动废止，从而难以长久存在下去。

2. 卡特尔的利润最大化

卡特尔的共谋给厂商带来的好处是增加利润，减少竞争摩擦及由此带来的不确定性因素；同时，增强阻碍新厂商进入该行业的力量，保持较高的利润和已有的地位。那么，在经济主体存在各自利益的情况下，卡特尔是如何进行厂商之间的分配的呢？

---

① 1 桶（美）（石油）=158.9873 升。

我们可以通过图6-32来说明该问题。为简化起见,我们仅分析卡特尔只有两家厂商的情况。

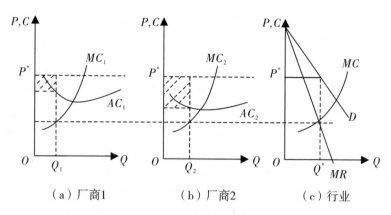

图6-32 卡特尔的利润最大化

如图6-32所示,假设行业中只有两个寡头厂商1和厂商2,且两者通过卡特尔协议来瓜分市场,该卡特尔的决策行为将会与一个垄断厂商近似。两个厂商具有不同的成本曲线,厂商1的平均成本曲线AC_1和边际成本曲线MC_1如图6-32(a)所示,厂商2的平均成本曲线AC_2和边际成本曲线MC_2如图6-32(b)所示,行业的边际成本曲线MC可由两个厂商的边际成本曲线横向加总得到,如图6-32(c)所示。

该卡特尔组织的价格决策过程可从图6-32(c)看出。根据市场总的需求曲线D、边际收益曲线MR以及边际成本曲线MC,卡特尔组织按照$MR=MC$的原则,选择使卡特尔组织利润最大化的产量Q^*和价格P^*。在总产量Q^*一定的情况下,卡特尔组织会按照边际成本原理来给各个厂商分配产量(协议产量)。图6-32(c)中,MR与MC的交点确定了厂商分配产量时的边际成本水平,再由这条虚线与各家厂商的边际成本曲线的交点来确定各自的产量Q_1和Q_2,在各自的产量水平上,每个厂商均实现了利润最大化的结果。

由此可知,卡特尔产量分配原则为$MC_1=MC_2=MR=MC$。

图6-32(a)和(b)中的阴影部分面积还反映出各个厂商的利润是不同的。卡特尔成员厂商从自身利益出发,在对这种分配结果不满或期望更多利润等原因的驱使下,卡特尔的协议及相应的分配结果是不稳定的。例如,厂商2在成本最小$AC_{\min}$处,只有实现了比Q_2更大的产量才实现利润最大,这和协议产量Q_2发生了冲突,这也是卡特尔成员的违约冲动或者说是卡特尔的不稳定性的原因所在。因此,卡特尔成员在最大利润的驱使下很容易走上"背叛"之路,违反协议,私自扩大产量。而一旦有某个成员违反协议,因为市场中厂商个数较少,其行动很容易被其他厂商察觉,从而引起"连锁反应",最终导致卡特尔的崩溃。

案例 6-5

粮食禁运的案例

国际粮食市场的特点之一是出口由美国、澳大利亚、加拿大、原欧共体、阿根廷等国家和组织占绝大部分，美国常占到一半左右，具有寡头垄断特点。20世纪70年代末期到80年代，苏联、日本、中国是最大的粮食进口国。由于美国在出口国中居于龙头老大地位，并且主要出口国大多是美国盟国，因而美国长期有一种"粮食武器"理论，相信如果主要出口国在美国领导下联合起来对某国的粮食进口实施禁运（embargo），能够达到特定政治或外交目的。

这种禁运虽然与一般市场条件下的寡头目标存在差别，但它同样是通过寡头之间协调串谋来影响交易数量和价格，因而与卡特尔勾结具有可比性。

1980年年底，卡特政府决定通过对商业性粮食出口进行禁运来打击其争霸对手苏联。起因是苏联入侵阿富汗，美国认为这是对其战略利益的挑战，但又不宜军事介入，于是利用"粮食禁运"武器。

当美国政府于1980年1月4日公布禁运政策时，苏联已向美国定购了2500万吨粮食，占苏联1980年计划进口总量的70%。1980年1月20日，主要粮食出口国（组织）加、澳、原欧共体同意参与禁运；禁运开始在美国国内获得了广泛支持，似乎很有希望成功。美国的意图是对苏联饲料供给和肉类消费造成破坏性影响，从而对苏联造成国内政治压力。

然而，事与愿违，1980年苏联进口粮食3120万吨，与计划进口量仅差10%。禁运仅使饲料供给下降2%，肉类消费影响微乎其微。1980年是大选年，里根以此攻击卡特政策无能，并在入主白宫几个月内解除禁运，禁运以失败告终。

为什么起初看好的禁运会失败呢？

第一，出口国达成共识困难。寡头市场使勾结有可能实现，但粮食市场的买方市场特点与寡头竞争关系，又使共谋有困难。开始的一道裂缝是阿根廷拒绝参加。阿根廷在禁运期间对苏联出口大增，并且因为价格短期上升而获得了超额利润。

第二，难以控制粮食转运。政府虽可能要求本国粮商出口粮食申报时把禁运目标国排除在外，但无法保证粮食到达目的地后不被转运到禁运国。大型粮船到达荷兰鹿特丹后，通常分小批量向东运输，禁运发起国难以追踪。可能的转运途径有两种：一是通过东欧盟国，禁运进口一个月内，东欧进口饲料计划增加了几百万吨；二是私商，他们在国外有子公司，可能私下违规销售粮食。

第三，禁运国犯规行为。加、澳、原欧共体并未承诺禁止出口，仅仅是限制在"正常水平"。但"正常水平"很难界定，结果是其实际出口比前几年平均数高出几倍。美国的行为也不是清白无辜。禁运期间，美国大大增加了对中国的出口，这被加、澳看作趁机蚕食其传统市场。意味深长的是，美国在禁运时期出口量反而上升了。

第四,其他国家乘机进入。苏联粮食进口价格上升,泰国、西班牙、匈牙利、瑞典这些以前不向苏联出口粮食的国家,现在大量出口,出口量达几百万吨。

第五,国内政治因素。开始时美国国内有共识,农业集团亦不得不勉强同意,但后来形势发展证明政策效果不好,农业集团就发难,提出这个政策牺牲了其收益,要求外偿。反对派借口攻击,结果禁运成为卡特政府无能的一个把柄,里根上台首先就要拿它开刀。

对美国人来说,这是一次失败教训。美国学者总结:"使用粮食武器更可能危害而不是实现美国的利益。粮食武器是已被试过而无成效的武器。"这个案例说明了卡特尔勾结的可能性,同时也显示了其成功的困难。

从粮食禁运案例中我们看到,卡特尔形式的勾结要起作用,至少要满足两方面经济条件,这对分析其他卡特尔行为同样适用:

第一,对于卡特尔产品的需求必须缺乏弹性。如果很容易获得大量替代品,卡特尔提高价格可能会因购买者转向替代品而搬起石头砸自己的脚。

第二,卡特尔的成员必须遵守规则。然而,个别厂商不守规则可能得到巨大利益,利益驱动使得寡头遵守规则很困难。

(资料来源:作者根据相关资料整理。)

本 章 小 结

1. 根据市场的竞争程度,市场结构可以分为完全竞争、垄断竞争、寡头垄断和完全垄断四种类型。在这四种市场上,厂商都是依据边际收益等于边际成本的原则来实现利润最大化目标的,但在不同的市场条件下又有不同的表现形式。

2. 在短期内,不同类型的厂商的利润均可正可负,这取决于市场对厂商产品的需求和厂商的成本结构。在长期内,由于厂商可以自由进出行业,所以完全竞争和垄断竞争厂商的经济利润为零。

3. 在短期内,完全竞争厂商的供给曲线为位于平均可变成本曲线最低点以上的边际成本曲线;同时,将厂商的短期供给曲线进行水平加总可得到完全竞争行业的短期供给曲线。在长期内,完全竞争行业供给曲线的形状取决于行业扩大产量时对生产要素价格的影响。

4. 与完全竞争相比,垄断厂商提供较少量的产品并索取较高的价格;同时,由于行业存在进入壁垒,垄断厂商可以长期获取超额利润。

5. 垄断竞争和寡头垄断是现实中更为普遍的市场结构。前者更接近于完全竞争,不同之处在于垄断竞争厂商的产品是有差别的;后者更接近于完全垄断,寡头厂商间的相互依存性是该市场的重要特点。

6. 几种市场类型的比较：

市场类型	厂商数量及其规模	对价格的影响	均衡条件 短期	均衡条件 长期	说明
完全竞争	很多，产品同质	由市场决定，个别厂商无法决定	$MC = MR = AR = P$	$MC = MR = AR = AC$	成本低，价格低
完全垄断	一家	有很高的控制力	$AR > MR$，$MR = SMC$	$MR = SMC = LMC$	成本高，价格高
垄断竞争	较多，产品有差别	由市场决定，但个别厂商略有影响	$MR = SMC$	$MR = MC$，$AR = AC$	介于完全竞争与完全垄断之间
寡头垄断	少数几家	有控制能力	按利润最大化原则通过卡特尔、价格领先制、成本加成法等决定		价格较高，但有利于规模经济和科技创新

课后练习

一、名词解释

1. 市场结构
2. 完全竞争市场
3. 垄断市场
4. 垄断竞争市场
5. 寡头市场
6. 盈亏平衡点
7. 停止营业点
8. 成本递增行业
9. 成本不变行业
10. 价格歧视
11. 主观需求曲线
12. 客观需求曲线
13. 价格领先
14. 卡特尔

二、简答题

1. 为什么在完全竞争市场上，厂商面临的需求曲线是一条水平线，而行业的需求曲线是一条往右下方倾斜的曲线？

2. 分别论述完全竞争厂商的短期均衡和长期均衡。

3. 垄断厂商一定能获取超额利润吗？请说明原因。

4. 完全竞争行业中单个厂商的成本函数为 $STC = q^3 - 6q^2 + 30q + 40$，产品价格 P 为 66 元。请问：

（1）厂商利润最大化时的产量和利润总额是多少？

（2）如果产品价格变为 30 元，厂商是否存在亏损？如果会，最小亏损为多少？

（3）该厂商在什么情况下应该停止营业？

5. 假设完全竞争行业中有 100 家相同的厂商，每个厂商的成本函数为 $STC = 0.1q^2 + q + 10$。

（1）求市场供给函数。

（2）如果市场需求函数为 $Q_D = 4000 - 400P$，求市场的均衡产量和均衡价格。

6. 假设完全竞争行业中有很多相同的厂商，每家厂商有相同的成本函数 $TC = q^3 - 4q^2 + 8q$。

（1）求市场达到长期均衡时的价格。

（2）如果市场需求函数为 $Q_D = 2000 - 100P$，在市场达到均衡时，交易量是多少？此时有多少家厂商在这个市场中？

7. 已知某完全竞争市场的需求函数为 $Q_D = 6300 - 400P$，短期市场供给函数为 $Q_S = 3000 + 150P$；单个企业在 LAC 曲线最低点的价格 $P = 6$，产量为 50。

（1）求市场的短期均衡价格和均衡产量。

（2）判断（1）中的市场是否同时处于长期均衡，并求出行业内的厂商数量。

8. 某垄断厂商的成本函数为 $TC = 3000 + 400Q + 10Q^2$，产品的需求函数为 $P = 1000 - 5Q$。

（1）求厂商利润最大化时的产量、价格以及利润。

（2）如果政府对其进行价格管制，采用边际成本定价，这时，垄断厂商的产量和利润各为多少？

（3）如果采用平均成本定价，厂商产量又是多少？

9. 某垄断厂商的产品在两个分离的市场中出售，两个市场的需求曲线分别为 $P_1 = 105 - Q_1$ 和 $P_2 = 60 - 0.2Q_2$，厂商的边际成本为 15 元。

（1）如果厂商实行价格歧视，求两个市场上的价格、销量和利润。

（2）如果厂商实行统一定价，此时利润最大化的价格、产量和利润又是多少？

10. 一家寡头垄断企业面临以下分割的需求曲线：

$P = 30 - 0.1Q$（Q：0～50 之内）

$P = 40 - 0.3Q$（Q：50 以上）

其成本函数为 $TC_1 = 100 + 3Q + 0.1Q^2$，求：

（1）该厂商的最佳价格、产量是多少？此时利润是多少？

（2）假设该公司的成本函数变为 $TC_2 = 100 + 3Q + 0.3Q^2$，则该公司的最佳价格和产量是否变化？若变化，应是多少？

11. 假设某行业是由一个领导价格的大厂商和 50 个小厂商所组成，市场的需求函数为 $Q_D = 500 - 5P$，每个小厂商的边际成本函数为 $MC = 3Q$，大厂商的成本函数为 $TC = Q + 0.2Q^2$。

（1）求所有小厂商的总供给函数。

（2）求大厂商的需求函数。

（3）求大厂商的最大利润，此时价格为多少？大厂商的产量是多少？市场的总供给量又是多少？

第七章 要素市场

学习目标

通过本课程的学习，使学生理解生产要素的需求、供给，掌握要素市场的需求曲线和供给曲线，了解不同市场条件下的要素供求均衡。

前面已经讨论了市场上商品的价格和数量的决定问题，但是这些讨论只局限于产品市场本身，并且都是在生产要素价格和消费者收入水平不变这一假定条件下进行的；因此，前述关于价格和数量的论述并未涉及要素市场，也未考虑消费者的收入水平是如何被决定的。本章将研究生产要素市场及其均衡决定，即研究生产要素价格和使用量的决定问题。同产品市场一样，生产要素的价格也是由供求双方决定的，所不同的是供求双方的身份与产品市场发生了互换，产品市场的供给者变成了要素市场的需求者，而产品市场的需求者则成了要素市场的供给者，但产品市场均衡的相关原则同样适用于生产要素市场。

消费者作为生产要素的供给者，其收入水平取决于要素的价格和使用量，因此，生产要素价格决定理论所讨论的实际是分配问题，而要素价格决定论也是分配理论的核心内容。本章第一节分析要素的需求，主要讨论生产要素需求的性质及其决定因素；第二节分析要素的供给；第三节主要考察要素市场的均衡

第一节 生产要素需求

一、生产要素的含义

（一）生产要素

生产要素（factors of production）是指用于生产物品和服务的投入。在社会经济活动中，劳动、资本、土地、企业家才能是最重要的生产要素，它们的价格分别称为工资、利息、租金和利润。

从生产者角度看，工资、利息、地租和利润是生产要素的价格或生产成本；而从要素所有者角度来看，则分别是各所有者的收入。因此，要素的价格决定问题也就是收入分配问题。收入分配理论就是分析工资、利息、地租和利润是如何被决定的。市场经济条件下，要素的价格主要由要素的供求关系决定。

(二) 生产要素需求

如图 7-1 所示，厂商和家庭（消费者）在生产要素市场和产品市场上扮演的角色相反：产品市场上是买方的消费者在要素市场上成为卖者，出卖劳动、资本和土地等生产要素；产品市场上是卖方的企业则在要素市场上成为买者，它们购买上述生产要素来进行生产。

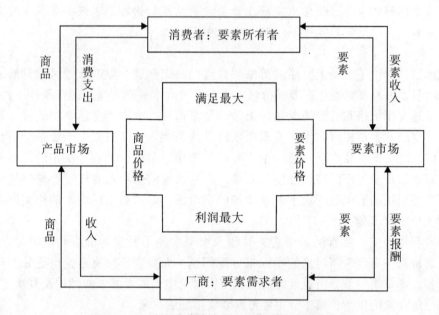

图 7-1 厂商和家庭在产品市场和要素市场的角色

生产要素需求和产品需求不同，有其自身的特点。

首先，厂商对生产要素的需求是引致需求或派生需求，是由于消费者对产品的需求导致厂商对生产要素的需求。换句话说，企业之所以需要购买生产要素，是为了生产和销售产品以获得收益。因此，从这个意义上说，厂商对生产要素的需求不是直接需求而是派生需求。由于一般产品具有效用，能够满足消费者的欲望，因此，人们愿意购买这些产品，从事产品生产的厂商才有利可图。厂商要生产具有某种效用的产品，必须投入相关的生产要素，例如，厂商要生产面包，必须雇用劳动力，租用厂房，购买面粉、砂糖、烤箱等各类相关生产要素。所以，如果不存在消费者对产品的需求，厂商就无法从产品生产和销售中获益，从而也不会去购买相关生产要素进行生产。

可见，厂商购买生产要素并不是为了满足自己的消费，而是要利用这些要素生产出满足消费者需要的产品，因此，厂商对生产要素的需求是由消费者对产品的需求引致的，是引致需求或派生需求。

其次，厂商对生产要素的需求还是一种联合需求，即各种生产要素之间存在着相互依存的关系。生产要素往往不能单独发挥作用，在生产过程中，不同生产要素的功能是相互补充的，仅有工人或仅有机器都无法生产出具有一定效用的产品，只有多种生产要素组合在一起共同发挥作用，才能生产出满足消费者需求的产品；同时，在一定程度上，不同生产要素之间又具有替代性，例如，劳动在一定程度上可以替代资本，后者也可以在一定程度上替代劳动。

对生产要素需求的这种相互依存性决定了厂商对某种生产要素的需求不仅取决于该要素自身的价格，而且也取决于其他生产要素的价格。

二、边际收益产品和边际产品价值

消费者购买产品是因为产品具有效用，能满足其需要；同样，厂商购买生产要素是因为生产要素具有生产力。如同消费者对产品的需求取决于产品的边际效用，厂商对生产要素的需求取决于要素的边际生产力。生产要素的边际生产力是指在其他生产要素数量不变的条件下，追加一个单位某种生产要素所带来的生产率。

生产要素的边际生产力有两种表现形式：一种是实物形式，表现为每增加一单位要素投入所增加的产量，被称为要素的边际产量；另一种是货币形式，表现为每增加一单位要素投入所增加的实物产量带来的收益，被称为边际收益产品（MRP）。

（一）边际收益产品

边际收益产品也被称为要素的边际收益，指增加一单位生产要素投入所带来的产出增量给厂商带来的收益增量，可以从三个方面理解。

（1）增加一单位生产要素多带来的产品增量，即要素的边际产量为 MP。

（2）增加一单位产品的销售给厂商带来的总收益的增加，即产品的边际收益为 MR。

（3）增加一单位生产要素的边际收益为 MRP。

要素的边际收益产品是边际收益 MR 和边际产量 MP 的乘积，即：

$$MRP = MR \cdot MP \tag{7-1}$$

由公式（7-1）可知，MR 随着产品销量的增加而下降，MP 随着要素投入的增加而减少，所以，MRP 随着要素的增加而下降。要素的边际收益产品（MRP）曲线见图 7-2。

如果投入的要素是劳动，就称为劳动的边际收益产品（MRP_L）；如果投入的要素是资本，则称为资本的边际收益产品（MRP_K）。

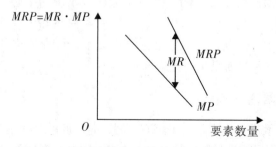

图 7-2　要素的边际收益产品（MRP）曲线

(二) 边际产品价值

边际产品价值（VMP）也被称为要素的平均收益（也是要素的需求曲线），指的是增加一单位要素所增加的产量的销售值，即：

$$VMP = MP \cdot P \tag{7-2}$$

式中：MP 表示要素的边际产量，表示增加使用 1 个单位要素所增加的产量；P 是产品的价格；VMP 是厂商增加使用 1 个单位要素所增加的收益，边际产品价值也可以理解为要素的平均收益。

由于边际生产力递减规律，边际产品曲线 MP 递减即向右下方倾斜，而 P 在完全竞争市场是个常数，在非完全竞争市场递减，故边际产品价值曲线 VMP 也向右下方倾斜。

在完全竞争的产品市场上，厂商是价格的接受者，可以给定产品价格不变（P 为常数），因此，厂商在完全竞争市场面对的价格线是一条水平线。由于价格不变，$P = MR$，所以，

$$MRP = MP \cdot MR = MP \cdot P = VMP \tag{7-3}$$

如图 7-3 所示，在不完全竞争市场上，投入增加导致产量增加，此时价格会下降，边际收益 MR 下降得更快，即 $P > MR$，故 $VMP > MRP$，即厂商的 MRP 曲线位于它处于完全竞争市场时 MRP（VMP）曲线的下方。

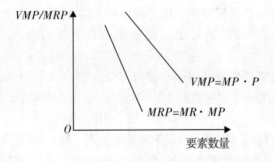

图 7-3　非完全竞争市场要素的 MRP 和 VMP 曲线

尽管两条曲线都是向右下方倾斜，但两条曲线下降的原因不同。在完全竞争条件下，要素的边际收益曲线由于要素的边际生产力曲线下降而下降，即由要素的边际生产力递减而下降；而在不完全竞争条件下，边际收益曲线除了取决于要素的边际生产力，还取决于价格水平。因此，在不完全竞争市场上，厂商的边际收益曲线要比完全竞争厂商的边际收益曲线更加陡峭一些。

三、厂商的要素需求曲线

厂商购买生产要素进行生产是为了获取利润，而厂商的利润是总收益与总成本的差额，总收益是产品销售量与产品价格的乘积，总成本则是要素使用量与要素价格的乘积。

因此，厂商要获取最大利润，除了要考虑产品市场上产品的数量和价格外，还必须考虑要素市场上要素的使用量及其价格。

在要素市场上，厂商每追加1单位投入要素所引起的总成本的增量叫作边际要素成本（MFC），其计算公式为：

$$MFC = dTC/dL \text{ 或 } dTC/dK \tag{7-4}$$

为了使利润最大，厂商将按照 $MRP = MFC$ 的原则来使用投入要素。也就是说，要素市场的利润最大化原则就是要素的边际收益等于要素边际成本。

厂商对于每一单位生产要素愿意支付的价格取决于该单位生产要素给其带来的收益。在其他要素数量不变的情况下，每追加一单位某种生产要素所带来的收益即为边际收益产品 MRP，利润最大时，厂商对该单位生产要素所支付的价格与其边际收益产品相等。以劳动为例，劳动的价格即工资，当工资高于劳动的边际收益产品时，意味着厂商雇用最后一单位劳动所得到的收益小于其所支付的工资，厂商得不偿失，因此，会减少劳动的雇用量直至二者相等；相反，若工资低于劳动的边际收益产品，则厂商雇用最后一单位劳动所得到的收益大于其所支付的工资，为获得更多利润，厂商会增加劳动的雇用量直至二者相等。由此可知，厂商对每一单位劳动愿意支付的工资等于该单位劳动的边际收益产品，厂商对劳动的需求线就是劳动的边际收益产品线。

综上所述，厂商对生产要素的需求曲线就是生产要素的边际收益产品线。由于生产要素的边际生产力递减，生产要素的边际收益产品线向右下方倾斜，因此，厂商对生产要素的需求曲线是一条向右下方倾斜的线。

在图7-4中，横轴代表生产要素的数量，纵轴代表价格。图7-4（a）表示产品市场完全竞争时厂商的要素需求曲线，图7-4（b）表示产品市场不完全竞争时厂商的要素需求曲线。在完全竞争的市场条件下，$VMP = MRP$，因此，生产要素的需求曲线 D、MRP 曲线以及 VMP 曲线是同一条向右下方倾斜的曲线，表明随着生产要素数量的增加，要素的边际收益产品及边际产品价值递减，厂商对其愿意支付的价格也随之下降，要素投入量与其价格反方向变动。在不完全竞争的市场条件下，$VMP > MRP$，VMP 曲线位于 MRP 曲线的上方。

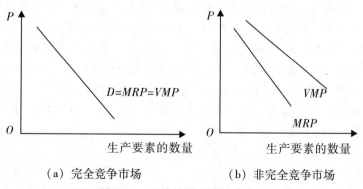

（a）完全竞争市场　　　（b）非完全竞争市场

图7-4　厂商的要素需求曲线

四、行业的要素需求曲线

当厂商所在行业是垄断行业时,厂商对生产要素的需求曲线就是该行业的要素需求曲线;但是,当行业内有许多厂商时,就不能像对待产品市场需求曲线那样,把行业对生产要素的需求曲线看作单个厂商生产要素需求曲线的简单水平相加。

虽然整个行业对某种要素的总需求是单个厂商对此要素需求的加总,但在进行加总时,要避免"合成谬误",必须考虑行业中所有厂商共同采取行动时会带来的影响。例如,经济的扩张或收缩会使所有厂商对要素的需求量同时增加或减少,进而引起要素价格发生变化,并最终改变单个厂商对要素的需求,因此,市场的要素需求曲线并不是单个厂商的要素需求曲线的简单加总。当行业内所有厂商都扩大产量时,最终产品的价格将无法维持在原先的水平而下降,导致要素的边际收益产品下降,从而使单个厂商的要素需求曲线往下移动,最终使行业的要素需求曲线的斜率发生改变。我们以图 7-5 来说明这种情况。

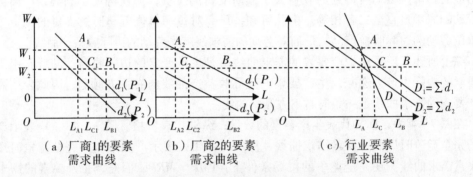

图 7-5 行业的要素需求曲线

以劳动市场为例。假设整个行业只有两家厂商,厂商 1 最初的均衡点为 A_1 点,厂商 2 最初均衡点为 A_2 点,此时市场的工资水平为 W_1,产品价格为 P_1,劳动雇用量分别是 L_{A1} 和 L_{A2}。如果产品价格保持在 P_1 不变,工资下降到 W_2,则厂商 1 和厂商 2 的均衡点将下降到 B_1、B_2 点,雇用的劳动分别增加到 L_{B1} 和 L_{B2},把两个厂商对劳动的需求曲线 d_1 水平相加,可以得到在价格为 P_1 时行业对劳动的需求曲线 $D_1(D_1 = \sum d_1)$。因此,从整个行业看,工资水平为 W_1 时均衡点为 A,此时行业对劳动的需求量为 L_A($L_A = L_{A1} + L_{A2}$),而当工资下降到 W_2 时,行业对劳动的需求量为 L_B($L_B = L_{B1} + L_{B2}$)。

然而,当行业中所有的厂商都增加产量时,产品的价格会下降,假定价格由 P_1 下降到 P_2,由于单个厂商的需求曲线就是其 VMP 曲线,而 $VMP = MP \cdot P$,故 VMP 曲线即厂商的需求曲线会下移,如图 7-5 所示,厂商 1 和厂商 2 的需求曲线会从 d_1 下移到 d_2,新的均衡点分别为 C_1 和 C_2,对劳动的需求量分别为 L_{C1} 和 L_{C2},这一变化导致行业的需求曲线下移到 D_2($D_2 = \sum d_2$),新的均衡点为 C,行业在工资为 W_2 时对劳动需求量为 L_C($L_C = L_{C1} + L_{C2}$)。显然,在工资变化前,A 是行业对要素需求曲线上的一点,工资变化后,C 也是行业对要素需求曲线上的一点;因此,行业对要素的需求曲线应

该是 A 与 C 的连线 D。从图形看，行业的需求曲线比单个厂商的水平加总的需求曲线 D_1 更加陡峭。

对行业的要素需求曲线，需要注意四点。

(1) 要素使用数量取决于要素价格。一般要素的使用数量和价格反方向变化，以劳动为例，工资水平越低，劳动的雇用量越多。

(2) 在需求曲线上的任何一点，完全竞争厂商的经济利润均为零。如果要素价格下降，厂商会增加产量，市场供给增加导致产品价格下降，新的均衡价格使厂商只能获得正常利润。

(3) 行业对要素的需求曲线并不是要素市场上对这种要素的需求曲线。某一行业通常不会是某种要素的唯一需求者，而只是这种要素众多需求者中的一分子，如企业并不是需要会计的唯一行业。

(4) 许多因素同时影响要素的需求弹性。首先，要素的需求弹性取决于最终产品的需求弹性，最终产品的需求弹性越大，要素的需求弹性也越大；其次，要素的需求弹性取决于其可替代程度或调整时间，调整时间越长，要素的可替代程度越大，其需求弹性也越大；最后，其他要素的供给弹性也会影响要素的需求弹性，其他要素的供给弹性越大，对该种要素的需求弹性也越大。

第二节 生产要素供给

一、要素供给者

一般把将投入生产过程的要素分为中间要素和原始要素，中间要素通常被称为中间产品，其供给者是厂商，是由厂商按照利润最大化原则生产出来的，中间要素的供给遵循一般商品的供给规律。原始要素是指最初的、未经过加工的生产要素，主要包括劳动、资本、土地及企业家才能等，其中，资本要素主要是以货币形式存在的资本，可以用来购置各种固定资本。原始要素的供给者是家庭或者消费者。本节主要对原始生产要素的供给进行分析。

一般而言，家庭或消费者是生产要素的供给者。出于对自身经济利益的追求，家庭或消费者的经济行为首先表现为在生产要素市场上提供生产要素，如提供一定数量的劳动、土地等，以取得收入，然后，在产品市场上购买所需要的商品，进而在消费中得到最大的效用满足。而作为产品市场供给方的企业（厂商）成为要素的需求者，它们向家庭或消费者购买劳动、资本、土地等要素进行生产。

二、要素市场的供给

分析要素供给之前，首先要了解要素存量与意愿供给量的概念。消费者拥有的要素数量（劳动、资本、土地等资源）在一定时期内总是既定不变的，这属于一定时期内要素的存量供给，与要素的价格没有直接的关系，要素的供给不可能超过存量；要素意愿供给量指要素所有者愿意提供或供给的数量,与要素的存量通常是不同的,要素所有者愿意提供的要素数量往往随着要素价格的变动而变动。

要素供给曲线(见图7-6)的形状与所考察的市场大小有关。一般情况下,要素供给曲线是一条向右上方倾斜的曲线,即要素的价格越高,要素所有者愿意提供的数量就越多;但在某些情况下,要素的供给会受到限制。若是一个要素被充分利用的社会,其供给曲线将是一条近似垂直的曲线。比如劳动供给的增加来自两个方面:一是在原有工资水平上不愿意工作的人进入劳动市场;二是已在工作的人因工资水平的提高而愿意延长劳动时间。对一个接近充分就业的社会而言,其新增劳动力很有限,即劳动供给的变动对工资变动的反应很小,其供给曲线相对陡峭;但如果是某一个行业的劳动供给则不同,若该行业雇用的劳动在整个社会的就业量中所占的比例很小,则该行业的劳动供给曲线将是一条相当平坦的水平线,因为价格的变化会导致劳动要素在行业间流动。

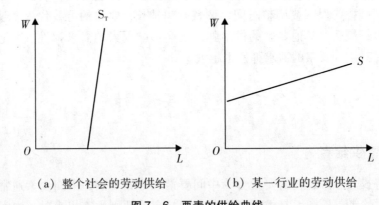

(a) 整个社会的劳动供给　　(b) 某一行业的劳动供给

图7-6　要素的供给曲线

三、劳动力的供给曲线

劳动的供给取决于居民户对时间的分配。居民户将一天拥有的全部时间(24小时)分为两部分:一部分是工作时间,在这段时间里,人们从事生产活动并获取相应的报酬即工资;另一部分是闲暇时间,一天中除工作之外的其他时间均可归为此类,主要用于睡眠、娱乐、旅游等非生产活动。闲暇时间虽然不能带来收入,但可以使人获得满足感,因而具有效用。居民户将时间在工作和闲暇之间进行分配,同一时间,选择闲暇就必然放弃工作,同时也放弃了相应的工资收入,因此,工资率即为闲暇的机会成本,相当于闲暇的"价格"。这样,居民户时间的分配主要取决于工资水平。

从理论上分析,工资的变化对劳动供给会产生替代效应和收入效应。这是由于劳动者将其时间分为劳动时间和休闲时间所引起的。替代效应就是当工资提高后,休闲成本增加,从而劳动者会增加部分劳动时间以替代休闲时间。在一个过程中,同时也发生着收入效应,即工资提高后使人们收入增加,这样人们会增加对于休闲这种特殊商品的消费，从而休闲时间增多，劳动时间又减少了。由于两种效应同时存在，而且又作用相反，因此，最终劳动供给量的变化要取决于二者的关系。当工资提高产生的替代效应大于收入效应时，劳动供给会最终增加；反之，劳动供给最终将会减少。

在现实的劳动市场中，起初当工资提高时，替代效应大于收入效应，因而劳动供给量会随工资率的提高而增加，表现为向右上方倾斜；但当工资提高到一定的水平后，工资再提高所产生的收入效应会大于替代效应，从而导致劳动供给减少。这是因为高工资使人们的物质生活已达到一定水平，接下来将会追求休闲生活的享乐，从而人们会增加更多休闲时间，减少劳动时间，因而劳动供给曲线总体上表现为一条向后弯曲的曲线（如图7-7所示）。工资决定于劳动的供求状况，即劳动供给曲线和需求曲线的交点位置。

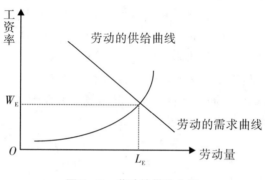

图7-7 劳动的供给曲线

第三节 生产要素市场的均衡

同产品市场的均衡一样，要素市场的均衡也取决于要素的供给和需求。当生产要素的供给和需求相等时，生产要素市场达到均衡状态，此时的要素价格为均衡价格，要素使用量为均衡数量。在市场经济条件下，要素市场的均衡也是在市场机制作用下自发形成的。当要素供给大于需求时，要素价格会下降，从而使要素供给减少，需求增加，直至二者相等；当要素供给小于需求时，要素价格上升，使要素供给增加，需求减少，直至二者相等。可见，正如价格机制在产品市场中的作用一样，要素价格会逐步调整要素的供求，使要素市场达到均衡状态。

对于厂商来说，要素的需求曲线实质上是其雇用每一单位要素所能够获得的收益，即边际收益；要素的供给曲线则表明对每一单位要素厂商须支付的成本，即边际成本。要素市场的均衡意味着对应于某一要素数量，厂商所获得的边际收益与其所支付的边际成本相等。为了区别于产品市场，在要素市场上，要素的边际收益被称为边际收益产品 MRP，要素的边际成本则被称为边际要素成本 MFC，这样，要素市场的均衡条件就可以写为：$MRP=MFC$。

一、完全竞争要素市场

我们需要考虑两种情况：一是要素的需求者——厂商在产品市场上也是完全竞争的；二是厂商在产品市场上有垄断能力，是不完全竞争的厂商。但无论哪种情况，厂商在完全竞争的要素市场上都没有任何垄断权力，因为它们并不是唯一雇用这些要素的厂商或行业。

（一）完全竞争的产品市场

在产品市场和要素市场都是完全竞争时，产品价格和要素价格都是由市场的供给和需求决定的，厂商无论是作为产品的供给者还是作为要素的需求者都没有任何市场力量影响价格，是价格的接受者。当产品市场是完全竞争时，产品的价格与边际收益相等，即 $P=MR$，此时，对生产要素的需求曲线 D、MRP 曲线和 VMP 曲线是同一条向右下方倾斜的曲线。当要素市场是完全竞争时，厂商只能接受由市场的要素供给和需求所决定的要素价格，对于厂商来说，在这一价格水平上，所面对的要素供给是无限的，此时，每追加一单位生产要素所增加的成本就是要素的价格，因此，要素的供给曲线 S 与厂商的 MFC 曲线是同一条直线。产品市场和要素市场都是完全竞争时，厂商对要素需求的均衡决定如图 7-8 所示。

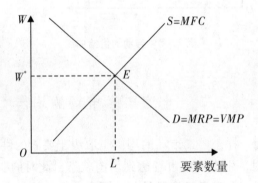

图 7-8 完全竞争产品市场的要素市场均衡

图 7-8 中，横轴代表要素数量，纵轴代表要素价格。厂商面临的要素供给曲线 S 与其对要素的需求曲线 D 相交于 E 点，此时，$MRP=MFC$，厂商对生产要素的投入达到均衡状态。由 E 点所决定的要素投入量为 L^*，要素价格为 W^*。从图 7-8 不难看出，在产品市场和要素市场都是完全竞争时，在 $MRP=MFC$ 所决定的均衡状态下，厂商的总收益与总成本相等，厂商无超额利润。

（二）不完全竞争的产品市场

当产品市场为不完全竞争时，意味着厂商在产品市场拥有影响价格的市场力量。此时，厂商产品的需求曲线向右下方倾斜，且 $P>MR$，这样，$MRP<VMP$，VMP 曲线

与要素的需求曲线即 MRP 曲线分离为两条不同的向右下方倾斜的曲线，且要素的需求曲线位于 VMP 曲线的下方。由于要素市场是完全竞争的，因此，要素供给曲线与 MFC 曲线仍为同一条平行于横轴的直线。这种市场中，厂商对要素需求的均衡决定如图7-9 所示。

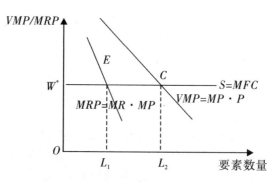

图7-9　不完全竞争产品市场的要素市场均衡

对单个厂商而言，在完全竞争的要素市场上，他所面临的是一条水平的供给曲线，即厂商能够以市场价格 W^* 雇用到足够多的劳动（图7-9 中的供给曲线 S）。左边为不完全竞争产品市场厂商的边际收益产品曲线（$MRP = MR \cdot MP$）。随着要素投入增加，要素边际产量 MP 递减，厂商边际收益 MR 也要递减。边际产品收益递减速度加快，即图中更陡峭的 MRP 曲线。右边是一条完全竞争产品市场厂商的边际收益产品曲线（MRP 曲线与 VMP 曲线重叠）。在完全竞争市场中，价格 P 固定，$MR = P$，因此，随着要素投入增加，只有要素的边际产量 MP 会递减，价格 P 和边际收益 MR 不变，所以，与不完全竞争产品市场相比较，边际收益产品递减速度较慢，是一条斜率较小的曲线。不完全竞争厂商对要素的需求曲线向下倾斜，但斜率要大于完全竞争厂商的需求曲线，在价格（W^*）既定时，不完全竞争厂商对要素的需求量 L_1 要小于完全竞争厂商的要素需求量 L_2，其原因在于垄断的产量要小于完全竞争的产量。

厂商面临的价格并不因产品市场结构变化而变化，因为无论是不完全竞争厂商还是完全竞争厂商，在完全竞争的要素市场中，面临的都是一条水平的要素供给曲线。

二、不完全竞争要素市场

（一）买方垄断的要素市场

买方垄断（monopsony）意味着在要素市场上厂商是独家买主。作为要素市场独家买主的厂商，面临的要素供给曲线是整个社会要素市场的供给曲线（表现为一条向右上方倾斜的曲线）。买方垄断厂商不像一般厂商那样接受既定的要素价格，而是可以"制定"价格，即可以通过减少要素雇用量来压低要素价格。在完全竞争的要素市场，厂商接受既定的要素价格，因此，$MFC = AFC$，要素的供给曲线就是要素的 MFC。在买方垄断情况下，买方垄断厂商若增加要素投入，会抬高所雇用的所有要素的价格，所以，MFC 应该比要素 S 曲线上升得更快且 MFC 曲线位于要素供给曲线 S 的上方（见图 7-10）。

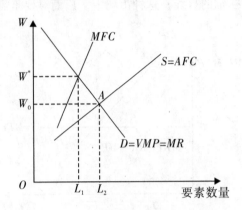

图 7-10　买方垄断的要素市场均衡

在图 7-10 中，买方垄断厂商的要素需求曲线为 D（由厂商的要素边际收益曲线 VMP 决定），按照边际收益等于边际成本的原则，此时雇用量为 L_1，小于由市场供求情况所决定（即由 AFC 曲线和 D 曲线的交点 A 决定）的雇用量 L_2。当要素雇用量为 L_1 时，又把价格压到 W_0（要素的价格是由供给曲线上相应的要素雇用量来决定的），小于市场供求均衡情况下应有的价格 W^*，说明了买方垄断厂商通过减少用量压低价格，正如其在产品市场上限制产量以提高价格一样。

买方垄断形成的原因有多种：第一种可能是生产要素的专业化，某些生产要素特殊的技能与性质只能适应某种特殊工作或用途，离开这个用途就卖不出去，因此，需要这种生产要素的厂商就有可能形成买方垄断；第二种可能是地理上的隔绝，比如在交通不便的地区，厂商就有可能成为某一要素的唯一买主；第三种可能是买方垄断卡特尔，同一行业几家大企业联合起来购买某一要素形成买方垄断。

（二）卖方垄断的要素市场

当某种要素市场只有一家卖主，即形成卖方垄断，其面临的要素需求曲线是整个行业的需求曲线，向右下方倾斜。垄断卖方不像一般卖者那样接受既定的要素价格，而是可以通过控制要素供给量来决定要素价格。纯粹的卖方垄断较为少见。在劳动市场上，人们往往认为工会充当了劳动要素卖方垄断的角色。

如图 7-11 所示，需求曲线 D 表示没有卖方垄断的要素市场的要素需求曲线，要素供给曲线 S 表示没有垄断力量时的供给，在完全竞争条件下，雇用数量为 L_2，要素价格为 W_2。出现卖方垄断时，卖方垄断的边际收益曲线 MR 将位于需求曲线 D 的下方。需求曲线 D 是厂商随着要素价格变化做出的购买计划，边际收益曲线 MR 反映了卖方垄断厂商随着要素卖出数量的增加而得到的额外收益。按照 $MR = MC$ 的原则，卖方垄断将把要素雇用量限制在 L_1，相应的均衡价格为 W_1。卖方垄断下，供给量 L_1 低于完全竞争要素市场下应有的 L_2，价格为 W_1，又高于完全竞争市场情况下应有的价格 W_2。

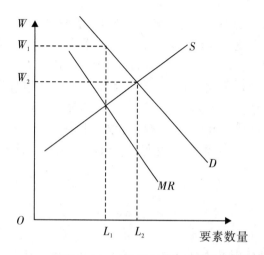

图 7-11　卖方垄断的要素市场

三、双边垄断

双边垄断指在要素市场上同时出现买方垄断和卖方垄断现象。如图 7-12 所示，当产品市场为不完全竞争时，VMP 曲线与要素的需求曲线即 MRP 曲线分离为两条不同的向右下方倾斜的曲线，且要素的需求曲线位于 VMP 曲线的下方。当要素市场是不完全竞争时，MFC 曲线与要素的供给曲线 S 发生了分离，且 MFC 曲线位于要素供给曲线 S 的上方。若出现双边垄断时，市场的均衡只可能在讨价还价的过程中形成。

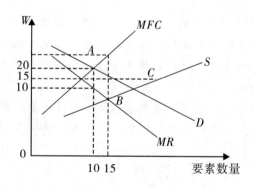

图 7-12　双边垄断

在图 7-12 中，S 为要素供给曲线，D 为要素需求曲线，若无卖方垄断，买方垄断会根据其要素边际成本曲线 MFC 购买 10 单位，价格为 10 元，这时，要素边际产品价格等于厂商的边际要素成本（图中 A 点）。若无买方垄断，卖方垄断想提供 15 单位要素，价格为 20 元，此时，卖方垄断的边际收益等于其要素的供给曲线（图中 B 点）。

按双方各自的意愿，是不可能成交的，只能讨价还价。双方可能达成某种折中协议，也可能不欢而散。

我们以一个双边垄断的例子来进行说明。假如我拥有世界上唯一的一个苹果，而你是这个世界上唯一一个吃了苹果不过敏的人，对我来说，苹果毫无价值，而对你来说，它价值 1 美元。如果我把这个苹果卖给你，就会得到 1 美元，这是我十分愿意做的事情；而你用 1 美元换得了这个苹果，认为物有所值，你的情况比买不到这个苹果要好。如果我把这个苹果白给了你，我一无所获，你等于得到了 1 美元。如果把价格从 0 到 1 进行排列，以此代表我们之间交换时数额上的分段，如果我们双方不能就价格达成一致意见，其结果是苹果仍归我所有，但通过交易可能获得的潜在收益便失去了。

本章小结

1. 厂商对生产要素的需求是引致需求或派生需求，同时还是一种联合需求。边际收益产品（MRP）是指增加一单位生产要素投入所带来的产出增量给厂商带来的收益增量。MRP 随着要素的增加而下降。边际产品价值（VMP）指的是增加一单位要素所增加的产量的销售值。在完全竞争的产品市场上，$MRP = MP \cdot MR = MP \cdot P = VMP$；在不完全竞争市场上，$VMP > MRP$。

2. 厂商对于每一单位生产要素愿意支付的价格取决于该单位生产要素给其带来的收益。厂商对生产要素的需求曲线就是生产要素的边际收益产品线。当厂商所在行业是垄断行业时，整个行业对某种要素的总需求是单个厂商对此要素的需求之和，但在进行加总时，要避免"合成谬误"，必须考虑行业中所有厂商共同采取行动时会带来的影响。

3. 家庭或消费者是生产要素的供给者。要素供给曲线的形状与所考察的市场大小有关。一般情况下，要素供给曲线是一条向右上方倾斜的曲线，但在某些情况下，要素的供给会受到限制。由于替代效应和收入效应的共同作用，劳动供给曲线总体上表现为一条向后弯曲的曲线。

4. 要素市场的均衡取决于要素的供给和需求。不同的要素购买者和不同的要素提供者会有不同的表现形式。要素市场的均衡条件可以写为：$MRP = MFC$。

课后练习

一、名词解释

1. 生产要素
2. 引致需求
3. 边际收益产品
4. 边际产品价值

5. 边际要素成本

6. 完全竞争要素市场

7. 买方垄断

8. 卖方垄断

二、单项选择题

1. 一个完全竞争的厂商，在生产中只使用一种要素，则下面关于该厂商要素需求的说法错误的是（   ）。

    A. 要素需求规律受边际报酬递减规律的支配

    B. 厂商要素需求曲线的位置决定于要素的价格水平

    C. 要素需求受制于产品的需求

    D. 单个厂商的要素需求曲线就是要素的边际产品价值（VMP）线

2. 与卖方垄断厂商的要素需求曲线相比，完全竞争厂商的要素需求曲线（   ）。

    A. 更平缓   B. 更陡峭   C. 重合   D. 无法确定

3. 用于生产产品 X 的 A 投入要素的边际产品价值可解释为（   ）。

    A. A 的边际产量乘以 A 的价格   B. A 的平均产量乘以 A 的价格

    C. A 的边际产量乘以 X 的价格   D. A 的平均产量乘以 X 的价格

4. 一种可变要素的价格为 10 美元，该要素的边际产出为 5 单位的某产品，则能使该完全竞争厂商获得最大利润的产品价格是（   ）。

    A. 10 美元   B. 2 美元   C. 1 美元   D. 0.5 美元

5. 在完全竞争的要素市场上，要素价格、产品的边际收益均为 4 美元，且此时厂商获得了最大利润，则该种要素的边际产量为（   ）。

    A. 2   B. 1   C. 4   D. 不确定

6. 一个卖方垄断厂商在生产中使用一种要素，该要素的价格为 10 美元，边际产量为 5，所生产的产品的价格为 2 美元，则（   ）。

    A. 实现了利润的最大化，因为 $VMP_L = W$

    B. 实现了利润的最大化，因为 $MRP = W$

    C. 未实现利润的最大化，厂商的产量过多

    D. 未实现利润的最大化，厂商的产量过少

7. 一买方垄断厂商实现了最大利润的均衡，此时其要素使用量为 100，要素的边际产量为 2，产品价格为 10 美元，则其支付的要素价格很可能（   ）美元。

    A. 等于 20   B. 等于 10   C. 小于 10   D. 大于 20

8. 在完全竞争市场上，生产要素的需求曲线向右下方倾斜是由于（   ）。

    A. 要素生产的产品的边际效用递减

    B. 要素的边际产品递减

    C. 投入越多，产出越大，从而产品价格越低

    D. 要素所生产的产品的需求减少

9. 边际收益产品（MRP）是衡量（   ）。
   A. 多生产一单位产量所导致的 TR 的增加量
   B. 多生产一单位产量所导致的 TC 的增加量
   C. 增加一单位某投入要素引起的 TC 的增加量
   D. 增加一单位某投入要素引起的 TR 的增量

10. 在完全竞争的产品市场中，对要素投入的需求曲线，因产出的价格是常数，所以受（   ）决定。
    A. 投入的价格　　　　　　　B. 产出的数量
    C. 投入的边际产量　　　　　D. 投入的边际成本

11. 如果生产要素的供应是完全缺乏弹性的话，（   ）。
    A. 均衡价格是由需求曲线决定的
    B. 均衡价格是不存在的
    C. 均衡价格是由供应曲线决定的
    D. 上述说法都不对

12. 如果劳动的边际产值大于工资率，那可能有（   ）。
    A. 产品市场的垄断
    B. 要素市场的垄断
    C. 产品和要素市场的完全竞争
    D. 或者是 A 或者是 B

13. 完全竞争产品市场与不完全竞争产品市场两种条件下的生产要素需求曲线相比较，（   ）。
    A. 前者比后者平坦　　　　　B. 前者比后者陡峭
    C. 前者与后者重合　　　　　D. 无法确定

三、判断题

1. 如果一个竞争性厂商最后雇佣的那个工人所创造的产值大于其雇佣的全部工人的平均产值，该厂商一定没有实现最大利润。（   ）

2. 假设劳动市场是竞争的，如果政府规定的最低工资高于市场均衡工资，必然引起失业。（   ）

3. 在完全竞争的要素市场上，利润最大化要素使用原则是产品价格等于要素边际产值。（   ）

4. 一个厂商使用唯一可变要素劳动与不变要素一起生产产品，如果产品市场是完全竞争的，而该厂商均衡状态下工人的边际产量等于平均产量，则它必然是亏损的。（   ）

5. 要素市场的供给与产品市场的供给具有相同的特点。（   ）

6. 厂商对生产要素的需求取决于生产要素的边际收益产品。（   ）

7. 完全竞争产品市场与不完全竞争产品市场两种条件下的生产要素需求曲线是重

合的。（   ）

四、简答题

1. 试分析产品市场和要素市场的差异。
2. 完全竞争产品市场与不完全竞争产品市场两种条件下的生产要素需求曲线有什么不同？
3. 劳动供给曲线为什么向后弯曲？

五、计算题

1. 假设某一厂商只使用可变要素劳动进行生产。其生产函数是 $Q = 36L + L^2 - 0.01L^3$，Q 为厂商每天产量，L 为工人的日劳动小时数，该厂商为完全竞争厂商，产品价格为 0.10 元，小时工资为 4.80 元。求厂商利润最大时：

（1）厂商每天将投入多少劳动小时？

（2）如果厂商每天支付的固定成本为 50 元，厂商每天生产的纯利润是多少？

第八章　外部性和公共产品

学习目标

通过本课程的学习，让学生了解外部性、公共产品、不完全信息和市场失灵的概念，外部性的分类、产生的效果和解决方法，理解外部性、公共产品和不完全信息的存在都会导致市场失灵；同时对公共产品的特征及解决方案有所了解。

第一节　外　部　性

一、外部性的概念

外部性（externality）又称为外部影响或外部效应、外部经济，指一个人或一群人的行动和决策使另一个人或另一群人受损或受益的情况。经济外部性是经济主体（包括厂商或个人）的经济活动对他人和社会造成的非市场化的影响，即社会成员（包括组织和个人）从事经济活动时其成本与后果不完全由该行为人承担。外部性的概念是由阿尔弗雷德·马歇尔和阿瑟·塞西尔·庇古在 20 世纪初提出的。外部性的存在造成社会脱离最有效的生产状态，使市场经济体制不能很好地实现其优化资源配置的基本功能。

二、外部性的分类及解决方案

（一）外部性的分类

外部性按其影响分为正外部性（positive externality）和负外部性（negative externality）。正外部性也叫外部正效应，是某个经济行为个体的活动使他人或社会受益，而受益者无须花费代价。负外部性也叫外部负效应，是某个经济行为个体的活动使他人或社会受损，而造成负外部性的人却没有为此承担成本。

比如说，空气污染就产生典型的负外部性，因为它使很多其他的与产生污染的经济主体没有经济关系的个体支付了额外的成本。这些个体希望减少这样的污染，但是污染制造者却不这样认为。例如，一家造纸厂排放废气，它可以建造设备以减少废气排放量，它从中却得不到收益；但是，在造纸厂附近居住的人们却可以从减少废气的排放中大大受益。

同样，某人去注射了甲流疫苗，这场消费不仅对他自己有好处，对他周围的人也有一定的好处，即接触到病毒的传染源减少了。这也是一种正外部性。

外部效应的正负取决于厂商私人成本和社会成本的比较。当厂商的私人成本大于社会成本（社会收益大于厂商私人收益）时，产生正的外部效应；反之，产生负的外部效应。

图 8-1 说明外部效应带来的成本。假设一个钢铁厂排放的污水流经下游的一片农田。钢铁厂的需求曲线是 D，供给曲线由 S 表示，它实际上等于工厂的边际成本线，在价格为 P_C 的时候供求达到均衡。但是，由于钢铁厂排放的污水流经下游的粮田造成了负外部性，实际上生产的成本不只是这些，将这些额外的成本加到一块就叫作边际社会成本，由图 8-1 中的 MSC 表示出来。当产量为零的时候，社会成本就等于厂商的边际成本。与边际成本同理，社会成本也是递增的。从整个社会来看，最优的产量应该是 Q^*，而实际上由市场机制决定的产量 Q_C 要大于 Q^*。因此，在有负外部性的条件下，完全竞争将导致生产或消费的过度。

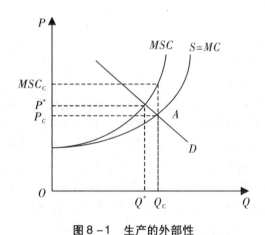

图 8-1 生产的外部性

（二）外部性的解决方案

当外部效应出现时，一般无法通过市场机制的自发作用来调节以达到社会资源有效配置的目的。因此，政府就应当负起解决外部效应的责任，比如政府可以通过补贴或直接的公共部门的生产来推进外部正效应的产出；还可以通过直接的管制来限制或遏制外部负效应的产出，如政府可以通过行政命令的方式硬性规定特定的污染排放量，企业或个人必须将污染量控制在这一法定水平之下，或者政府征收排污税等方式来治理企业或个人的环境污染问题。

1. 庇古税

解决外部性还可以通过政府征税或发放补贴的办法来解决。基本的思想是英国经济学家阿瑟·塞西尔·庇古在他的《福利经济学》中讨论过的对污染征收庇古税的思想，通过适当增税或补偿使得总产量达到社会最优产量。我们以解决负外部性为例。假设政府可以计算出社会成本，则征收税率为 $\tau = MSC - MC$，即厂商的产量减少到 Q^*（见图 8-2）。

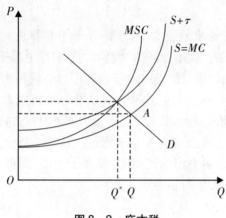

图 8-2 庇古税

在增收庇古税之前，造纸厂产量为 Q_c，庇古税使得供给曲线向上平行移动 τ 个单位，此时，市场的供给曲线就是 $S+\tau$，这时市场达到均衡点 Q^*。因此，增收庇古税解决了外部性带来的非效率问题。

庇古税可以产生有效率的结果，但是如果个体交易能够完成同样的结果的话，就没有必要非要政府来制定税收的政策了。科斯定理说明了，如果交易费用为零，则实现这种有效率的结果其实并不需要政府的参与，而政府的主要角色是决定产权是如何界定的，也就是财富是如何划分的，它没有必要参与厂商的产出过程。

可是，实际中交易成本通常是很高的，进行谈判通常是非常昂贵的，以至于是不可能的。这时，由政府使用税收或者补贴的手段来解决外部性的问题通常是有效率的。但是，由于经济是不断动态发展的，因此，采用这种方法要慎重，因为刚规定的税率或者补贴方法可能随着时间的变化马上就不合适了。

庇古税方案的运用前提是政府必须知道引起外部性和受它影响的所有个人的边际成本或收益，拥有与决定帕累托最优①资源配置相关的所有信息，只有这样，政府才能定出最优的税率和补贴。但是，现实中政府并不可能拥有足够的信息，因此，从理论上讲，庇古税是完美的，但实际的执行效果与预期存在相当大的偏差，而且政府干预本身也是要花费成本的，如果政府干预的成本支出大于外部性所造成的损失，从经济效率角度看，消除外部性就不值得了。此外，庇古税使用过程中可能出现的寻租活动，会导致资源的浪费和资源配置的扭曲。

2. 科斯定理

科斯定理（Coase theorem）是由罗纳德·科斯提出的一种观点，他认为如果交易费用为零，无论权利如何界定，都可以通过市场交易和自愿协商达到资源的最优配置；如果交易费用不为零，制度安排与选择是重要的。这就是说，解决外部性问题可能可以用市场交易形式即自愿协商替代庇古税手段。科斯定理的内容可以概括为三个方面。

---

① 帕累托最优（Pareto optimum），资源的最大效率配置。

第一,在交易费用为零的情况下,不管权利如何进行初始配置,当事人之间的谈判都会导致资源配置的帕累托最优。

第二,在交易费用不为零的情况下,不同的权利配置界定会带来不同的资源配置。

第三,因为交易费用的存在,不同的权利界定和分配带来不同效益的资源配置,所以产权制度的设置是优化资源配置的基础(达到帕累托最优)。

科斯理论是在批判庇古理论的过程中形成的,罗纳德·科斯对庇古税的批判主要集中在三个方面。

第一,外部性往往具有相互性。以钢铁厂与河边居民区之间的环境纠纷为例,在没有明确钢铁厂是否具有污染排放权的情况下,一旦钢铁厂排放废水就对它征收污染税,这是不严肃的事情。如果建钢铁厂在前,建居民区在后,在这种情况下,也许钢铁厂拥有污染排放权。

第二,在交易费用为零的情况下,庇古税根本没有必要。因为在这时,通过双方的自愿协商就可以产生资源配置的最佳化结果。既然在产权明确界定的情况下,自愿协商同样可以达到最优污染水平,可以实现和庇古税一样的效果,那么政府又何必参与呢?

第三,在交易费用不为零的情况下,解决外部效应的内部化问题要通过各种政策手段的成本-收益的权衡比较才能确定。从这一点来说,庇古税可能是有效的制度安排,也可能是低效的制度安排。

科斯定理的局限性表现在两个方面:一是要求具有较高的市场化程度。在市场化程度不高的经济中,科斯理论不能发挥作用。特别是发展中国家,在市场化改革过程中,有的还留有明显的计划经济痕迹,有的还处于过渡经济状态,与真正的市场经济相比差距较大。二是自愿协商的可行性受到限制。自愿协商是否可行,取决于交易费用的大小。如果交易费用高于社会净收益,自愿协商就失去意义。在一个法制不健全、不讲信用的经济社会,交易费用必然十分庞大,这样就大大限制了这种手段应用的可能,使得它不具备普遍的现实适用性。

不过,科斯定理在一定程度解决了外部性问题,其理论和实践意义并没有局限于外部性问题,为经济学的研究开辟了十分广阔的空间。

第二节 公共产品

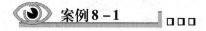
案例 8-1

公共地悲剧

当草地向牧民完全开放时,每一个牧民都想多养一头牛,因为多养一头牛增加的收益大于其购养成本,是有利润的。尽管因为平均草量下降,增加一头牛可能使整个草地的牛的单位收益下降,但对于单个牧民来说,他增加一头牛是有利的。可是如果所有的牧民都看到这一点，都增加一头牛，那么，草地将被过度放牧，从而不能满足牛的需要，导致所有牧民的牛都饿死。这个故事就是公共资源的悲剧。

（资料来源：作者根据相关资料整理。）

一、公共产品的概念和特征

公共产品（public good）相对私人产品而言，是公共使用的商品或物品，具有消费或使用上的非竞争性和受益上的非排他性的产品。公共产品的特征表现为两个方面。

1. 非竞争性

非竞争性是指该产品被提供出来以后，增加一个消费者不会减少任何一个人对该产品的消费数量和质量，其他人消费该产品的额外成本为零，换句话说，增加消费者的边际成本为零。

2. 非排他性

非排他性也称为消费上的非排斥性，是指一个人在消费这类产品时，无法排除他人也同时消费这类产品，而且即使你不愿意消费这一产品，你也没有办法排斥。例如，你走在一条公路上，你无法排除其他人也走这条公路，而且即使你不愿意受到公路上的路灯照射，但只要你走上这条有路灯的公路，就必须受到照射。

二、公共产品的分类

公共产品可分为纯公共产品和准公共产品（即混合品）两类。

纯公共品是指那些为整个社会共同消费的产品，它在消费过程中同时具有非竞争性和非排他性；另外，纯公共产品还具有非分割性，即它的消费是在保持其完整性的前提下，由众多的消费者共同享用的。例如，国防给人们带来的安全利益是不可分割的。可见，具有非竞争性、非排他性而且不能分割的纯公共产品在消费时，消费者只能共享，也可以不受影响地共享，而不能排斥任何人享用。纯公共产品一般由政府提供。

混合产品只具有非排他性和非竞争性两个特征中的一个，另一个则表现为不充分，是兼具公共产品和私人产品属性的产品。根据其所具有的两种产品属性的不同组合状况，可将其分为三类。

1. 具有非竞争性的同时也具有排他性

比如游泳池，在游客没有超过一定人数的条件下，游客的增多并不会影响原有游客的效用水平，即游泳池的消费具有非竞争性；但游泳池可设置围墙或栏杆将不买门票者拒之门外，即其消费也具有排他性。其他诸如教育、影院、高速公路等都属于此类的混合产品。

2. 具有非排他性的同时也具有竞争性

比如上例的公共地悲剧，由于草场公有，所以牧民都可以到草场放牧，即草场具有非排他的属性；但是，如果超过草场的载畜量，草场的使用就具有了竞争性。其他诸如生活小区的健身设施、公有的森林、公海的渔业资源等都属于这种类型的混合产品。

3. 在一定条件下具有非竞争性和非排他性

这类混合产品只要不超过一定的限度，该产品的消费就是非竞争的和非排他的；但若超过一定的限度，则具有竞争性和排他性特征。比如，不收费的桥梁只要不产生拥挤，则具有非竞争和非排他的属性；但如果产生了拥挤，就具有了竞争性。为了解决拥挤问题，政府就采用收费的办法，于是也就具有了排他性。显然，这类混合产品与前两类混合产品是不同的。前两类混合产品兼具公共产品和私人产品的属性；而这类混合产品则是在不同的时间或者说在不同的条件下，要么具有公共产品的属性，要么具有私人产品的属性。

准公共产品的范围较宽。如教育、文化、广播、电视、医院、应用科学研究、体育、公路、农林技术推广等事业单位，其向社会提供的产品属于准公共产品。此外，实行企业核算的自来水、供电、邮政、市政建设、铁路、港口、码头、城市公共交通等，也属于准公共产品的范围。准公共产品一般由准公共组织提供，也可以由私人提供。

三、公共产品的有效供给

所谓有效供给是指与消费需求和消费能力相适应的供给，即产品的供需平衡。任何一种产品的市场均衡产量和价格都是由该产品的供给曲线和需求曲线的交点决定的。其需求曲线应与该产品消费方的边际效用曲线相一致，供给曲线应与该产品生产方的边际成本曲线相一致。这样，社会边际收益等于社会边际成本，帕累托最优得以实现。

（一）私人产品的有效供给

假设社会上只有甲和乙两个人。此时，某种产品的市场需求量就是甲乙两人由于收入不同而产生的不同需求量的总和。这一需求曲线和由生产者边际成本决定的该产品的供给曲线相交的点就是市场均衡点。由于在私人产品条件下，不存在外部性现象，因此，消费者从该产品消费中所获得的边际效用也就是这一产品的社会边际收益，这样，在市场均衡点上，社会边际收益等于个人边际收益总和，等于社会边际成本（$MSR = MR_i = MSC$，$i = 1、2$）。

（二）公共产品的有效供给

图 8-3 中，D_1 和 D_2 线分别是消费者甲和乙个人对某公共产品的需求曲线，这一曲线与他们消费公共产品所得到的边际效用应该是一致的。在私人产品的情况下，消费者可以通过调整自己的消费量来使自己的边际效用等于既定的市场价格。公共产品则不同，它一旦提供出来，任何人对它的消费量都是相同的，但是每个人从中所获得的边际效用却不尽相同。因此，愿意为此支付的价格（税收）也不相同。此时，全社会对该公共产品愿意支付的价格应由不同个人愿意支付的价格加总得到。这样，该公共

产品的市场需求曲线 DD 就是每个人的需求曲线的垂直相加，即 $DD = D_1 + D_2$。

SS 是与公共产品的边际成本相一致的供给曲线，它与 DD 的交点 H 决定了该公共产品的均衡产量。由于消费者的出价是与其消费公共产品所获得的边际效用相一致的，所以，所有消费者出价的总和就是其边际效用的总和，即社会边际收益。这样，在 H 点，社会边际成本等于社会边际收益，实现了帕累托最优。

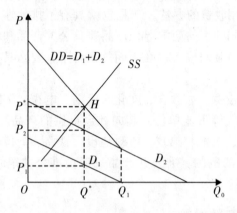

图 8-3　公共产品的有效供给

在实际生活中，由于人们往往倾向于隐瞒自己从公共产品消费中所得到的实际边际效用，从而逃避应支付的价格（税收），所以，能否使消费者愿意按照其真实的受益程度缴税是实现公共产品有效供给的关键。因为政府只有通过税收才能实现向公民提供公共产品，由此就产生了对公共产品有效供给的机制的分析。

四、不完全信息

（一）信息不完全

信息不完全也叫信息不充分，既包括绝对意义上的不充分，也包括相对意义上的不充分。绝对意义上的不充分是指认识能力的局限使人们无法获得完全的信息，人们不可能知道在任何时候、任何地方已经发生或将要发生的任何情况；相对意义上的不充分则是指市场本身不能够生产出足够的信息并有效地配置它们，也包括信息供求双方所掌握的信息具有不对称性。无论是何种性质的信息不充分，都会对市场机制配置资源的有效性产生负面影响，使资源不能实现最优配置。

在现实生活中，供求双方即卖方和买方的信息通常具有不对称性或不完全性，称为信息不对称。例如，产品的生产者和销售者要比购买者更了解产品质量和性能方面的信息，医疗保险的购买者显然要比保险公司更了解自己的健康状况，保险公司也显然要比医疗保险的购买者更了解保险的有关条款，贷款人当然要比金融机构更了解自己的信用情况。进一步说，公司的经营者即代理人肯定要比公司资产的所有者即委托人更清楚企业自身经营状况。

(二) 信息不充分的影响

如果存在信息不充分或非对称信息，通常会导致产品的逆向选择和道德风险，也会导致委托代理问题的出现。

(1) 逆向选择是指在买卖双方信息不对称的情况下，会导致在市场上出现劣质产品驱逐优质产品的现象，如旧货市场。

(2) 道德风险也称败德行为（moral hazard），是指消费者在获得保险公司的保险后，不采取预防行动，甚至采取更为冒险的行动，使发生风险的概率大增，如车险市场。

(3) 如果信息的不对称表现在实行公司制的委托人（企业资产的所有者，即股东）和代理人（企业的经营者，如董事会和经理）之间，还会产生委托代理问题。所谓委托代理问题，就是指委托人不能确切地知道代理人的行为而产生的问题。在委托人不能确切地知道代理人的情况下，容易使企业所有者即委托人追求利润最大化的目标出现异化，使代理人在经营活动中更多地追求有利于自己利益的目标，因为利润最大化只对资产的所有者即委托人更为有利。在此情况下，如果利润最大化的目标不能实现，就不能实现生产者均衡，帕累托最优状态就无法实现。

此外，市场信息的不完全还会使生产者无法选择最优的资源进行生产，并根据消费者偏好选择最优的市场，当然也就不能实现资源的最优配置。

因此，在信息不充分的情况下，消费者难以实现效用最大化，厂商也难以实现利润最大化。如果作为微观市场主体的消费者和厂商不能采取最优化行为，就不可能实现资源的最优配置。

五、市场失灵

完全竞争的市场是非常理想的市场，有效率并且能够使得资源达到帕累托最优配置。但是，实际上这都是事先假设了很多的前提，如果没有了这些前提，完全竞争的状况是不一定满足的。这时，市场难以发挥作用进行资源配置，被称为市场失灵。

导致市场失灵的原因有垄断、信息不对称、道德风险、公共产品、外部性等。

(一) 垄断

由于垄断的存在，价格将大于边际成本，而在完全竞争的市场中是等于边际成本。由于垄断的存在，产量小于最优的产量。这时要通过价格以外的手段来解决效率的问题，需要通过政府的介入，比如制定一些反垄断的法规、征收必要的税收等，使得扭曲的资源配置得到一些改善。

(二) 信息不对称

不对称信息的存在会使经济产生无效率，当消费者不知道某种商品的真正价格是多少时，他们购买商品时的边际替代率就不会再等于两种商品价格的比。比如，医生对病人病情的了解要比病人清楚，这时如果不考虑别的因素，医生就可能收取高额服务费。因此，非对称信息就出现了与垄断相类似的问题。如果消费者不知道另外的替代产品的价格，这时就又出现了在垄断中的负斜率的需求曲线，厂商就可以像垄断厂商一样收取大于边际成本的高价。

（三）道德风险

道德风险同样也产生市场无效率。比如在住房保险市场中，顾客一旦与保险公司签订了保险合同，他们就没有动力再去保护房屋，因此，房屋毁坏的概率大大增加。这样，当保险合同签订之后，房屋的价格对于房屋所有者与保险公司来说是不一样的。因此，无效率也就产生。

（四）公共产品

由于"免费搭车"的问题存在，所以公共产品的提供总是小于最优供给量，于是出现市场的无效率。这只能由政府通过征税的形式来解决。

（五）外部性

外部性的存在将会扭曲资源的配置，如前面所讨论的，可以用两种方法解决这个问题：一个是明确所有权，一个是通过政府征收庇古税来解决。

本 章 小 结

1. 外部性的存在造成社会脱离最有效的生产状态，使市场经济体制不能很好地实现其优化资源配置的基本功能。外部性按其影响分为正外部性和负外部性。

2. 当外部效应出现时，一般无法通过市场机制的自发作用来调节以达到社会资源有效配置的目的。因此，政府就应当负起解决外部效应的责任，庇古税和科斯定理是其中的主要方法。

3. 公共产品具有消费或使用上的非竞争性和受益上的非排他性，分为纯公共产品和准公共产品（即混合品）两类。全社会对该公共产品愿意支付的价格应由不同个人愿意支付的价格加总得到。

4. 信息不充分会对市场机制配置资源的有效性产生负面影响，使资源不能实现最优配置。

5. 市场难以发挥作用进行资源的配置，这被称作市场失灵。导致市场失灵的原因有垄断、信息不对称、道德风险、公共产品、外部性等。

课 后 练 习

一、名词解释

1. 外部性
2. 庇古税
3. 科斯定理
4. 信息不对称
5. 道德风险
6. 公共产品

二、单项选择题

1. 外部性是（　　）。
   A. 归市场上买者的利益
   B. 归市场上卖者的利益
   C. 一个人的行为对旁观者福利无补偿的影响
   D. 对企业外部顾问支付的报酬

2. 负外部性引起（　　）。
   A. 一种物品的社会成本曲线高于供给曲线（私人成本曲线）
   B. 一种物品的社会成本曲线低于供给曲线（私人成本曲线）
   C. 一种物品的社会价值曲线高于需求曲线（私人价值曲线）
   D. 以上各项都不是

3. 对耗油极大的新车征收汽油消耗税是以下哪一项的例子（　　）。
   A. 可交易的污染许可证　　B. 科斯定理的应用
   C. 把正外部性内在化的努力　　D. 把负外部性内在化的努力

4. 可用（　　）来描述一个养蜂主与邻近的经营果园的农场主之间的影响。
   A. 外部不经济　B. 外部经济　C. 外部损害　D. 以上都不对

5. 某人的吸烟行为属于（　　）。
   A. 生产的外部经济　　B. 消费的外部不经济
   C. 生产的外部不经济　　D. 消费的外部经济

6. 如果上游工厂污染了下游居民的饮水，按照科斯定理，（　　），问题可妥善解决。
   A. 不管产权是否明确，只要交易成本为零
   B. 不论产权是否明确，交易成本是否为零
   C. 只要产权明确，且交易成本为零
   D. 只要产权明确，不管交易成本有多大

7. 解决外部不经济可采取（　　）。

A. 征税的方法　　　　　　B. 通过产权界定的方法
C. 通过将外部性内在化的方法　D. 以上各项均可

8. 以下（　　）不是公共产品的特征。
　　A. 非排他性　B. 竞争性　　C. 外部性　　D. 由政府提供

9. 公共产品的需求曲线是消费者个人需求曲线的（　　）。
　　A. 垂直相加　B. 水平相加　C. 算术平均数　D. 加权平均数

10. 如果某种产品的生产正在造成污染，因而社会边际成本大于私人边际成本，适当的税收政策是征税，征税额等于（　　）。
　　A. 边际成本和私人边际成本之差
　　B. 边际成本
　　C. 治理污染设备的成本
　　D. 社会边际成本

三、判断题

1. 如果物品的生产不存在外部性成本，那么，边际社会成本就等于边际私人成本。（　　）
2. 在消费者数量达到一定的数量以前，增加公共物品的消费者数量一般不影响其他人对该商品的消费，例如外交、国防和路灯等。（　　）
3. 科斯定理指出，如果产权明晰且交易成本很低，就不会存在外部性问题。（　　）
4. 如果政府给予补贴，生产某种物品所造成的外部性成本就能够被克服。（　　）
5. 对教育的私人生产征税可以有助于解决教育的外部性问题。（　　）
6. 外部性问题是由于私人产权的缺位所造成的。（　　）
7. 市场失灵是指市场完全不好。（　　）
8. 政府所提供的任何物品都是公共物品。（　　）
9. 公共物品的边际收益曲线所获得的方式与私人物品边际收益曲线相同。（　　）
10. 任何个人都消费同等量的公共产品。（　　）

四、简答题

1. 假设一个商业性苹果园在苹果生产中使用防虫剂。在这个过程中，有害的气味飘向附近的居民区。这是正外部性还是负外部性？请回答并加以解释。
2. 什么是市场失灵？其原因有哪些？

五、计算题

1. 假设社会只有甲、乙、丙三个公民，他们对共用品的需求分别为：$p_1 = 100 - x$，$p_2 = 100 - 2x$，$p_3 = 100 - 3x$，其中 x 是共用品数量，每单位共用品成本是4元。求：
　（1）社会对共用品需求函数。

(2) 该社会共用品最优数量是多少?
(3) 每个公民的价格是多少?

六、案例分析

1. 阅读以下材料,联系实际情况,运用所学理论进行评析。

有朋友住在市区的某单位宿舍楼,经常抱怨有陌生人敲门,或推销物品,或谎称有东西要送给他,不安全因素相当高。从此,他对未预约的敲门声高度警觉,邻里关系也因此受到了影响。终于,有人倡议,在楼道统一安装对讲防盗门以有效解决骗子及推销人员的干扰。于是,有热心人士对各家各户进行了调查,征求意见,并要求每户填写愿意支付的数额,准备集资安装防盗门,结果发现各户愿意支付的钱款总额不足以购买最便宜的防盗门。后来,这位热心人士又提出一种方案,按照安装防盗门的预算,各户平摊收费。在让各住户确认的时候,发现有几户表示不愿意出资安装防盗门,并历数不装防盗门的各种好处。于是,朋友所住的宿舍楼最终没有装上防盗门。

2. "我真搞不明白,我们经济学家老是说一些污染是有效的,我的意思是,污染是坏的,我们不需要任何的污染,即污染的最好水平是零污染。"请你对此进行评析。

第九章 一般均衡分析与福利经济学

学习目标

通过本课程的学习，使学生了解一般均衡的含义、实现一般均衡所需的条件和福利经济学的基本原理，掌握判断经济效率的标准和条件，了解完全竞争市场和帕累托最优之间的关系。

在前面的分析中，我们只考察单个经济主体，每次的分析对象是一个人的选择或一个市场。而且在分析一个人的选择，比如一个消费者的选择时，总是假设他的外部环境是给定的，表现为给定的收入和各种物品的价格等。当分析某一市场的均衡时，总是假定其他市场上的情况是给定的，即这个市场上的情况变化不会影响到其他市场的情况。这样的分析被称为局部均衡分析（partial equilibrium analysis），也被称为个别均衡分析。

然而在现代市场经济中，包括厂商和家庭（消费者）在内的所有参与者之间都是相互依存的。虽然个体经济单位的决策都是在独立和自由状态下做出的，但某一市场的均衡取决于市场所有参与者的决策和行动。比如产品市场需求的变动会影响生产要素市场需求的变动，汽油价格的提高会导致汽车需求的下降，汽车需求的下降反过来又会影响汽油市场，等等。因此，有必要研究在所有市场，在经济主体相互联系、相互依存的情况下不同市场是如何达到均衡的，即一般均衡（general equilibrium）。

福利经济学（welfare economics）是经济学的一个分支，是研究社会经济福利的一种经济学理论体系。它以一定的价值判断为出发点，也就是根据已确定的社会目标建立理论体系；以边际效用基数论或边际效用序数论为基础，建立福利概念；以社会目标和福利理论为依据，制定经济政策方案。

第一节 一般均衡分析

一、局部均衡与一般均衡

（一）局部均衡

局部均衡（partial equilibrium）是在假定其他条件不变的情况下，孤立地考察产品市场和要素市场的均衡而不考虑它们之间的联系和影响，即研究单个产品或要素市场，把所考虑的这个市场从相互联系的整个市场体系中分离出来。也就是说，局部均衡分析假定一个市场的活动独立于其他市场。在前面的分析中，我们往往就是把一个市场商品的需求和供给仅仅当作其本身价格的函数，其他商品的价格则被假定为不变，该市场的需求与供给曲线共同决定了市场的均衡价格和均衡数量。

局部均衡分析方法的创始人是英国经济学家阿尔弗雷德·马歇尔。局部均衡是假定在其他条件不变时,只分析单个市场、单个商品、单个要素的供求均衡与价格决定关系的理论,前面所有的分析都属于这种局部均衡的分析。实际上,一种商品的供求不仅受自身价格的影响,也受其他有关商品价格的影响。因此,局部均衡分析只不过是一种简化的分析方法而已,但有时在很多情况下并不影响分析的结论,特别是当商品的收支占经济主体总收支的比例很小,或者商品价值占全部总价值的比例很小时,局部均衡分析不失其一般性,因而成为一种常用的经济分析方法。

(二) 一般均衡

事实上,社会经济是由众多人和多个市场组成的。在现代市场经济中,所有的参与者,包括厂商和消费者之间都是相互依存的,虽然个人的决策都是在独立和自由的状态下进行的,但某一市场的均衡却取决于所有参与者的决策和行为,包括在其他市场上的行为,即当一个市场上的情况发生变化时,与之相关的其他市场会同时做出调整("蝴蝶效应")。因此,要全面理解市场经济的运行,必须把多个市场同时考虑进去,要分析所有市场的同时调整,并强调各个市场之间的相互影响。

我们将这种考察所有市场、市场参与者都相互联系的情况下,市场是如何同时达到均衡的分析方法称为一般均衡分析(general equilibrium analysis)。它的创始人是法国经济学家里昂·瓦尔拉斯。

任何商品的价格都不可能仅仅取决于该商品市场的供求关系,必然还要受到其他商品市场供求关系的影响,必须把所有的市场结合起来考察商品价格的共同决定(按照我们之前所学,经济的一般均衡,就是实际工资、价格水平和利率都处在使劳动市场、产品市场和资本市场处于均衡的水平上)。

下面以图9-1中可口可乐与百事可乐市场之间的均衡为例,详细说明不同市场之间的相互影响。

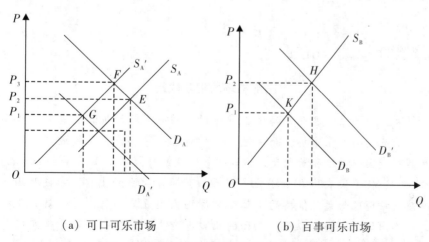

(a) 可口可乐市场   (b) 百事可乐市场

图9-1 可口可乐与百事可乐市场之间的均衡

假设可口可乐市场和百事可乐市场都处于均衡状态。然后，设想可口可乐的供给因为某种原因减少了。在局部均衡分析中，如图9-1（a）所示，可口可乐供给线由 S_A 向左上方平移至 S_A'，在假定百事可乐的价格不变的情况下，可口可乐市场的均衡状态从 E 点移动到 F 点，而且可口可乐的价格有一定幅度的上升（从 P_2 上升到 P_3）。然而事实上，面对可口可乐较高的价格，消费者将会用百事可乐替代可口可乐，如图9-1（b）所示，消费者对百事可乐的需求将会从 D_B 增加至 D_B'，从而导致百事可乐的价格由 P_1 上升至 P_2。与此同时，当消费者用百事可乐替代可口可乐时，对可口可乐的需求减少了，如图9-1（a）所示，对可口可乐的需求线向左下方移动，使可口可乐的价格从 P_3 下降至 P_2，从而减轻了可口可乐价格上升的幅度。现实中，可口可乐市场和百事可乐市场之间的相互影响过程是十分复杂的。这里要强调的是二者之间的确相互影响并同时调整。考虑到百事可乐市场的存在及其与可口可乐市场的联系，可口可乐市场上的调整要比局部均衡分析所描述的更为复杂。

上述过程产生了两个效应：①可口可乐市场的变化会有溢出效应，从而打破其他市场的均衡；②百事可乐市场价格的变化又会对可口可乐市场发生反馈效应。

这个调整过程会反复进行下去，但是每次调整幅度都应该小于上一个轮回，最后才会得到一个稳定的、收敛的新的均衡，这就是一般均衡。

产品市场和要素市场也是相互联系、相互影响的。产品价格的提高将提高相应要素的需求曲线，而要素价格提高将会降低相应产品的供给曲线。

一般均衡和局部均衡是相对的。虽然从理论上说一般均衡优于局部均衡，但并不是说对所有经济问题都要用一般均衡方法。尽管局部均衡分析忽略了一些因素，但在许多情况下，这些因素只会带来数量上或程度上很小的不同，这样，运用局部均衡方法与一般均衡方法相比，在一定的精度要求下可以得出几乎相同的结论。

一般均衡只有在完全竞争的市场经济中才有可能实现。因为从理论上说，只有在完全竞争的市场中，才有可能存在着一个使所有产品和生产要素的供求都同时相等的价格体系；而只有借助于这套竞争的价格体系，经济的一般均衡才有可能实现。

案例9-1

国际市场的相互依赖

在世界大豆市场上，巴西是与美国竞争的，因此，巴西对其国内大豆市场的管制会显著地影响美国的大豆市场，而反过来又会对巴西市场产生反馈效应。当巴西采取旨在提高其短期国内供给和长期大豆出口的管制政策时，导致预料不到的结果。

在20世纪60年代末和70年代初，巴西政府限制大豆的出口，导致巴西大豆的价格下降。政府希望巴西大豆价格的下降会鼓励国内大豆的销售，并刺激大豆产品的国内需求，最终出口控制将会取消，巴西的出口也会上升。这一预期是建立在对巴西大豆市场的局部均衡分析上的。事实上，巴西大豆出口的减少使美国大豆的出口增加，并使美国的大豆价格上升,生产扩大,这使得巴西在取消控制之后反而更难以出口大豆了。

巴西的大豆出口管制计划实施以后,在1977年,巴西大豆的出口比没有政府干预情况下可能出口的量要低73%;而美国在1973—1978年间的大豆出口则比巴西不管制情况下要高30%。

因而,巴西政府的大豆政策是错误的,它没有考虑到国际市场的相互依赖性,没有想到这一政策对美国大豆的生产和出口产生了积极的影响,而对本国的大豆市场起到长期的抑制作用。大豆市场的世界性竞争使得巴西和美国的出口市场高度地相互影响。作为这些市场一般均衡性的结果,旨在刺激巴西市场的管制措施,长期来看却是反生产性的。有政府管制时巴西大豆的实际出口量比没有管制时可能出口的量要少(而美国的出口则较多)。

(资料来源:R. S. 平狄克、D. L. 鲁宾费尔德《微观经济学》,中国人民大学出版社1997年版。)

二、两部门一般均衡模型

一般均衡理论是19世纪法国经济学家里昂·瓦尔拉斯首先创立的。他在边际效用的基础上建立了经济思想史上的第一个一般均衡模型,后经过希克斯等人的介绍和发展,一般均衡分析在经济学中得到了广泛的运用。

在完全竞争条件下,要实现经济静态型的一般均衡需要三个条件:一是交换的一般均衡,即商品在消费者之间有效率地配置;二是生产的一般均衡,即生产要素在生产者之间有效率地配置;三是生产和交换的一般均衡,即如何有效率地在各种商品之间配置经济资源。

为说明一般均衡原理,我们建立一个最简单的两部门经济模型。假设:①整个社会只有两个消费者A和B,他们只消费两种商品X和Y;②只有两种生产要素L(劳动)和K(资本);③X和Y由两个生产部门生产,一个专门生产X,另一个专门生产Y,均使用两种要素进行生产;④经济中劳动和资本的总量是固定的,但是每一个产品部门可投入的要素是可变的,因此,一部门要素投入的增加必然伴随另一部门要素投入的减少;⑤两种产品的相对生产要素密集度不同,而生产要素是同一可分的,生产技术是既定的;⑥所有市场(产品市场和要素市场)都是完全竞争的,并且只分析长期均衡。

(一)交换的一般均衡

分析交换的一般均衡可以用埃奇沃思方框图(见图9-2)表示消费的均衡,该方框图是以序数效用和无差异曲线为基础的。

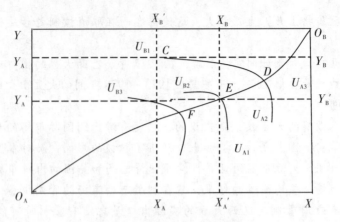

图 9 - 2 消费方框及消费均衡

方框图由 A 消费品组合坐标平面图和 B 消费品组合坐标平面图旋转 180°啮合而成。两个原点 O_A 和 O_B 分别表示消费者 A 和 B 对商品 X 和 Y 的消费的起点，横轴表示 X 的供给量，即 $O_A X$ 和 $O_B Y$，纵轴表示 Y 的供给总量，即 $O_A Y$ 和 $O_B X$。

A 所消费的 X 和 Y 的数量从 O_A 出发，分别以水平向右和垂直向上的距离表示，同样 B 所消费的 X 和 Y 的数量从 O_B 出发分别以水平向左和垂直向下的距离表示。因此，方框图中每一点都代表 A 和 B 所消费的 X 和 Y 的组合，因方框图中 X 与 Y 的总量一定，方框图中的每一点也代表一定的 X 和 Y 在 A 与 B 之间的分配。

三条无差异曲线 U_{A1}、U_{A2}、U_{A3} 表示 A 消费 X 和 Y 的效用，$U_{A3} > U_{A2} > U_{A1}$；U_{B1}、U_{B2}、U_{B3} 是 B 消费 X 和 Y 的效用线，$U_{B3} > U_{B2} > U_{B1}$。

在一方效用不变的前提下，另一方的最大效用是其无差异曲线与不变一方的效用曲线相切。任何偏离切点的地方都不能使交换达到最优，因此，消费者均衡的条件是双方边际替代率相等，即 $MRS_{XY}^A = MRS_{XY}^B$，也就是两条无差异曲线相切；否则，消费者通过交换就有可能至少在某一方效用不变的情况下，使另一方的效用增加。因此，消费者均衡的条件是双方的边际替代率正好相等，即：

$$MRS_{XY}^A = MRS_{XY}^B \tag{9-1}$$

1. 交换的契约曲线

如图 9 - 2 所示，把若干个双方无差异线的切点（如 D、E、F）连接起来，构成一条从 O_A 到 O_B 的曲线，称之为交换的契约曲线（contract curve），这是交换的最优曲线。在线上的每一点，交换双方商品的边际替代率都相等，即每一点都是交换的均衡点，消费者不会再改变自己的行为。

2. 效用可能性边界

如图 9 - 3 所示，把交换契约线上各点所表示的效用水平组合描绘在坐标为效用的空间上，可得到效用可能性边界。效用可能性边界表示在其他条件不变的情况下，消费者 A 和 B 能达到的效用组合，区域内各点都不是双方效用最大点，都至少可以增加某一方的效用，而不损害另一方的效用。在曲线右方上的效用点是达不到的。

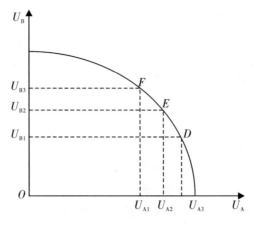

图 9-3 效用可能性边界

（二）生产的一般均衡

假设有两个厂商，在技术与社会资源总量既定的情况下，它们都拥有两种相同的投入要素，社会资源的配置使得两个厂商产品产量总和达到最大，这就是所谓的生产的一般均衡。如果产量没有达到最大，重新配置要素将提高产量，使之达到最大。我们仍然还是假设社会中只有两个厂商，两种生产要素，只有一个资源禀赋点，两个厂商可以进行要素的交换。

同样，我们也用埃奇沃思方框图来进行图示分析（见图9-4）。假设有两种产品A、B，生产这两种产品的要素是K和L。假设K和L的总量是固定不变的，两种要素都是充分使用的，并且生产A的要素增加，则意味着生产B的要素减少；反之亦然。在图9-4中，画出了生产A、B初始要素的配置情况。图形是将B的等产量曲线图倒转180°，与A的等产量曲线图合并而成。

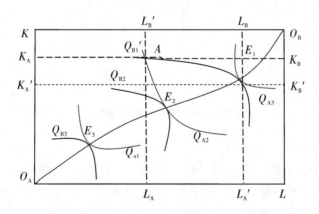

图 9-4 生产方框图及生产均衡

图9-4说明，只要两个厂商的边际技术替代率不同，就可能有要素的转移可以增

加总产量。因此，厂商就有动力去改变它们的投入组合。而一旦要素的边际技术替代率相等，则任何要素投入组合的变动必然使其中的一个厂商的产量下降。这时，厂商将没有动力去改变投入组合。这是也就达到了我们所说的生产的一般均衡，此时，

$$MRTS_{L,K}^A = MRTS_{L,K}^B \tag{9-2}$$

1. 生产契约曲线

在图 9-4 中，点 A 不是生产均衡点，因为在这种情况下，通过交换要素都可以增加产量。生产均衡的条件意味着两个厂商的等产量曲线相切，即在两条等产量曲线的某个交点处，两条曲线的斜率相等。例如，在点 E_1、E_2 和 E_3，两条等产量曲线相切，这样，点 E_1、E_2 和 E_3 都是生产的一般均衡点。在埃奇沃思生产方框图中，实际上有很多这样的点，所有这样的点构成的曲线成为生产契约曲线，如图 9-4 中的曲线 $O_B E_1 E_2 E_3 O_A$。这是生产要素配置的最佳曲线，当生产要素按这条曲线分配时，产出最大，曲线上每一点都是要素市场一般均衡点以及整个经济可能的一般均衡点。

2. 生产的可能性边界

生产契约曲线上的每一点都对应着 X 和 Y 一定的产量水平，把每一点所代表的两部门的产量都画在另一个坐标图中，就得到了生产可能性边界（production-possibility frontier）。如图 9-5 所示，其在坐标轴上的两个端点 Q_B 和 Q_A 分别表示将全部生产要素投入 Y 部门和 X 部门时可得到的最大产量。

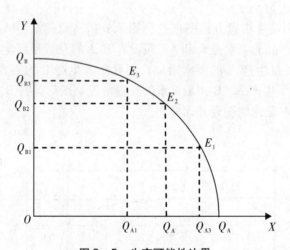

图 9-5 生产可能性边界

生产可能性边界有三个特点。

第一，曲线斜率为负。因为增加某一部门的产量就必须增加要素投入，而社会的要素总量是固定的，另一部门的要素投入和产量必须递减。

第二，曲线的形状凹向原点，即曲线自上而下越来越陡峭，生产可能性边界某一切点的斜率为边际转换率（MRT）。

边际转换率是指为增加一单位 A 的产量必须放弃的 B 的产量，也就是生产 A 的机

会成本，$MRT_{AB} = -dQ_B/dQ_A$，显然边际转换率是递增的。

第三，边际转换率等于两种产品成本之比，即 $MRT_{AB} = MC_A/MC_B$。事实上，生产可能性边界上某一点斜率衡量的是用一种产品来表示另一种产品的边际成本。

生产可能性边界将整个产品空间分为三部分：曲线上每一点均表示现有资源和技术条件下的最大产出；曲线外面表示目前的资源达不到该产量，为"生产不可能区域"；曲线里面表示没有达到其拥有的资源的最大产出，为"生产无效率区域"。

生产可能性边界上任意一点表示在既定要素数量和技术条件下的最大产出组合，它的位置高低取决于投入要素的数量和技术状况。如果要素数量或者技术条件发生了变化，则最大产出组合就可能发生变化，从而生产可能性边界的位置就可能发生变化（左移或右移）。

（三）生产与交换的一般均衡

生产与交易的一般均衡是指在生产与交易同时达到均衡的情况。前面所说的生产的均衡与交易的均衡都是局部的，即生产达到均衡的时候交易可能并没有达到均衡，交易达到均衡的时候生产可能没有达到均衡。

根据一般均衡理论，生产要素的分配应使其生产能力落在生产可能性边界上某点，如图9-6中对应边界上D点，此时Y产量为Y_0，X产量为X_0。要使OX_0、OY_0在A、B间分配最优，实现有效消费，分配应沿着生产契约线OD进行，为了实现整个社会有效消费和生产，应使产品的边际替代率等于这两种商品的边际转换率（$MRS_{XY} = MRT_{XY}$）。两种无差异曲线切点的斜率和生产可能性边界的斜率平行，代表产品的边际替代率等于边际转换率均衡点E，此时，整个社会的消费和生产同时达到均衡。

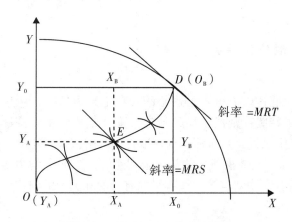

图9-6 消费和生产的一般均衡

$MRS_{XY} = MRT_{XY}$是消费和生产一般均衡的条件。如果两者不等，通过调整生产要素与产品的重新分配能在不减少一个消费者效用的情况下，使另一个效用增加，从而增加社会总效用。如果$MRS_{XY} > MRT_{XY}$，把Y的产量和消费者A对Y的消费量同时减少一个单位，为保证 A 的效用不变，只需要向他提供 $1/MRS_{XY}$ 单位的 X（Y 对 X 的边际替代率为 $1/MRS_{XY}$）。在少生产一单位 Y 的条件下，可以多生产 $1/MRT_{XY}$ 的 X（Y 对 X 的边际转换率为 $1/MRT_{XY}$）。显然，$1/MRS_{XY} < 1/MRT_{XY}$。如果把 $1/MRT_{XY}$ 单位的 X 全由 A 消费，不但可以弥补其由于减少一单位 Y 消费所蒙受的效用损失，而且还由于其多享有 $1/MRT_{XY} - 1/MRS_{XY}$ 的 X 而使其效用增加，因此，整个社会的消费和生产并没有达到均衡。此时，消费者会用 Y 去交换 X，X 部门的需求会增加，要素流入 X 部门，使 X 部门产量增加，MRT_{XY} 就会上升，一直到边际替代率和边际转换率相等，全社会的消费和生产才同时达到均衡。

整个社会交换与生产一般均衡的条件是 $MRS_{XY} = MRT_{XY}$。在此条件下，社会用既定的生产要素 L 和 K 生产 $X_0 + Y_0$ 的总产量，消费者 A 拥有 OX_A 的 X 和 OY_A 的 Y，而 B 拥有 OX_B 的 X 和 OY_B 的 Y。

第二节 福利经济学

一、福利经济学概述

福利经济学（welfare economics）是研究社会经济福利的一种经济学理论体系，由英国经济学家 J. A. 霍布森和阿瑟·塞西尔·庇古于 20 世纪 20 年代创立。福利经济学研究的主要目标和内容就是如何使一个经济社会的资源（包括生产要素和产品）在各个部门或不同的个体之间的配置或分配达到最优，也就是说，福利经济学主要是在探讨如何使要素投入在企业之间达到最适度配置（optimal allocation），使产品在消费者之间达到最适度分配（optimal distribution）的问题。这里所说的最适度，是指社会福利最大化。

（一）福利和福利经济学

1. 福利

阿瑟·塞西尔·庇古以杰里米·边沁的功利主义为基础，认为福利是指个人获得的效用和满足。莱夫特威奇则把"福利"定义为"组成一个经济社会的人们的幸福状态"，但从经济含义上来说，只有那部分可以直接或间接用货币来计量的福利才称得上"经济福利"，而只有"经济福利"才是"福利经济学"研究的主要课题。本书所说的"福利"是指在经济社会中对经济主体有用的有形的和无形的财富。

2. 福利经济学

福利经济学是在一定价值判断前提下，研究社会经济制度，评价经济体系运行的经济理论。其思想渊源是 18 世纪末 19 世纪初的思想家杰里米·边沁的功利主义：人的本性是追求幸福，人的行为是趋利避害，绝大多数人的幸福就是道德准则和立法根据。

福利经济学的理论基础是边际效用论。效用构成福利的内容和核心，效用最大化成为福利经济学的主题。

（二）福利经济学的发展

福利经济学作为一个经济学的分支体系，首先出现于 20 世纪初期的英国。1920 年，阿瑟·塞西尔·庇古的《福利经济学》一书的出版是福利经济学产生的标志。第一次世界大战的爆发和俄国十月革命的胜利，使资本主义陷入了经济和政治的全面危机。福利经济学的出现，是世界，首先是英国阶级矛盾和社会经济矛盾尖锐化的结果。西方经济学家承认，英国十分严重的贫富悬殊的社会问题由于第一次世界大战变得更为尖锐，因而出现以建立社会福利为目标的研究趋向，导致福利经济学的产生。1929—1933 年世界经济危机以后，英美等国的一些经济学家在新的历史条件下对福利经济学进行了许多修改和补充。阿瑟·塞西尔·庇古的福利经济学被称作旧福利经济学，阿瑟·塞西尔·庇古以后的福利经济学则被称为新福利经济学。

1. 旧福利经济学以基数效用学说为理论基础

福利经济学理论体系的创立者是英国经济学家阿瑟·塞西尔·庇古，他把福利经济学的对象规定为对增进世界或一个国家经济福利的研究。阿瑟·塞西尔·庇古根据边际效用基数论提出两个基本的福利命题：国民收入总量越大，社会经济福利就越大；国民收入分配越是均等化，社会经济福利就越大。

2. 新福利经济学以序数效用学说为理论基础

尼古拉斯·卡尔多、约翰·理查德·希克斯、阿巴·P. 勒纳、蒂博尔·西托夫斯基等人建立在帕累托最优理论基础上的福利经济学被称为新福利经济学。新福利经济学主张效用序数论，根据帕累托最优状态和效用序数论提出命题：①个人是他本人福利的最好判断者；②社会福利取决于组成社会的所有个人的福利；③如果至少有一个人的境况好起来而没有一个人的境况坏下去，那么，整个社会的境况就算好了起来。

新福利经济学认为福利经济学应当研究效率而不是研究水平。经济效率是指社会达到帕累托最优状态所需要的条件，包括交换的最优条件和生产的最优条件。

补偿原则是福利经济学的重要内容。如果任何改变使一些人的福利增加而使另一些人的福利下降，只要增加的福利超过减少的福利，就可以认为这种改变增加了社会福利。

新福利经济学中的一个典型代表是社会福利函数论派。社会福利函数论派认为，社会福利是社会所有个人购买的商品和提供的要素以及其他有关变量的函数。社会最优状态不止一个，而是有许多个。要达到唯一最优状态，还必须具备一个条件：福利应当在个人之间进行合理分配。经济效率是最大福利的必要条件，合理分配是最大福利的充分条件。

（三）福利经济学的假设与基本命题

1. 福利经济学的假设

福利经济学有如下三个假设：

（1）最大的选择自由。这里的选择自由包括职业选择、企业经营和收入支配方面的自由。

(2) 最高的经济效率。在资源配置、技术、消费者偏好约束下,通过资源的最优配置达到经济的最佳效率,个人收入和社会福利达到最大化。

(3) 不牺牲效率的情况下追求最大的公平。公平和效率是各国政府追求的两大目标,两者在一定程度上存在此消彼长的关系,在不牺牲效率的情况下追求最大的公平分配是福利经济学的社会目标。

2. 福利经济学的两个基本命题

福利经济学有如下两个基本命题:

(1) 国民收入越大,社会福利越大。福利经济学认为可以用货币计量的社会福利是国民收入,全社会的经济福利是个人福利的总和。因此,必须使社会资源配置达到最优,实现国民收入最大。

(2) 国民收入分配越平等,社会福利越大。由于货币边际效用递减,高收入者的货币边际效用低于低收入者的货币边际效用,收入分配越公平,使收入从高收入者转移到低收入者,可以促进整个社会福利水平的提高。

(四) 福利经济学的基本定理

1. 福利经济学第一定理

不管初始资源配置怎样,分散化的竞争市场可以通过个人自利的交易行为达到瓦尔拉斯均衡,而这个均衡一定是帕累托有效的配置。

帕累托有效是指如果一种可行的配置不可能在不严格损害某些人利益的前提下使另一些人严格获益,则该配置便是一种帕累托有效的配置。福利经济学第一定理是在一个充分竞争的市场,如果不存在不对称信息和外部性,换句话说不存在我偷吃了你的奶酪而你不知道,和我抽烟不会让你抽二手烟这两种情况,市场竞争实现的分配是帕累托最优的,也就是这个社会不可能使任何一个人变得更满意而不伤害别人的利益。

2. 福利经济学第二定理

福利经济学第二定理是指在完全竞争的市场条件下,政府所要做的事情是改变个人之间禀赋的初始分配状态,其余的一切都可以由市场来解决。这个定理认为,任何我们所希望的社会资源配置都可以通过给定一定的收入分配结构、所有权结构,而且通过市场达到。比如,如果你希望整个社会达到某种理想的分配状况,你不需要让政府事无巨细地进行分配,每人1套房子、每个月15千克肉之类的,那样是很麻烦的,而且很可能是没有效率的。如果需要更平均的最终分配,政府所要做的就是给穷人发钱,找富人收税,然后让市场去分配那成千上万的商品和服务。同时,这个税必须是总量税,换言之,也就是人头税。

二、效率与公平

效率(efficiency)与公平(equity)有时很难兼顾,甚至是矛盾的。经济学往往从收入分配的角度研究效率与公平。一般认为,收入分配有三种标准:第一个是贡献标准，即按社会成员的贡献分配国民收入，这种分配标准能保证经济效率，但由于各成员能力、机遇的差别，又会引起收入分配的不平等；第二个是需要标准，即按社会成员对生活必需品的需要分配国民收入；第三个是平等标准，即按公平的准则来分配国民收入。后两个标准有利于收入分配的平等化，但不利于经济效率的提高。有利于经济效率则会不利于平等，有利于平等则会有损于经济效率，这就是经济学中所说的效率与公平的矛盾。

（一）效率

一般认为，效率是指资源配置有效并得到充分利用。经济学意义上的效率是指资源的配置已经达到这样一种境地：无论做任何改变都不可能同时使一部分人受益而其余人不受损，也就是说，当经济运行已达到高效率时，一部分人进一步改善处境必须以另一些人处境恶化为代价。

经济学家常将资源的最大效率配置称为"帕累托最优"（Pareto optimum）。

帕累托更优（Pareto superior）是指如果改变资源配置后与改变前相比，同时符合两个条件——至少有一个人处境变好，没有一个人处境变坏——我们就称改变资源配置可达到帕累托更优。

（二）公平

如果说效率是一个市场经济的概念，那么，公平则是一个被许多领域都涉及与探讨的概念，特别是在社会哲学领域，更是一个近乎永恒的主题。什么是公平呢？一般认为，公平的基本含义包括三个方面：一是起点公平，二是过程公平，三是结果公平。公平的实质就是接近平等和公正。目前理论界关于公平的观点主要有几种：一是平均主义，要求平均配置，社会的所有成员都得到等量的商品；二是罗尔斯主义，该理论认为资源的平均分配虽然可能会消除使最有生产力的人努力工作的积极性（他们通过努力创造的财富会被随手拿走），但是这能使情况最糟的人的效用最大化，这可以说是平均主义的变种；三是功利主义，认为应该使社会所有成员的总效用最大化；四是市场主导理论，认为按市场机制分配的结果是最公平的。

（三）效率和公平二者的关系

如前所述，效率与公平是一对矛盾因素，有效率配置并不必然是公平的。

如图 9-7 所示，曲线 MN 表示总量有限的商品全部分配于 A 和 B 两人可达到的效用水平的各种可能组合，M 点与 N 点是两种极端，均表示一方没有商品，其效用为 O，其余点如 E、F 都与交换契约线上的点相对应，一个人不可能在不使另一人受损的情况下增加效用。D 点是无效率的配置，MN 以外的点如 C 点达不到。同 D 点相比较，H 点位于 MN 曲线上，显然更有效率，但是 D 可能要更公平，因为在 H 点，给 A 的效用太多，给 B 的效用太少，D 点则平均一些。

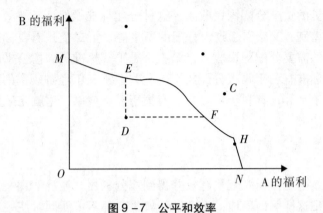

图 9-7 公平和效率

在资源配置与收入分配问题上，效率与公平是一个两难的选择，两者的关系是鱼与熊掌的关系。现代经济社会正面临这样的两难抉择：究竟是以效率为主要目标，还是以公平为主要目标？如果只强调平等而忽视效率，就会因为产生平均主义而阻碍经济增长，最终导致普遍贫穷；如果只强调效率而忽视平等，就会因为分配不公而影响社会安定。目前，西方经济学中大体有三种观点：效率优先、公平优先和效率与公平兼顾。

1. "效率优先"的观点

在西方，有些经济学家主张效率优先，认为不能把收入公平分配作为社会福利最大化的一个必要条件看待，如著名经济学家莱昂纳尔·罗宾斯、弗里德里希·A. 哈耶克、米尔顿·弗里德曼等。另外，新制度学派的曼纳德·科斯从其思想倾向上来看，也是主张效率优先的。

持这种观点的经济学家认为，效率与自由是不可分割的。这里的自由是指自由经营、自由竞争和资源的自由转移。这种自由是市场机制正常运行从而实现配置效率的前提条件。增进公平不能以牺牲效率为代价。如果追求公平牺牲了自由，必将破坏市场机制的正常运行，由此而损害效率，那么，这种公平就是不可取的。

持效率优先观点的经济学家反对通过政府干预来纠正市场机制自发调节所形成的收入分配不公。他们认为，公平只能通过自由竞争的市场机制来实现，而不能依靠法律、行政和税收手段来实现。因为依靠后一种方式实现公平，是把一部分人多于"公平份额"的收入和财产拿给少于"公平份额"的那些人，这实际上是把一部分人的努力移作另一部分人的所得，把一部分人的偏好强加给另一部分人。这种做法本身就不是公平的。弗里德里希·A. 哈耶克曾经说："用特殊干预行动来纠正自发过程所形成的分配状况，就一个原则同等地适用于每一个人来说，从来就不可能是公正的。"

在这些经济学家看来，如果人们的所得是通过"公平"获得而不是依靠他们的努力和冒险去获得，那么，那个用于公平分配的蛋糕又从何而来呢？还有什么机制刺激人们去生产这个蛋糕并努力把这个蛋糕做得更大一些呢？如果没有法律保护发明人的专利权和专利收入，就没有人愿意花时间、精力和投资以及冒风险去搞发明创造；而没有发明创造，人类的效率损失将无法估量。

坚持效率优先的经济学家认为，真正的公平是机会公平，结果（收入和财富）是否公平并不重要。国家的作用在于保证私有财产的合法性和排他性，保证人人有获得私有财产的公平机会，保证市场的自由竞争，以促进经济效率的提高。

2. "公平优先"的观点

另一些西方学者主张公平优先。持这种观点的不仅有经济学家，还有哲学家和社会学家。主要代表人物有阿巴·P. 勒纳、约翰·罗尔斯、J. A. 米里斯等人。英国新剑桥学派的琼·罗宾逊等人也主张公平优先。

主张公平优先的西方学者认为，收入分配不公平会导致权利和机会的不公平，因为在市场经济下，金钱可以和权力相交换，权力又可以成为收入和财富的源泉。这样一来，人们的收入和财富不一定同他的干劲和努力程度成正比，收入和财富不一定都是"公平"所得。因而不公平会通过损害人的积极性和工作热情来降低效率，并且不平等的收入还会损害人的尊严，使"人人生而平等"成为一句空话。阿瑟·奥肯在《平等与效率》一书中说："平等权利和不平等收入混合的结果，造成了民主的政治原则和资本主义经济原则之间的紧张关系。有些大获市场奖励的人，用金钱来谋取额外的权利帮助，而这些权利本应是平等分配的。对这些人来说，他们提前起跑使得机会不均等了。对那些在市场上受到惩罚的人来说，其后果是一定程度的被剥夺，这与人类尊严和相互尊重的民主价值观相冲突。"

英国新剑桥学派的经济思想体现的也是公平优先。他们主张恢复大卫·李嘉图的传统，把收入分配问题作为经济学研究的主题。他们一方面认为收入分配格局是决定经济增长的内生变量，公平左右着效率。新剑桥学派的经济增长模型说明，由于财产所有者和工人这两个阶级的储蓄倾向不同，因而收入分配的改变必然引起社会储蓄率和储蓄总额的改变，进而引起经济增长率的改变。他们另一方面又认为，资本主义经济增长将会导致国民收入分配的相对份额发生不利于工人阶级的变化，即追求效率的结果是收入分配不平等。罗宾逊夫人特别强调资本主义社会的症结就在于收入分配不平等，在她看来，由于资本主义社会的收入分配是在部分人占有资本而另一部分人没有资本这一历史的、制度的基础上进行的，这种分配不可能是公平的。她呼吁通过国家干预来实现收入分配均等化。

3. "效率与公平兼顾"的观点

持这种观点的经济学家既不赞成效率优先，也不赞成公平优先，而是主张二者兼顾。他们试图找到一条既能保持市场机制的优点，又能消除收入差距扩大的途径，使效率提高的同时，又不过分损害公平。持这种观点的代表人物有保罗·安东尼·萨缪尔森、阿勃拉姆·伯格森、约翰·梅纳德·凯恩斯、詹姆斯·M. 布坎南和阿瑟·奥肯。

在保罗·安东尼·萨缪尔森看来，收入分配过度不平等不是一件好事，而收入分配完全平等也不是一件好事。他认为，如果没有政府干预，市场经济自发运行形成的收入分配有可能过分不平等而令人难以接受，但是市场的自动机制又可以实现资源配置效率，既要效率又要平等的途径是通过政府干预来修补市场机制这只看不见的手。他在《经济学》一书中写道:"即便是最有效率的市场制度也会产生很大的不平等。"如果一个民主社会不喜欢自由放任市场制度下按货币投票进行分配的话,它能够采取措施来改变收入分配。他提供的改变收入分配不平等的措施有:累进税,转移支付制度,政府通过食品券、医疗补贴、低价住房等形式向低收入者提供消费补贴。

约翰·梅纳德·凯恩斯从不同于福利经济学的角度论证了市场失灵。他认为自由放任的市场制度既不能实现公平,又不能获得效率。一方面,他批评资本主义社会存在"富裕中的贫困",食利者阶层不劳而获,收入和财富分配不公。另一方面,他用消费函数的特性、未来的不确定性、风险和利率黏性等范畴体系证明资本主义市场经济自发运行的结果是非充分就业均衡,即均衡点落在生产可能性曲线以内而不是落在生产可能性曲线之上。他主张通过政府干预来提高有效需求水平,以消除资源利用不足的低效率状态;同时通过开征遗产税、实行低利率政策,使食利者阶层无疾而终。

詹姆斯·M. 布坎南承认市场的自发作用会造成分配不平等,但是他又反对国家或政府来干预市场过程,认为直接使用国家权力把收入和资产从政治上的弱者那里转移给政治上的强者,既会挫伤一部分人的积极性从而损害效率,又会破坏真正的公平原则。詹姆斯·M. 布坎南提出通过社会制度结构来解决效率与公平二者不能兼顾的问题。他所说的社会制度结构是指包括契约和宪法在内的社会法律制度和财税制度。他认为,用政治手段来调整分配首先必须严格地符合宪法,也就是把这种调整作为社会秩序永久性和半永久性制度,这种调整只有以契约作为根据才能显得公正。就实际操作来说,累进所得税有可能成为可接受的财政制度的一个特色。改变收入不平等的状况首先必须矫正机会差别,而矫正机会不平等的办法是实行转让税制度和政府出资办教育的制度。他认为财产的世袭转让是与平等的目标背道而驰的,因此,对财产转让实行征税制度肯定符合公正原则。教育可以缩小人们由遗传决定的能力上的差距。政府投资办教育,既符合公正原则,又可以使每一个人在出发点上平等。

由西方经济学关于公平问题的分析得到的启示为:市场制度不能为公平问题提供满意的答案;公平问题不能完全交由没有头脑的市场机制去解决,政府应当干预收入和财富的分配,即由于有效配置并不必然是公平的,社会就必须在某种程度上依靠政府进行商品或收入的再分配以实现公平的目标。

从发展经济和社会稳定角度来看,最好能够选择一种兼顾效率与公平的分配。根据世界各国的经验,处理好两者关系的原则是在保障效率的基础上实现社会的平等。在实践中,主要采取收入分配平等化政策。

收入分配平等化政策主要包括两类。

(1) 税收政策。主要是累进的个人所得税、遗产和赠予税、财产税、消费税等,目的是征富人的税,减少高收入阶层的收入。

(2) 社会福利政策。主要包括各种形式的社会保障与社会保险、向贫困者提供就业机会与培训、医疗保险与医疗援助、对教育事业的资助、各种保护劳动者的立法、改善住房条件等等,目的是提高低收入阶层的收入水平。

如何处理效率与公平的关系,将是我国市场经济发展中所面临的一项艰难任务。

西方经济学关于效率与公平的关系的讨论虽然可以供我们参考，但是我们处理效率与公平问题的出发点应当是社会主义制度。社会主义市场经济区别于资本主义市场经济有两个主要标志：一个是以公有制为主体，另一个是以共同富裕为目标。这两个标志是处理效率与公平问题的依据。

三、洛伦兹曲线与基尼系数

1. 洛伦兹曲线

有些时候，一些人处境改善伴随着另一些人处境恶化也能提高社会总福利水平，此时，看重的是公平。由于公平是很难衡量的，经济学家就用一个比较容易测量的指标——平等（equality）来作为公平的近似值。衡量经济平等的一个有用工具是洛伦兹曲线（Lorenz curve）。

洛伦兹曲线是一个强有力的工具，它研究的是国民收入在国民之间的分配问题。它是美国统计学家马克斯·奥托·洛伦兹提出的。它先将一国人口按收入由低到高排队，然后考虑收入最低的任意百分比人口所得到的收入百分比。

我们画一个矩形，其高衡量社会财富的百分比，矩形之长为家庭（由贫到富）占家庭总数的百分比，将每一百分比的家庭所拥有的财富的百分比累计起来，连接相应点的轨迹便得到洛伦兹曲线（见图9-8）。

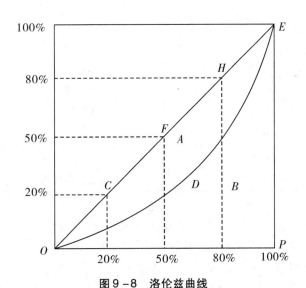

图9-8 洛伦兹曲线

若财富完全平均地分配于所有家庭，洛伦兹曲线即为矩形之对角线 OE。OE 被称为绝对平等线（line of perfect equality）。若财富分配完全不平等，洛伦兹曲线为折线 OPE，表示唯一的一个家庭拥有社会的全部财富，其他家庭一无所有。曲线越靠近对角线，则社会财富分配越平等；而越靠近边框 OPE，则越不平等。

2014年，北京大学社会科学研究中心的一份研究表明，中国1%的顶级富豪拥有

1/3 以上的社会财富。相比之下,美国 1% 的顶级富豪却占据着 40% 的国家财富,而 0.1% 的巨富阶层坐拥着 1/5 的国家财富。

2. 基尼系数

一般来说,一个国家的收入分配既不是完全不平等,也不是完全平等,而是介于两者之间;相应的洛伦兹曲线既不是折线 OPE,也不是 45°线 OE,而是像曲线 ODE 那样向横轴凸出,尽管凸出的程度有所不同。收入分配越不平等,洛伦兹曲线就越是向横轴凸出,从而它与完全平等线 OE 之间的面积越大。

因此,可以将洛伦兹曲线与 45°线之间的半月形部分称为"不平等面积",用 A 表示;当收入分配达到完全不平等时,洛伦兹曲线成为折线 OPE,OPE 与 45°线之间的三角形面积就是"完全不平等面积",用 $A+B$ 表示。不平等面积与完全不平等面积之比,称为基尼系数(gini coefficient, G),或者说,基尼系数就是 45°线与洛伦兹曲线之间的面积除以 45°线以下的面积,即:

$$G = A/(A+B) \quad (0 \leqslant G \leqslant 1) \tag{9-3}$$

基尼系数是衡量一个国家贫富差距的标准,被西方经济学家普遍公认为是一种反映收入分配平等程度的方法,也被现代国际组织(如联合国)作为衡量各国收入分配的一个尺度。基尼系数可以在 0(绝对平等)到 1(绝对不平等)之间变动,其值越大表明财富分配越不平均,1 为最不平均,越小表示越平均。表 9-1 为基尼系数的国际标准。

表 9-1 基尼系数的国际标准

基尼系数	含义
小于 0.2	收入绝对平等
0.2~0.3	收入比较平等
0.3~0.4	收入基本合理
0.4~0.5	收入差距较大
0.5 以上	收入差距悬殊

如图 9-9 所示,中国的基尼系数和发达国家相比,超过正常指标范围,即贫富差别进入不合理的状态,但在 2008 年达到 0.491 高点后,中国基尼系数总体呈下降的趋势。2016 年,由于城市一部分低收入者养老金的收入增速略有放缓,农村一部分只靠粮食生产收入为主的人,由于粮价下跌,收入略有减少,导致 2016 年基尼系数比 2015 年提高了 0.003,但总的下降趋势没有改变。对照政府加大脱贫、扶贫攻坚的力度和城乡一体化的步伐,居民收入差距会保持逐步缩小的趋势。

图 9-9　中国的基尼系数变化

本章小结

1. 一般均衡分析是指考察所有市场、市场参与者都相互联系的情况下，市场是如何同时达到均衡的分析方法。在两部门一般均衡模型中，交换的一般均衡满足 $MRS_{XY}^A = MRS_{XY}^B$，生产的一般均衡满足 $MRTS_{L,K}^A = MRTS_{L,K}^B$，生产与交换的一般均衡满足 $MRS_{XY} = MRT_{XY}$。

2. 福利经济学（welfare economics）是研究社会经济福利的一种经济学理论体系，旧福利经济学以基数效用学说为理论基础，新福利经济学以序数效用学说为理论基础。

3. 福利经济学的假设包括最大的选择自由、最高的经济效率和不牺牲效率的情况下追求最大的公平。福利经济学的两个基本命题是国民收入越大，社会福利越大和国民收入分配越平等，社会福利越大。

4. 福利经济学第一定理指不管初始资源配置怎样，分散化的竞争市场可以通过个人自利的交易行为达到瓦尔拉斯均衡，而这个均衡一定是帕累托有效的配置。福利经济学第二定理是指在完全竞争的市场条件下，政府所要做的事情是改变个人之间禀赋的初始分配状态，其余的一切都可以由市场来解决。

5. 在资源配置与收入分配问题上，平等与效率是一个两难的选择，两者的关系是鱼与熊掌的关系。洛伦兹曲线研究的是国民收入在国民之间的分配问题。基尼系数是衡量一个国家贫富差距的标准。

课后练习

一、名词解释

1. 局部均衡
2. 一般均衡
3. 帕累托最优
4. 交换的契约曲线
5. 生产的契约曲线
6. 生产可能性曲线
7. 效用可能性曲线
8. 公平
9. 效率
10. 洛伦兹曲线
11. 基尼系数

二、单项选择题

1. 局部分析是对（　　）的分析。
   A. 一个部门的变化对其他部门的影响
   B. 一个市场出现的情况而忽视其他市场
   C. 经济中所有的相互作用和相互依存关系
   D. 与供给相独立的需求的变化
2. 当最初的变化的影响广泛分散到很多市场，每个市场只受到轻微的影响时，（　　）。
   A. 要求用一般均衡分析
   B. 一般均衡分析很可能推出错误的结论
   C. 局部均衡分析很可能推出错误的结论
   D. 局部均衡分析将提供合理可靠的预测
3. 同时分析经济中所有的相互作用和相互依存关系，这个过程称为（　　）。
   A. 局部均衡分析　　　　　B. 供给需求分析
   C. 部门均衡分析　　　　　D. 一般均衡分析
4. 当经济学家关注经济中所有成员的福利状况时，它们用到的概念是（　　）。
   A. 效率　　B. 生产率　　C. 实际工资　　D. 名义工资
5. 被西方经济学界推崇为"福利经济学之父"的是（　　）。
   A. 霍布森　　B. 庇古　　C. 帕累托　　D. 埃奇沃思
6. 帕累托最优资源配置被定义为（　　）的情况下的资源配置。
   A. 总产量达到最大
   B. 边际效用达到最大

C. 没有一个人可以在不使他人境况变坏的条件下使自己的境况变得更好

D. 消费者得到他们想要的所有东西

7. 当一个市场是有效率的时候,（　　）。

　　A. 稀缺被最小化

　　B. 稀缺被消除

　　C. 所有人的需要已满足

　　D. 不再有未被获得的能通过交易得到的好处

8. 在甲和乙两个人、X 和 Y 两种商品的经济中,达到交换的全面均衡的条件为（　　）。

　　A. 对甲和乙,$MRT_{XY} = MRS_{XY}$

　　B. 对甲和乙,$MRT_{XY} = \dfrac{P_X}{P_Y}$

　　C. $MRS_{XY}^{甲} = MRS_{XY}^{乙}$

　　D. 上述所有条件

9. 如果对于消费者甲来说,以商品 X 替代商品 Y 的边际替代率等于3,对于消费者乙来说,以商品 X 替代商品 Y 的边际替代率等于2,那么,有可能发生下述情况（　　）。

　　A. 乙用 X 向甲交换 Y　　B. 乙用 Y 向甲交换 X

　　C. 甲和乙不会交换商品　　D. 以上均不正确

10. 在两种商品 X 和 Y、两种要素 L 和 K 的经济中,达到生产全面均衡的条件为（　　）。

　　A. $MRTS_{LK} = \dfrac{P_L}{P_K}$

　　B. $MRTS_{LK} = MRS_{XY}$

　　C. $MRT_{XY} = MRS_{XY}$

　　D. $MRTS_{LK}^{X} = MRS_{LK}^{Y}$

11. 在甲和乙两个人、X 和 Y 两种商品的经济中,达到生产和交换的全面均衡发生在（　　）。

　　A. 甲与乙的 $MRT_{XY} = \dfrac{P_X}{P_Y}$

　　B. 甲与乙的 $MRS_{XY} = \dfrac{P_X}{P_Y}$

　　C. $MRS_{XY}^{甲} = MRS_{XY}^{乙}$

　　D. $MRT_{XY} = MRS_{XY}^{甲} = MRS_{X}^{乙}Y$

12. 生产契约曲线上的点表示生产者（　　）。

　　A. 获得了最大利润

　　B. 支出了最小成本

　　C. 通过生产要素的重新配置提高了总产量

　　D. 以上均正确

三、简答题

1. 试分析一般均衡分析与局部均衡分析的区别。

2. 什么是公平和效率？如何处理好两者关系？

主要参考文献

[1] [美] 萨缪尔森, 诺德豪斯. 经济学 [M]. 16版. 萧琛, 等译. 北京: 华夏出版社, 1999.

[2] [英] 凯恩斯. 就业、利息和货币通论 [M]. 徐毓枬, 译. 北京: 商务印书馆, 2001.

[3] [美] 曼昆. 经济学原理: 上册 [M]. 梁小民, 译. 北京: 北京大学出版社, 1999.

[4] [美] 多恩布什, 费希尔, 斯塔兹. 宏观经济学 [M]. 7版. 范家骧, 张一驰, 张元鹏, 等译. 北京: 中国人民大学出版社, 2000.

[5] 高鸿业. 西方经济学: 微观部分 [M]. 6版. 北京: 中国人民大学出版社, 2014.

[6] 黄亚钧. 微观经济学 [M]. 4版. 北京: 高等教育出版社, 2015.

[7] 任保平, 宋宇. 微观经济学 [M]. 2版. 北京: 科学出版社, 2017.

[8] 俞宪忠, 吴学花, 张守风. 微观经济学 [M]. 北京: 中国人民大学出版社, 2010.

[9] 何晖, 吴义能. 西方经济学 [M]. 武汉: 武汉大学出版社, 2010.

[10] 尹伯成. 西方经济学简明教程 [M]. 8版. 上海: 格致出版社, 2013.

[11] 高鸿业. 西方经济学典型题题解 [M]. 5版. 北京: 中国人民大学出版社, 2011.

[12] 尹伯成. 现代西方经济学习题指南 [M]. 8版. 上海: 复旦大学出版社, 2014.

[13] 付华英, 雷洪. 微观经济学实验教程 [M]. 广州: 华南理工大学出版社, 2015.

[14] [美] 伯格斯特龙. 微观经济学实验 [M]. 王萍, 译. 大连: 东北财经大学出版社, 2008.

[15] [美] 平狄克, 鲁宾费尔德. 微观经济学 [M]. 8版. 李彬, 等译. 北京: 中国人民大学出版社, 2013.

[16] [美] 萨缪尔森, 诺德豪斯. 微观经济学 [M]. 19版. 萧琛, 译. 北京: 人民邮电出版社, 2012.

[17] [美] 曼昆. 经济学原理 [M]. 6版. 梁小民, 等译. 北京: 北京大学出版社, 2012.

[18] 蔡继明. 微观经济学习题集 [M]. 2版. 北京: 清华大学出版社, 2011年.

[19] 丛屹, 李金凤, 李向前. 西方经济学学习指导与精粹题解: 上册微观部分

[M]．北京：清华大学出版社，2007．

［20］彭子洋．西方经济学习题集［M］．成都：西南财经大学出版社，2014．

［21］翔高教育经济学教学研究中心．西方经济学：微观部分习题册［M］．北京：中国人民大学出版社，2011．